한국 재난의 특성과 재난관리

Translation from the English language edition:

Disaster Risk Management in the Republic of Korea

by Yong-Kyun Kim and Hong-Gyoo Sohn

Copyright © The Editor(s) (if applicable) and The Author(s) 2018. All Rights Reserved.

한국 재난의 특성과 재난관리

초판 1쇄 발행 2018년 4월 11일

지은이 김용균

펴낸이 김선기
펴낸곳 (주)푸른길
출판등록 1996년 4월 12일 제16-1292호
주소 (08377) 서울특별시 구로구 디지털로 33길 48 대륭포스트타워 7차 1008호
전화 02-523-2907, 6942-9570~2
팩스 02-523-2951
이메일 purungilbook@naver.com
홈페이지 www.purungil.co.kr

ISBN 978-89-6291-447-4 93350

한국 재난의
특성과 재난관리

Disaster Risk Management
in the Republic of Korea

김용균

푸른길

머리말

"한국은 어떻게 지금처럼 잘사는 나라가 되었나요?" 2014년 국제연합 재난위험경감 아프리카 사무소에서 근무할 때 가장 많이 들었던 질문이다. 질문을 받을 때마다 나름 뿌듯함을 느끼면서 우리나라는 경제발전도 이루었지만 재난으로부터 안전한 나라를 만들어 나가는 데 최대한의 노력을 기울이고 있다고 자랑스럽게 이야기하곤 했다. 그러나 그 무렵에 발생한 세월호 사고는 나에게 커다란 고민을 안겨 준 것은 물론, 우리 사회에도 많은 질문과 함께 큰 숙제를 남겨놓았다. 그리고 고민 끝에 유엔에 사직서를 제출하고 한국정부로 돌아와 이 글을 쓰고 있는 이 순간에도 세월호가 남긴 '안전한 나라에 대한 열망'은 우리 사회가 풀어야 할 가장 큰 과제라고 믿고 있다.

한국은 제2차 세계대전 이후 독립한 국가들 가운데 가장 성공한 나라 중 하나로 평가받고 있다. 비약적인 경제발전으로 무역 1조 달러와 선진국의 지표인 20-50클럽 가입도 달성하였다. 그동안 한국은 쉼 없이 달려왔고, 지금도 계속해서 발전해 나가고 있어 많은 개발도상국의 모델이 되고 있다. 그러나 경제발전의 이면에는 어두운 그림자도 있다. 특히 안전 수준에서 우리나라는 선진국이라고 하기에는 아직 부족하다. 안전사고 사망자는 2014년 기준으로 연간 29,000여 명에 이른다. 이는 포르투갈의 3배 수준이며, OECD 국가 중에서 가장 많다.

삼풍백화점 붕괴, 대구 지하철 화재, 마우나오션리조트 체육관 붕괴, 세월호 사고 등 기억하고 싶지 않은 대형 재난들은 우리 사회에 큰 아픔을 남겼다. 하지만 큰 아픔의 이면에는 많은 가르침과 교훈도 있었다. 따라서 이와 관련된 제도를 만들고 발전시켜 온 과정들을 분석하고 고찰하는 연구가 필요하다. 이러한 연구는 세월호가 던져 준 안전한국이라는 과제를 해결하고, 개발도상국에서 일어날 수 있는 대형 재난을 미리 막는 데 도움이 될 것이라고 생각한다.

저자는 누구나 한 번쯤은 생각만으로도 두려움을 느끼는, 혹은 평생을 잊지 못할 두려움이 되어 버리는 '재난'이라는 분야에 20년 이상 종사하였다. 그 과정에서 아시아, 아프리카 등지의 여러 국가들이 급속한 경제발전 과정에서 많은 재난을 이미 경험하였고, 안전과 경제성장을 함께 달성할 수 있는 스마트한 성장방법을 찾고 있다는 것을 알게 되었다. 전 세계가 재난으로부터 안전하기를 바라는 마음이 이 책을 쓰는 데 큰 동력이 되었다. 이 책은 재난의 특성에 기반한 복잡계 이론과 정책변동 모델을 사용하여 우리나라 주요 재난과 정책변동의 역사를 개괄한 것이다.

한 국가의 재난정책 변화 과정을 상세히 설명한 이 책이 독자들에게 전문적이고 개인적인 영감을 불러일으키는 여정이 되기를 바란다. 더 나아가 현대사회의 재난이 갖는 특성과 재난이 발생하는 이유, 그리고 대규모 재난이 발생한 이후 재난대응 제도들이 역동적으로 변화하는 과정에 관심 있는 분들에게 선물이 되었으면 한다.

이 책이 출판되기까지 물심양면으로 도움을 주신 (주)푸른길의 김선기 사장님, 그리고 편집에 노고를 아끼지 않은 이선주 씨에게 깊은 감사를 드린다. 고전 분석에 기초하여 삼국시대부터 조선시대까지의 재난을 정리해 주고 조언을 아끼지 않은 사랑하는 아내 양윤정 박사와 묵묵히 지지해 준 가족들에게도 고마움을 전한다. 그리고 항상 따뜻하게 격려해 주고 힘이 되어 주신 대부모님과 신앙으로 하나된 형제자매들에게 감사의 마음을 전한다. 마지막으로, 영문판의 공동 저자인 손홍규 교수님과 그의 제자 김상필, 최윤조에게도 감사의 마음을 전한다.

2018년 4월

김 용 균

차 례

그림 목차

제1장

재난 담론의 시작과 역사적 고찰

요약문 이 책은 대한민국 정부가 수립된 1948년부터 2015년까지 한국에서 발생했던 대형 재난을 다루고 있다. 이러한 재난들의 발생빈도와 규모 사이의 관계가 멱함수적 특성을 보인다는 것을 보여 주고, 멱함수의 긴 꼬리 부분에 위치하는 사회적 충격사건들이 갖는 의미를 밝힌다. 이 장의 전반부는 국민에게 많은 슬픔과 엄청난 충격을 안겨 준 재난들이 왜 발생했는지, 그리고 재난을 겪고 극복하면서 학습한 결과들이 재난대응 제도와 법률에 어떠한 영향을 주었는지를 분석한다. 이 장의 후반부는 재난을 이해하고 대응하는 방식이 발전해 온 과정을 분석한다. 그리고 재난을 신이나 하늘이 주는 재앙이라고 믿는 인식에서, 지진이나 태풍 등 재난을 유발하는 위험요인에 대한 관심, 그리고 사회에 내재된 재난 취약성에 대한 관심까지 인류가 재난을 이해하고 대응하는 방식이 역사적으로 어떻게 발전되어 왔는지를 설명한다.

핵심 용어 대규모 재난, 재난의 특성, 복잡계 이론, 멱함수 법칙, 재난 이후 정책변동 모형, 재난위험경감, 지속가능발전목표, 기후변화, 신의 행위, 위험요인, 취약성, 위험도

1.
재난학을 위한 작은 시작

1. 왜 재난을 이야기하는가

모든 사람들은 사고와 재난으로부터 고통받지 않고 안전하게 살고자 하며, 정부와 정치지도자들은 법, 정책, 대응조직 등 여러 수단을 통해 이를 달성하기 위해 노력한다. 많은 정치적 투표 결과들은 유권자들이 특정 후보를 지지하는 중요한 이유가 '재난으로부터 안전한 사회를 만들어 줄 것이라는 기대 때문'이라는 것을 보여 준다. 하지만 현실은 이와 다를 때가 많다. 많은 사람들이 정부의 적절한 예방 조치로 재난이 발생하지 않기를 기대하는 반면, 역사적 교훈들은 정부의 조치가 주로 재난이 발생한 후에 이루어져 왔다는 것을 보여 주기 때문이다.

조선 후기의 유명한 철학자이자 관료였던 정약용은 대표적 저서인 『목민심서』에서 "환난에 대비해서 미리 준비하고 예방하는 것이 재앙을 당한 후 은혜를 베푸는 것보다 낫다."[1]라고 언급하며 재난을 사전에 예방하고 대비하는 것의 중요성을 강조하였다. 재난 예방과 대비를 중요하게 여기는 것은 매우 현명하고 이치에 맞는 것이지만, 이를 실현하는 것은 매우 어려운 일이다. 특히 현대사회에는 신종·복합 재난이 점차 증가하고 있어, 재난발생을 사전에 막는 것이 더욱 어려워지고 있다.

2000년 이후 발생한 대형 재난들[2]을 자세히 들여다보면, 현대사회가 가지고 있는 복잡성과 상호 연결성에 의해 신종·복합 재난이 점차 증가하고 있음을 알 수 있다. 이러한 재난들은 각 정부가 대형 재난에 충분히 대비하지 못하였다는 것을 보여 주고 있는데, 이는 이 책에서 다루고자 하는 주요 내용이기도 하다. 정부가 재난관리를 강화하기 위해서는 네트워크로 연결된 지구촌, 사회구조의 복잡화, 재난의 대형화 및 불확실성, 신종 재난의 증가 등 재난을 유발하는 사회구조에 대한 보다 철저한 조사와 심층적인 연구가 필요하다.

2003년 한국에서 발생한 대구 지하철 화재사고는 사회에 불만을 품은 한 사람의 방화라는 직접적인 원인 이외에도, 지하철 사고에 대한 직원의 교육·훈련 부족, 화재에 취약한 지하철 내부의 가연성 재질 등 부실한 재난안전관리 제도들이 피해가 커진 원인이었다. 2011년 일본에서 발생한 도호쿠 지진과 지진해일, 그리고 연이어 발생한 후쿠시마 원전사고는 자연현상이 인간이 만든 위험한 시스템을 붕괴시킨 대형 재난이었다. 과거에 발생했던 재난 자료에 기반을 두고 마련된 일본의 재난대응 정책은 유사한 규모의 재난에 대해서는 효율적으로 작동했으나, 도호쿠 지진처럼 기존 재난을 훨씬 뛰어넘는 재난에 대해서는 성공적으로 작동하지 않았다. 제방 축조 당시 예상했던 최대 규모(리히터 규모 8)를 초과하는 리히터 규모 9의 지진과 이로 인한 대형 지진해일이 도호쿠와 후쿠시마를 강타하자 초기 대응에 실패하고 후쿠시마 원전사고와 같은 대형 재난으로까지 이어졌다. 2015년 중국에서 발생한 톈진 폭발사고는 정상사고 이론에

---

1) 『목민심서』 애민(愛民) 6조 중 제6조 구재(救災) 思患而預防 又愈於旣災而施恩.

2) 예를 들어 2003년 우리나라의 대구 지하철 화재, 2011년 일본의 도호쿠 지진 및 지진해일과 후쿠시마 원전사고, 2015년 중국의 톈진 폭발, 지구촌 전체에 피해를 준 에볼라 바이러스와 메르스 바이러스 확산 등이 있다.

한국 재난의 특성과 재난관리

서 제시된 대로 산업화와 고위험시설의 집중으로 인해 재난위험이 증가하여 발생한 사고였다. 에볼라 바이러스(Ebola Virus)와 중동호흡기증후군, 즉 메르스(Middle East Respiratory Syndrome Coronavirus, MERS-CoV)는 전 세계적인 연결성 증가로 인해 한 지역에서 발생한 전염병이 해당 질병에 대한 정보가 부족한 다른 국가로 손쉽게 전파되며 발생한 재난이었다. 1976년부터 2013년 사이 에볼라 바이러스는 사하라사막 이남 아프리카 지역의 외진 마을에서 주로 발생하였으며, 감염된 사람들이 모두 사망하여 외부로 거의 전파되지 않았다. 하지만 미국과 유럽, 아프리카 사이의 왕래가 현격히 증가한 이후 2014년 서아프리카 지역에서 발생한 에볼라 바이러스는 과거보다 빠른 속도로 미국과 유럽으로 전파되었다. 메르스 역시 2012년에는 사우디아라비아를 포함한 중동지역에서 대부분 발생하였다. 하지만 우리나라와 중동지역 국가들과의 왕래가 늘어나면서 2015년 우리나라에 유입되어 급속히 확산되었다. 2015년 5월 20일부터 7월까지 우리나라에 총 186명의 메르스 감염환자가 발생하였고, 이 중 38명이 사망하였다.

오랫동안 학자와 지도자들은 재난을 이해하고 체계적으로 관리하기 위해 노력해 왔다. 고대의 사람들은 재난을 주로 신의 형벌로 인식했고, 종교적 의식과 기도를 통해 신의 노여움을 달래고자 하였다. 1755년 리스본 지진을 계기로 지진, 허리케인, 화산활동과 같은 재난의 위험요인을 이해하기 위한 노력이 시작되었다. 그리고 이러한 연구는 정부의 체계적인 재난관리 정책 수립의 기초가 되었다. 20세기에 접어들면서 유럽의 학자들은 도시화, 산업화, 사회적 불평등으로 인한 피해까지도 재난으로 보고 사회구조적인 문제에도 관심을 갖기 시작하였다. 현대의 재난관리는 재난을 유발하는 위험요인과 취약성에 대한 이해, 종합적인 재난위험경감계획의 수립, 체계적인 교육·훈련 등 다양한 방식으로 이루어진다.

재난의 특성을 설명하는 이론들에는 정상사고 이론, 위험사회론, 복잡계 이론 등이 있다. 특히 최근에는 복잡계 이론이 재난의 특성을 설명하는 이론으로서 학계의 많은 관심을 받고 있다. 복잡계 이론은 기상학과 같은 복잡한 자연현상, 주식시장과 같은 금융현상 등 다양한 분야에 적용되고 있으며, 다양하고 복합적인 원인에 의해 촉발되는 재난의 특성을 설명하는 데 유용하다.

펠링(Pelling, 2003)은 복잡계 이론이 재난에 대응하는 방법을 이해하기 위한 중요한 교훈을 내포하고 있다고 주장하였다. 예를 들어, 복잡계의 특징 중 하나인 창발(emergence)현상은 예상하지 못한 장소에서 예기치 못한 원인에 의해 발생하는 재난의 특성과 밀접한 관련이 있다. 또한 바턴 외(Barton et al., 1994), 베세라 외(Becerra et al., 2006), 잔크주라와 웨론(Janczura and Weron, 2012), 조항현·고유일(Jo and Ko, 2014) 등 다양한 학자들의 연구는 지진, 허리케인, 홍수 등 재난의 빈도와 강도 사이의 관계가 복잡계의 대표적 법칙 중 하나인 멱함수(冪函數, power function) 법칙에 의해 설명될 수 있음을 밝혔다. 하지만 재난과 복잡성에 대한 대부분의 기존 연구들은 특정 유형의 재난에 국한되어 이루어졌다는 점에서 한계를 지닌다. 한 나라에서 발생하는 재난의 특성을 이해하기 위해서는 해당 국가에서 발생했던 모든 유형의 재난에 대한 포괄적인 분석이 이루어져야 한다. 멱함수 분포 중 '긴 꼬리의 끝부분에 위치하는 재난'들은 빈도는 낮지만 사회 시스템이 감당할 수 없는 심각한 영향을 초래할 수 있다. 이러한 재난을 관리하기 위한 새로운 이론 정립이 필요하며, 복잡계 법칙에 대한 이해는 이를 위해 필수적이다.

버클랜드(Birkland, 1997)는 다양한 기구, 정부관료, 미디어 등 사회 전반의 관심을 집중시키고 정책 변화를 위한 기회의 창을 제공하는 사건을 '사회적 충격사건(Focusing Event)'이라고 명명하였다. 많은 인명과 재산 피해를 유발하는 대규모 재난이 발생하면, 대다수 국민들이 슬픔에 잠기고 정치지도자들과 행정부에서는 피해원인을 조사하고 재발 방지를 위한 각종 대책을 쏟아낸다. 이러한 재난대응 정책 변화들의 결과는 안전한 사회를 만드는 데 기여하는 경우가 많지만, 때로는 성급하게 발표된 대책들이 오히려 상황을 악화시키거나 안전사회에 걸림돌이 되기도 한다. 따라서 사회적 충격사건과 재난대응 정책 변화에 대한 심도 있는 논의와 많은 연구가 필요하지만, 아직 이 분야에 대한 연구는 활발하게 이루어지고 있지 않다.

이 책은 1948년부터 2015년까지 한국에서 발생한 재난들의 특징을 파악하고, 한국정부가 대형 재난으로부터 얻은 교훈을 바탕으로 어떻게 재난대응 조직과 법률을 발전시켜 왔는지를 면밀히 분석하여 정리한 결과물이다. 한국은 가장 빠르게 산업화와 경제발전을 이룬 국가 중 하나[3]인 동시에, 태풍과 같은 전형적인 자연재난과 산업화·도시화의 어두운 이면인 시설물 붕괴, 대규모 화재 등과 같은 인적 재난을 동시다발적으로 경험한 국가이다. 하지만 한국 국민들은 이처럼 많은 재난을 겪으면서 좌절하지 않고 보다 안전한 사회를 만들기 위한 제도적·문화적 발전을 이루어 왔다. 온 국민이 함께 재난을 극복하고자 하는 강력한 의지, 이를 기반으로 하는 정부의 개선대책 등이 이러한 발전을 뒷받침하였다. 한국이 재난을 극복하는 과정에 대한 연구는 앞으로 우리가 후손들에게 물려줄 안전한 나라를 만드는 데 초석이 될 뿐만 아니라, 한국의 경제성장과 민주화 과정을 롤 모델로 하는 많은 개발도상국에도 좋은 연구자료가 될 것이다.

경제성장과 사회발전을 이루었던 20세기에 한국은 다양한 재난으로 많은 사상자가 발생하였으며, 셀 수 없는 피해와 극심한 경제적 손실을 경험하였다. 21세기에도 메르스, 고병원성 AI 등과 같은 새로운 유형의 재난발생, 실제적 위협으로 등장한 지진, 기후변화로 인해 더욱 심각해지고 있는 홍수와 가뭄의 위협 등 재난위험이 더욱 증가하고 있다.

그동안 우리나라의 재난 분야 연구는 재난이 발생하고 난 후 피해 발생 원인을 제도적 또는 기술적으로 분석하거나, 다른 국가의 재난관리 시스템을 참고하여 개선방안을 제안하는 것이 대부분이었다. 하지만 점차 복잡해지는 재난환경에 맞는 재난대응 제도를 갖추기 위해서는 보다 종합적이고 체계화된 연구가 필

---

3) 한국은 제2차 세계대전 후 독립한 80개국 중 가장 성공한 나라이며, 1964년 77달러였던 국민총소득은 2014년 28,180달러로 약 360배가 증가한 나라이자, 원조를 받던 국가에서 원조를 하는 국가로 발전한 유일한 나라이다.

요하다. 이 책에서는 그동안 한국 재난의 연구에서 부족한 부분이었던 멱함수 분포를 따르는 재난의 특성에 대한 이해, 사회적 충격사건 이후에 발생하는 정치권·언론·정부 등의 역동적인 상호작용, 그리고 이를 통한 제도 개선 과정에 대해 체계적으로 분석하고, 미래 재난환경에 대비하기 위한 정책적 제언을 제시한다.

2. 재난담론을 위한 질문

이 책에서 다루는 '한국의 재난대응 제도 발전에 최적의 모델은 무엇인가?'라는 주제는 우리의 미래 세대가 재난으로부터 편안하고 안전한 삶을 살아가기 위해 그 답을 찾아야 할 핵심 과제이다. 쉽지 않은 과제이지만, 모두가 함께 고민하고 풀어야 할 숙제이기도 하다. 어려운 문제를 푸는 효율적인 방법은 좋은 질문을 만드는 것이다. 이 책에서는 다음 3가지 질문을 선정하여 그 실타래를 풀어 나가려고 한다. 먼저, '한국의 재난발생 빈도와 피해 규모와의 관계는 무엇인가?'라는 질문은 제3장에서 대한민국 정부 수립 이후 발생한 재난에 대한 통계 분석을 통해 그 답을 찾을 것이다. 두 번째 질문은 '한국에서 재난대응 조직과 법률의 변화를 유발한 사건들은 멱함수 분포 중 어떤 사건들인가?'이다. 제3장에서 한국 재난대응 조직과 법률의 변화 과정을 분석하고 대규모 재난들과의 관계를 파악하여 해답을 찾고자 한다. 마지막 질문은 '이러한 사건들은 어떻게 재난대응 조직과 법률에 변화를 주었고, 어떤 요소들이 가장 중요한 영향을 미쳤는가?'이다. 제4장에서 사회적 충격사건 이후 발생하는 다양한 요소들의 역동적인 상호작용이 재난대응 조직과 법률의 변화에 주는 영향에 대해 분석하여, 그 실타래를 풀고자 한다.

이 질문들에 대한 답을 찾아가는 과정을 통해, 재난의 규모와 빈도가 갖는 멱함수적 특성과 재난발생 이후 재난대응 제도의 발전 과정을 설명할 수 있는 모델을 제안한 것이 이 책이 갖는 중요한 의미 중 하나이다. 이 모델은 앞으로 우리나라가 대규모 재난으로부터 얻는 교훈을 통해 안전한 나라로 나아갈 수 있도록 하는 정책 개발의 나침반으로 활용될 수 있을 것이다.

앞에서 설명한 모든 과정을 이 책에서는 총 5개의 장으로 나누어 설명한다. 제1장에서는 책에서 다루고자 하는 핵심 질문들과 전개 과정을 설명한다. 또한 과거부터 현대에 이르기까지 인간이 재난을 어떻게 이해하고 받아들여 왔으며, 재난을 줄이기 위해 어떻게 노력해 왔는지에 대해서도 살펴본다.

제2장은 재난자료 수집방법을 설계하고 분석방법을 분류하였다. 또한 재난에 대한 개념을 정립하고 분류하기 위해 이론적 배경을 설명하였다. 이와 더불어 외국의 재난대응 조직을 비교 분석하고 한국 재난대응 조직의 발전방향 설계에 필요한 시사점을 제시한다.

제3장은 1948년 이후 한국에서 발생한 자연재난과 사회재난의 특징을 분석하고 정의한다. 이를 위해 3가지 유형의 변수―자연재난으로 인한 사망자와 빈도, 자연재난으로 인한 경제적 손실과 빈도, 사회재난으로 인한 사망자와 빈도―가 사용된다. 본문에서 자세히 설명하겠지만, 한국의 자연재난과 사회재난의 피해 규모와 빈도는 멱함수 법칙을 따른다는 것이 증명된다. 그리고 멱함수 분포 중 사회에 극심한 충격을 주고 재난대응 제도에 변화를 유발하는 사회적 충격사건을 파악한다. 통계적 모델을 이용하여 잠재적인 사회적 충격사건의 범위를 설정하고, 이러한 잠재적 사건 중에서 어떤 사건들이 재난대응 정책의 변화를 실제적으로 촉발했는지에 대해 살펴본다. 재난관리 업무가 건설부에서 내무부로 이관되는 계기가 된 일산 제방 붕괴(1990), 재난관리국 신설, 「시설물의 안전관리에 관한 특별법」 및 「재난관리법」 제정의 계기가 된 성수대교 붕괴(1994)와 삼풍백화점 붕괴(1995), 소방방재청 신설, 「재난 및 안전관리 기본법」 제정, 「자연재해대책법」 전부개정의 계기가 된 태풍 루사(2002), 대구 지하철

화재(2003), 태풍 매미(2003) 등이 이러한 사회적 충격사건에 해당된다.

제4장은 사회적 충격사건과 재난대응 제도 변화 사이의 역동적인 관계를 설명한다. 사회적 충격사건이 발생한 이후 언론 등을 통해 표출되는 국민의 관심과 개선에 대한 요구 증가, 대통령을 포함한 정치권의 적극적인 개선 의지, 행정부의 체계적인 추진 절차 등 다양한 영역에서의 활동들이 어떠한 상호작용을 통해 재난관리 법률과 조직을 발전시켜 나가는지를 보여 준다. 이 과정을 분석하기 위해 저자는 재난유발 정책변동 모델(Disaster-Triggered Policy Change Model)을 제안하였다. 이 모델은 킹던(Kingdon)의 정책흐름 모형과 버클랜드(Birkland)의 사건관련 정책학습 모형을 결합하여 한국적 상황에 맞게 수정한 것이다.

마지막으로 제5장에서는 2017년 12월 기준으로 한국의 재난안전관리 총괄부처인 행정안전부(Ministry of Interior and Safety)에 대해 살펴보고, 재난위험경감을 위한 센다이 프레임워크, 지속가능발전목표, 기후변화협약과 같은 국제정세에 맞추어 안전한 사회로 나아가기 위한 정책방향을 제시한다.

이 책은 재난의 특성을 바탕으로 복잡계 이론과 정책변동 모델을 적용하여 한 국가의 주요 재난과 대응제도 변화의 모든 과정을 아우르고 있다. 한국에서의 첫 번째 연구임은 물론이고, 전 세계적으로도 이와 유사한 연구는 많지 않다. 한국은 50년 동안 다양한 유형의 재난을 겪어 왔으며, 최근에는 메르스와 같은 새로운 유형의 재난을 겪었다. 끊임없이 발생하는 대형 재난 속에서 한국은 재난 발생 원인을 진단하고 재난대응 제도들을 발전시켜 왔다. 2016년과 2017년에도 9·12지진, 태풍 차바, 서문시장 화재, AI 등 다양한 재난들을 겪으면서 이에 대한 개선대책들을 만들었다. 재난대응 제도 발전의 역동적 과정에 대해 분석하고 미래의 발전방향을 제시한 이 책이 우리나라뿐만 아니라 전 세계 많은 국가들의 재난관리 제도 발전에 지침서가 되기를 바란다.

2.
재난관리에 관한 역사적 고찰

1. 재난을 신의 행위로 해석

1) 세계 재난관리 역사(고대~중세)

　고대와 중세 시대에는 재난을 신의 영역으로 해석하였다. 고대사회 사람들은 재난이란 신이 내리는 벌이므로, 이를 불가항력적인 것으로 받아들여 홍수나 가뭄 등에 대처하는 방법도 신에게 기도하는 것이 최선이라고 여겼다. 기원전 발생한 노아의 홍수, 서기 64년에 발생한 로마 대화재, 중세 유럽에서 창궐한 흑사병으로 많은 사람이 죽었지만, 정부나 사람들은 이러한 재난이 발생한 근본적인 원인에 대해 고민하지 않았다. 재난은 신이 내린 벌이기 때문에 기도만이 이를 극복하는 방법이라는 것이 당시 사람들의 주된 생각이었다. 하지만 재난극복을 신에게 의존하던 고대와 중세 시대에도 대응책을 마련하기 위한 나름의 노력이 있었는데, 이 점은 눈여겨볼 만하다.

서기 6년 로마 아우구스투스 황제는 로마 시내 화재를 계기로 전문소방대인 자경단[1]을 구성하였다. 이후 서기 64년에 로마 시내에 대화재가 발생하였고, 이를 계기로 당시 집권하고 있던 네로 황제는 아우구스투스 황제 시절보다 체계적인 재난관리 방안을 도입하였다. 네로 황제는 화재의 재발을 막기 위해 일련의 건축 관련법을 제정하고, 화재의 확산을 막기 위해 기하학적 형태를 살려 많은 공간을 확보하는 등 화재예방을 위한 도시계획을 시도하였다. 또한 재난상황에 대비한 대피처를 만들고 도시 곳곳에 소방용수를 확보하는 한편, 물의 공급을 감독할 관리들을 임명하였다.

중세시대 유럽에 가장 큰 피해를 주었던 재난 중 하나는 14세기에 유럽을 휩쓴 흑사병(Black Death)이다. 흑사병 발생 당시 정부와 시민, 심지어 의료 전문가들조차 병의 원인과 적절한 대응방법을 알지 못하였으며, 그 결과 당시 유럽 인구의 3분의 1 혹은 4분의 1이 사망한 극심한 피해가 발생하였다. 하지만 재난에 속수무책으로 당하기만 하던 시기에도, 당국이 전염병으로 인한 영향을 줄이기 위해 노력했다는 점은 주목할 만하다. 흑사병의 확산과 대규모 피해 이후 바이러스를 보유하고 있을 가능성이 있는 사람들에 대해 40일 동안 도시 진입을 통제하는 정책이 도입되었으며, 이 정책은 오늘날 공중보건 정책의 시발점으로 해석된다(김인범 외, 2014).

2) 한국 재난관리 역사(삼국시대, 통일신라시대, 고려시대)

(1) 재난에 대한 기록

한반도에 사람이 살기 시작했던 때부터 재난은 있었을 것이다. 재난에 대한

---

[1] 1,000여 명의 대원이 7개의 소부대로 편성되어 각기 로마 14개 행정구역 중 2개 구역을 담당한 소방조직.

개념이 장소와 시대에 따라 다르기 때문에 절대적 기준으로 측정하기는 어렵지만, 역사기록을 통해 당시 사람들이 재난을 어떻게 인식하고 대응해 왔는지를 살펴보는 것은 의미가 있다. 고조선의 경우, 현존하는 사료 대부분이 주로 건국 및 정치와 관련된 내용으로서 재난에 대한 기록은 남아 있지 않다. 따라서 이 책에서는 기록으로 확인 가능한 삼국시대에 발생한 재난부터 다루었다. 이 시기에 발생한 재난의 형태와 그에 따른 대응방식에 대한 기록 대부분은 『삼국사기』나 『삼국유사』와 같은 사서(史書)를 통해 확인하였다. 사서를 포함해 과거 정부에서 편찬한 문헌 자료들은 그 편찬의 목적과 배경이 각 시대의 정사를 기록하기 위한 것으로 재난에 대한 구체적이고 상세한 기록을 포함하고 있지 못하다는 한계가 있지만, 우리나라 재난관리 연구를 위한 자료로서는 충분한 가치가 있다. 따라서 이를 통해 이 시기 재난에 대한 기록을 살펴보고자 한다.

• 고구려(B.C. 37~A.D. 668)

고구려에서 발생한 재이(災異)·재난(災難)에 관해 『삼국사기』에는 총 182건이 기록되어 있다. 그중 119건은 재난 관련 기록이며, 나머지 63건은 전쟁, 반란, 폭동 등에 대한 기록이다. 119건의 기록 중 자연재난에 대한 기록은 천재지변(일식, 운석 등), 기후재난(가뭄, 한과 등), 지질재난(지진 등)이 많고, 사회재난에 대한 기록은 화재, 천연두가 대부분이다. 지진은 19건이 기록되어 있어 자주 발생했음을 알 수 있으며, 문헌기록상 고구려 유리왕 21년(서기 2년) 8월에 발생한 지진이 기록으로 확인된 우리나라 최초의 지진이다. 기록 대부분은 언제 지진이 발생했는지에 대해서만 간략히 기록하고 있다. 예를 들어, "문자명왕 2년 10월 겨울에 지진이 발생하였다(二年, 冬十月, 地震)."처럼 기록되어 있다 (삼국사기, 19권).

두 번째는 서리와 우박을 포함한 냉해 관련 17건의 기사이며, 서리가 내려 보리 및 콩과 같은 곡식이 피해를 입었다고 기록하고 있다. 삼국 가운데 가장 북쪽에 위치한 고구려에서 4월과 8~10월에 내리는 서리와 우박은 농작물에 큰 피해를 주었고, 이는 곧 백성들의 굶주림으로 이어졌다. 봄과 여름의 가뭄은 12건이 기록되어 있으며, 냉해와 더불어 백성을 힘들게 하는 재난이었다. 극심한 가뭄으로 생계수단을 잃은 백성들은 도적이 되거나 신라로 이주하기도 하였다. 그 외에 뇌전(雷電: 천둥과 번개), 폭설, 병충해와 관련된 재난 기사도 있다.

• 백제(B.C. 18~A.D. 660)

『삼국사기』에 기록된 백제의 재난 관련 기사는 총 140건으로, 이는 전쟁, 반란, 폭동과 같은 재이에 관한 기사는 포함하지 않은 숫자이다. 재난에 관한 기사 중 가장 많이 차지하는 것은 가뭄으로서 32건이 기록되어 있는데, 예를 들어 "사월에 큰 가뭄이 들어 농토가 황폐화되다(夏四月, 大旱, 赤地)."와 같은 형태로 기록되어 있다(삼국사기, 28권). 백제는 삼국 가운데 가장 넓은 평야지대를 보유하고 있어 가뭄에 의한 피해 역시 고구려나 신라보다 컸을 것이며, 이로 인해 가뭄에 많은 관심을 가지고 기록하였을 것으로 추정된다. 지진에 관한 기사는 온조왕, 다루왕, 기루왕, 초고왕, 근초고왕, 비유왕, 무령왕, 위덕왕, 무왕 시기에 걸쳐 총 16건이 있다. 백제 재난 관련 기사의 또 다른 특징은 일식(25건), 혜성(10건) 등과 관련된 천재지변에 관한 기사가 고구려나 신라보다 많다는 점이다. 백제에서는 농업이 국가의 중요한 산업이었기 때문에, 천체의 운행 관측에 관심을 가지고 기상을 관측하려는 노력을 일찍부터 해 왔다는 것을 알 수 있다. 이외에 홍수, 태풍, 화재, 역질 등의 재난 관련 기사도 기록되어 있다.

• 신라(B.C. 57~A.D. 676)

『삼국사기』에 기록된 신라의 재난 관련 기사는 가뭄 관련 기사가 총 39건으로 가장 많으며, 다음은 지진으로 26건이 기록되어 있다. 고구려와 백제의 지진 관련 기사가 지진 발생 여부만을 기록하고 있는 것에 비해, 신라의 경우 지진에 관한 26건의 기사 가운데 5건이 간략하나마 지진에 의한 피해상황을 기록하고 있다는 점이 특이하다. 예를 들어, 파사이사금 21년(100), 기림이사금 7년(304), 눌

지마립간 42년(458), 문무왕 4년(664)에 발생한 지진으로 "민가가 무너지고 죽은 사람이 있었다."라고 기록되어 있다. 그리고 "42년(458) 봄 2월에 지진이 일어났다. 금성(金城)의 남문이 스스로 무너졌다(四十二年, 春二月, 地震, 金城南門自毀)."라고 기록되어 있다. 『삼국사기』 34권 잡지3 지리1 기록에 따르면, "혁거세 21년 궁성을 쌓아 금성이라 이름하였다(初赫居世二十一年 築宮城 號金城)."라고 되어 있는데, 신라 초기의 궁궐이었던 금성의 남문이 지진으로 무너져 내린 것을 알 수 있다. 세 번째로 많이 기록된 재난은 서리와 우박으로 인한 냉해피해로 24건이 기록되었으며, 네 번째는 23번 발생한 홍수에 관한 기록이다. 큰 홍수는 대개 음력 4월과 7월에 집중적으로 발생하였다. 소지마립간 4년(482)에 "여름 4월에 비가 오랫동안 내리므로, 중앙과 지방의 담당 관청에게 명해 죄수의 정상을 살피게 하였다(夏四月, 久雨, 命内外有司慮囚)."라고 기록되어 있으며(삼국사기, 3권a), 소지마립간 5년(483)에는 "가을 7월에 물난리가 크게 났다(秋七月, 大水)."라고 기록되어 있다(삼국사기, 3권b). 그리고 진평왕 11년(589) 기록에 따르면, "가을 7월 나라의 서쪽 지방에 큰물이 져서 30,360호의 민가가 떠내려가고 침몰하여 죽은 이가 200여 명이 생겼다(秋七月, 國西大水, 漂沒人戶, 三萬三百六十, 死者二百餘人)."라고 기록되어 있다(삼국사기, 4권). 이 외에도 천재지변, 산사태와 폭설과 같은 기상재난, 화재, 역질 등의 재난 관련 기사가 있으며, 큰바람2)에 의한 피해도 기록되어 있다.

• 통일신라(676~935)

통일신라시대에 가장 많이 발생한 재난은 가뭄으로서 총 39건의 기록이 있다.

---

2) 『삼국사기』에 큰바람(大風)으로 기록된 피해는 현재 대한민국 정부에서 집계하는 태풍에 의한 피해와는 다르다. 대한민국 정부가 수립된 1948년 이후 정부에서 집계하는 태풍에 의한 피해는 세계기상기구(WMO)에서 공식적으로 인정하는 태풍으로 인해 발생하는 피해를 의미하며, 주로 7월에서 10월 사이에 발생한다. 반면, 기상관측 기술이 발달하지 않았던 근대 이전의 문헌에서 "대풍에 의한 피해"라고 기록되어 있는 것은 글자 뜻 그대로 바람에 의한 피해일 가능성이 높다. 예를 들어, 탈해이사금 24년 음력 4월 서울에 큰바람이 일어나 금성의 동쪽 문이 저절로 무너졌다고 기록되어 있는데, 이는 오늘날 정부에서 집계하는 태풍에 의한 피해가 아니라 바람에 의한 피해, 즉 풍해를 의미한다.

음력 8월에 메뚜기 피해와 가뭄이 겹쳐서 발생하기도 하였다는 기록도 있다. 두 번째로 많이 발생한 재난은 지진이며, 총 36건 발생[3]한 것으로 기록되어 있다 (신형식, 1984). 이 외에도 서리와 우박에 의한 기록이 총 24건이며, 홍수와 관련된 기사가 총 23건이다. 폭설, 산사태, 화재, 역질 등의 재난 관련 기사도 기록되어 있다.

• 고려(918~1392)

고려는 918년 왕건에 의해 건국되어 34대 공양왕까지 475년 동안 개경(현재 황해도 개성시)을 수도로 한반도를 다스렸던 왕조이다. 『삼국사기』에 기록되어 있는 지진 등의 재난이 대부분 수도(王都)를 중심으로 기록되어 있는 것처럼, 고려시대 재난에 관한 기록 역시 수도를 중심으로 한 기록이 대부분이다. 고려시대의 재난 관련 기록은, 1449년에 편찬되기 시작하여 1451년에 완성된 『고려사』에 자세히 수록되어 있다.[4] 고려시대에 발생한 재난에 대한 기록은 삼국시대나 통일신라시대보다 더 많다. 재난을 유발하는 요인의 증가 또는 인구 증가에 따른 피해의 증가로 볼 수도 있고, 고려 왕조가 국민들의 생활에 영향을 주는 재난에 대해 많은 관심을 가지고 있어서 재난 관련 기록이 더 많았다고 해석할 수도 있다.

『고려사』의 재난 기록 중 가장 많은 부분을 차지하는 것은 가뭄으로서 총 380건이 기록되어 있다. 고려시대 역시 생활의 주 기반이 농업이었기 때문에 자연재난으로 시작된 가뭄은 굶주림, 도둑의 증가, 질병의 확산과 같은 사회재난으로 연결되는 경우가 많았으며, 사회안정을 위해 조정에서도 특히 신경을 썼을 것이다.

두 번째로 많은 부분을 차지하는 것은 벼락으로 총 354건의 기록을 찾아볼 수

---

3) 땅이 흔들린 지동(地動)이 2건, 땅이 꺼진 지함(地陷)이 1건, 탑이 흔들렸다는 탑동(塔動)이 5건, 돌이 무너진 석퇴(石槌)가 3건 더 있어, 이와 같은 현상까지 지진으로 포함한다면 총 47건이다.

4) 고려시대 기록 중 902~1009년까지의 기록은 거란의 침입으로 대부분 손실되었기 때문에 그 시대의 재난에 대한 기록은 정확성이 떨어진다.

한국 재난의 특성과 재난관리

있다. 현재는 피뢰침의 발명 덕분에 벼락으로 인한 피해가 많지 않지만, 근대 이전에는 벼락과 번개로 인한 피해가 많이 발생하였다. 『고려사』 기록에 보면, "선종 7년(1090) 3월 무자 밤에 크게 벼락과 번개가 쳐서 신흥창에 불이 나매 균름 거만이 모두 날아가고 불꽃이 하늘을 덮었다(宣宗七年三月戊子夜, 大震電, 新興倉, 巨萬, 都盡飛, 焰蔽空)."라고 되어 있어 벼락으로 인한 피해가 컸음을 확인할 수 있다(고려사, 53권a).

우박, 서리, 지진, 강풍, 폭우는 각각 238건, 56건, 152건, 161건, 139건이 기록되어 있으며, 화재에 관한 기록도 174건 기록되어 있다. 또한 이상저온 현상이 고려 후기에 많이 나타났는데, 기후학적으로 고려 후기는 한랭기로 접어든 시기로 추정되고 있으며, '이상저온'이라는 자연현상이 당시에는 경험해 보지 못했던 재난으로 인식되었을 것이다. 『고려사』 53권, 지(志) 7, 오행(五行) 수(水) 추위 부분을 살펴보면, "고종 13년 6월에 바람이 불고 추워 갖옷을 입은 자가 있었으며(高宗十三年六月丙申, 風寒, 人有衣者)"(고려사, 53권b), 충렬왕 3년 5월에도 날씨가 추워 갖옷을 입은 자가 있었고(忠肅王, 三年五月戊午, 天寒, 人或有衣者), 충숙왕 11년 4월에는 우박과 눈이 내려 얼어 죽은 자도 있었다(忠肅王十一年四月戊辰, 雨雹雪, 人有凍死者)."라고 기록되어 있다(고려사, 53권c).

(2) 재난에 대응하는 방식

『삼국사기』에 기록된 재난에 대응하는 방식은 크게 세 가지 형태로 구분될 수 있다. 첫째, 재난의 특성에 따른 대책과 관리가 체계적으로 이루어지기보다는, 고대 국가의 권력형태인 제정일치(祭政一致) 사상으로 재난을 받아들였다. 그 결과 가뭄이 계속되면 왕이 하늘에 제사를 지내는 제사장으로서 기우제를 지내 그 피해를 감소하고자 노력한 모습들이 기록되어 있다. 『삼국사기』에 기록된 기우제 관련 기사를 찾아보면, 신라 7건, 백제 4건, 고구려 1건이다. 여기서 특이한 점은 가뭄 관련 기록에 비해 기우제를 지낸 횟수가 적다는 점이다. 이는 기우제를 지내게 되면 가뭄의 책임이 국왕에게 있다고 국민들이 인식할 수도 있다는 우려 때문으로 추측된다.

둘째, 오늘날과 같은 체계적인 재난구호가 이루어진 것은 아니지만, 재난으로 힘들어진 국민들의 삶을 돕고자 하는 정부의 노력이 있었다. 가뭄이나 메뚜기로 인한 재난피해가 크게 발생하면, 왕은 굶주리는 백성들을 위해 사신을 보내 구제할 방법을 강구하거나 창고를 열어 구제하기도 하였다. 또한 왕이 민심을 살피는 차원에서 친히 죄수들의 정상을 참작하여 그 죄를 줄여 주는 경우도 있었다. 그리고 대규모의 토목공사를 일으켜 농사철 일손을 빼앗는 일이 없도록 왕명을 내리기도 하였고, 재난을 당한 마을의 조세와 공물 부담을 면제해 주기도 하였다. 현재 우리나라에서 재난으로 인해 피해를 입은 주민들에 대해「재난 및 안전관리 기본법」등에 따라 지방세와 국세를 감면해 주거나 재난지원금을 지원해 주고 있는데, 고대사회의 제도들이 그 시발점이라고 할 수 있다.

셋째, 농사를 기반으로 하는 고대사회에서 홍수와 가뭄의 피해를 줄이는 것은 국가의 주요 사업이었다. 그 당시에 지어졌던 크고 작은 농업용 저수지를 통해 홍수와 가뭄에 대처하기 위한 국가의 노력을 확인할 수 있다. 백제시대에 지은 벽골제(碧骨堤)는 이 시기 대표적인 저수지로서 전라북도 김제시 부량면 포교리에서 월승리에 이르는 큰 규모였으며, 당시 둑의 일부가 현재도 남아 있다. 벽골제는 현재까지 남아 있는 고대 저수지 중 가장 큰 저수지로 백제의 11대 왕인 비류왕 27년(330)에 축조된 것이다. 이러한 농업용 저수지들을 통해 고대시대 재난으로부터 안전하게 살고자 했던 우리 선조들의 노력을 확인할 수 있다.

고려시대 역시 재난을 하늘과 관련지어 생각하는 경향이 강하였다. 즉, 가뭄을 자연현상으로만 보지 않고 하늘과 사람 사이의 조화로운 기운이 상하여 발생하는 것으로 인식하고 있었다. 그 결과 가뭄이 지속되었을 때 우선 중앙정부에서 했던 대책은 하늘에 제사를 지내는 것으로서, 기우제와 같은 종교적 행사가 가뭄에 대처하는 가장 중요한 대책이었다. 이와 더불어 세금을 감면하거나 죄인 심문을 공평하게 하는 대책도 세웠다.

『고려사』에는 벼락에 대한 기록도 나오는데, 벼락도 가뭄처럼 하늘이 주는 벌이라고 인식하고 있었다. 또한 이를 왕이 부덕한 탓이라고 여기는 정치적 해석도 있었다. 성종 3년(984)에 "여름 5월 경술 초하루 형관(刑官)의 문기둥에 벼락이 떨어지자, 어사·시랑·낭중·원외랑을 꾸짖고 모두 파직하였으며(夏五月 庚戌朔 震刑官門柱, 責御事侍郎·郎中·員外, 並罷之)"라는 내용이 기록되어 있다(고려사, 3권). 그리고 희종 2년(1206) 기록에 따르면, "대장군 박정모가 벼락을 맞았는데, 박정모는 사람됨이 탐람하고 거짓이 많았다(丙寅, 震大將軍朴挺謨, 挺謨, 爲人, 貪詐僞)."라고 하여 죄를 심판하기 위한 하늘의 벌을 벼락으로 해석하고 있음을 짐작할 수 있다(고려사, 21권).

이 외에도 우박과 서리, 수재, 지진 역시 사람과 하늘의 연결이 조화롭지 못하여 생긴 현상으로 인식하거나 왕의 부덕의 소치로 이해하는 경향이 있었다. 재난을 '하늘이 사람에게 주는 벌 또는 잘못된 정치로 인해 발생하는 현상'이라고 생각했던 당시의 재난대처 방식은 오늘날 우리 사회가 추구하는 재난대처 방식과는 사뭇 다르다.

가뭄과 같은 천재지변과 달리 화재에 대해서는 대처방법이 보다 현실적이었다. 중앙 행정기관에 불이 났을 경우 화재 진압을 위해 주변 기관의 관리들까지 동원되었다. 그리고 문종 20년(1066) 기록을 보면, 모든 창고와 부고(府庫)에 화재를 금하는 관리를 특별히 두고 어사대가 때때로 점검하였음을 알 수 있다(고려사, 8권).

고려시대 역시 재난을 하늘이 주는 고난으로 인식하는 경향이 강하였고, 재난에 대한 대처방법이 구체적으로 제도화되지는 못하였다. 하지만 재난의 원인에 대한 관심 증가, 저수지 축조 등을 통한 홍수와 가뭄 대처, 화재 방지를 위한 제도 마련 등이 등장했다는 점은 주목할 필요가 있다.

이상의 논의를 정리해 보면, 과학기술이 발달하지 않았던 시기에는 대규모 피해를 주는 가뭄이나 홍수 등 재난이 발생하는 원인에 대한 이해도가 높지 않았다. 그 결과 재난을 하늘이나 신이 주는 벌, 혹은 잘못된 정치로 인해 발생하는 현상으로 이해하는 경향이 강하였다. 하지만 우리가 눈여겨보아야 할 점은, 이처럼 재난 극복을 신에게만 의존한 고대와 중세 시대에도 대응책을 마련하기 위한 노력이 있었다는 것이다. 노아의 홍수 이후 새로운 삶을 살기 위해 홍수가 끝난 뒤 마른 땅을 찾았고, 로마 대화재 후에는 화재에 빠르게 대처할 수 있도록 도로와 수로를 정비했다. 그리고 흑사병으로 많은 사람들이 사망한 중세에는 의심환자를 격리하는 등의 공중보건 정책을 시행하였다. 우리나라의 경우에도 저수지를 축조하여 홍수와 가뭄에 대비하고, 화재 방지를 위한 제도를 마련하는 한편, 재난으로 피해를 입은 백성을 구휼하기 위해 노력하였다. 즉, 국가가 재난으로부터 국민을 보호하기 위한 최소한의 대응책을 마련하였고, 현재 우리나라 재난관리 제도들도 이러한 전통에 기반하고 있다.

2. 리스크에 대한 이해와 연구: 재난을 유발하는 위험 요인과 취약성

1) 세계 재난관리 역사(17~20세기 초)

유럽에서 재난관리는 보험회사의 설립, 그리고 이를 통한 위험관리의 분산과 함께 본격적으로 발전하였다. 영국 런던에서 발생한 1666년 대화재 이후에 화재보험을 취급하는 보험회사가 생겨나기 시작하였다(김인범 외, 2014).

18세기 중엽, 재난관리 역사에서 중요한 사건이 발생하였다. 1755년 11월 1일 토요일, 가톨릭 최고의 축일인 만성절에 M(magnitude) 9.0 규모의 대지진이 포르투갈 왕국을 덮쳤다(그림 1-1). 지진으로 리스본과 그 일대 지역의 85%가 파괴되었고, 당시 27만 명이었던 리스본 시민 중 10만여 명이 사망했다고 전해지

그림 1-1. 리스본 대지진(Parker, n.d.)

고 있다. 리스본 대지진 이후 지진 연구는 더딘 속도이기는 하지만 지속적으로 확대되었다. 리스본 대지진은 지진 발생 후 과학적 연구가 이루어진 최초의 사례로, 포르투갈에서는 향후 발생할 수 있는 지진에 대비하기 위한 연구를 실시하였다. 리스본 대지진을 계기로 사람들은 '신에게 의존하는 재난관리'를 극복하기 시작하였으며, '재난구호', '지진학(seismology)', '지진공학(Earthquake Engineering)' 분야에 대한 연구가 시작되었다(Shrady, 2008).

1800년대 미국에서 대형 재난이 자주 발생하면서 재난 관련법들이 제정되기 시작하였다. 1802년 미국 뉴햄프셔주 포츠머스에서 대화재가 발생하였다. 대화재로 피해를 입은 포츠머스 지역의 재해복구 활동을 연방정부가 지원할 수 있는 법안이 1803년 최초로 연방의회에서 통과되었는데, 미국 재난관리 역사에서 최초의 재난 관련법으로 간주된다(Haddow et al., 2014). 1811년 미주리주 뉴 매드리드 지진(그림 1-2), 1871년 시카고 화재, 1889년 미국 펜실베이니아주의 존스타운 댐 붕괴 등이 1800년대 미국에서 발생한 대규모 재난들이다. 이처럼 대규모 재난이 계속 발생하였으나, 이 시기 미국에서는 체계적이고 종합적인 재

그림 1-2. 뉴매드리드 지진으로 야기된 산사태(USGS, 1995)

난관리 제도가 없었기 때문에 재난이 발생하면 그때그때 임시방편적인 수습대
책이 마련되었다(Anna et al., 2006).

　1900년대는 공산주의와 민주주의가 대립한 냉전시대로서 이념 대립이 발생
하였던 시기이다. 이 당시에는 전쟁 연구방법의 틀을 이용하여 재난연구를 수
행하는 '유사전쟁 모형(patterns of war approach)' 이론이 발달하였다(Gilbert,
1995). 사회에 피해를 주는 재난은 전쟁과 같은 외적 요인에 의해 발생하는 것이
므로, 이에 대한 대응이 중요하다고 인식한 것이다. 이 이론은 위험요인(hazard)
을 과학적으로 인식하는 방법론으로서 의미가 있다. 하지만 재난발생의 원인을
외부 요인으로 한정함으로써 사회 내부의 취약성을 간과하여 재난을 줄이기 위
한 사회 전체의 노력을 과소평가했다는 한계가 있다.

　1900년부터 1930년 사이에 미국은 다양한 자연재난의 피해를 입었다. 이
시기 미국에서 발생한 자연재난으로는 1900년 텍사스주 갤버스턴 허리케인,

1906년 캘리포니아주 샌프란시스코 지진과 화재, 1926년 플로리다주 마이애미 허리케인, 1927년 미시시피강 하류 범람이 있다. 이 시기 재난관리는 지방조직에 의한 임시적인 대응이 전부였다. 반복적으로 발생하는 대규모 자연재난을 지방 단위의 조직만으로 대응하는 것은 한계가 있다고 인식한 미국 연방정부와 연방의회는 1905년 미국 적십자사(American National Red Cross)를 재난구호를 위한 공식기관으로 지정하였다. 이후 적십자사는 미 전역의 재난구호를 담당하는 공식기구로서 발전하게 되었다(정지범, 2009).

비슷한 시기 유럽에서는 1908년 시칠리아 섬과 이탈리아 본토 메시나 해변을 따라 발생한 지진(M 7.5)과 쓰나미 이후 사회의 취약성에 대한 연구가 시작되었다(RMS, 2008). 메시나를 거의 괴멸적 상태로 몰고 간 이 지진과 쓰나미는 대규모 자연재난 중 하나로 기록되고 있으며, 당시 전 세계 뉴스의 헤드라인을 장식하였다. 이후 구호를 위한 국제적인 노력이 시작되었고 도시 재건을 위해 영국, 프랑스 등 유럽 여러 국가와 러시아, 미국 등에서 지원이 이루어졌다. 1908년 지진을 계기로 이탈리아에서는 1909년 왕실 칙령으로 이탈리아 최초의 내진설계 규정을 채택하였다. 이후 제2차 세계대전을 겪으면서 재난위험을 국가적으로 관리하는 제도를 마련하기 시작하였고, 1948년 영국의 「시민방위법(Civil Defence Act)」 제정이 그 대표적인 예이다.

2) 한국 재난관리 역사(조선시대, 일제강점기, 미 군정기)

(1) 재난에 대한 기록

• 조선시대(1392~1910)

1392년부터 1910년[5]까지 518년 동안 지속된 조선왕조는 1592년 임진왜란을 기준으로 전기와 후기로 구분된다. 왜냐하면 임진왜란을 전후로 정치·경제·

사회적 측면에서 많은 변화가 있었기 때문이다. 재난에 대응하는 방식 또한 전기와 후기의 모습이 많이 다르다. 이 절에서는 『조선왕조실록』을 주로 활용하여 조선 전기와 후기에 가뭄, 수재 등의 자연재난과 화재, 전염병 등의 사회재난이 발생한 기록을 조사하고 이에 대응하는 방식이 어떻게 발전하였는지 살펴본다.

조선 전기에 기록된 주요 재난은 번개 1,375건, 우박 1,083건, 지진 1,030건, 강한 폭풍 354건, 서리 301건, 가뭄 272건 등이다(이태진, 1997). 1392년부터 1600년까지 매년 평균 약 1.3건의 가뭄이 발생하였다고 기록되어 있어 거의 매년 가뭄이 발생하였다는 것을 알 수 있다. 홍수 등 수재와 관련된 기록은 총 176건으로 매년 평균 0.8회의 수재가 발생한 것을 알 수 있다. 조선시대의 주요 산업은 농업이었기 때문에, 이처럼 거의 매년 발생하는 서리, 가뭄, 수재 등과 같은 재난은 국민들의 삶을 피폐하게 하는 것은 물론 국가의 존속까지도 위협했을 것이다. 가뭄의 경우 강원도 영서지역, 황해도 북서부, 평안도 남서부의 해안, 경상도 동부지역에 집중적으로 발생하였는데, 이는 지형적인 영향으로 볼 수 있다. 또한 논농사 집중 지역인 전라도, 경상도, 충청도 지역에서 볍씨를 뿌리는 시기나 벼가 익어 갈 무렵에 가뭄이 들면 다른 지역에 비해 그 피해가 훨씬 컸고 이는 전국적으로 영향을 미쳤다. 수재의 경우, 압록강과 두만강 하류, 한강과 낙동강 중·하류에서 피해가 빈번하게 발생하였다. 홍수로 인해 강 인근의 농경지와 주택이 침수되고, 사람과 가축이 떠내려갔다는 기록이 남아 있다(오종록, 1991).

조선 후기에는 자연재난의 지속적인 발생과 임진왜란·정유재란, 정묘호란·병자호란과 같은 대규모 전쟁으로 사회가 혼란하였다. 또한 1660년대부터 1670년대 초반까지 제주도를 포함한 전국에서 전염병이 발생하였는데, 현종 5년(1664)에 "개성부에 전염병이 극성하였고, 소의 전염병도 발생하였다(開城

---

5) 학자에 따라 조선시대를 조선왕조(1392~1897)와 대한제국(1897~1910)으로 나누기도 한다.

府染病熾盛, 牛疫亦起)."라고 기록되어 있다(조선왕조실록, 현종 9권). 이처럼 17세기와 18세기에는 자연재난뿐 아니라 사회재난으로 인한 피해도 많이 발생하였다.

조선 후기에 발생한 자연재난 중에서 기록으로 확인된 가장 빈번한 재난은 뇌전으로 총 995건이 기록되어 있다. 우박(849건), 홍수(570건), 지진(470건), 가뭄(344건), 서리(291건), 폭풍(279건), 예기치 못한 눈·비(242건) 역시 빈번하게 발생한 자연재난이다(소방방재청, 2005). 조선 전기에 1,000건 이상이었던 지진에 대한 기록이 조선 후기에는 크게 감소하였다.

농업에 큰 영향을 미치는 재난을 조선 전기와 비교해 보면, 1601년부터 1863년까지 가뭄은 총 344건으로 1년에 평균 1.3회 발생하여 조선 전기와 마찬가지로 매년 가뭄이 있었던 것으로 파악된다. 수재의 경우, 조선 전기 1년 평균 0.8회 정도였던 발생빈도가 조선 후기에는 1년 평균 2.1회(총 570건)로 증가하였다. 이에 대한 원인은 두 가지로 추정할 수 있다. 첫째, 재난을 유발하는 태풍, 호우, 가뭄 등 위험요인이 증가하여 재난의 발생빈도가 증가했을 가능성이 있다. 또 다른 원인은 인구 증가에 따른 도시 발달, 농업기술 발전에 따른 농경지 확대 등에 따라 태풍, 호우, 가뭄 등의 영향을 받는 지역이나 시설이 많아져서 재난이 증가했을 수 있다. 과거 사람이 살고 있지 않았거나 농사를 짓지 않았던 곳에 수재 또는 가뭄이 발생했다고 해서 실록에 기록되지는 않았을 것이다. 인구가 점차 증가하고 도시의 형성과 농업기술의 발달로 사람의 거주 범위가 넓어지면서 수재를 입는 지역 역시 증가하였을 것이다. 현재 사용되는 재난 관련 용어로 표현하면 전자는 위험요인(hazard)의 증가이고, 후자는 취약성(vulnerability)의 증가이다. 재난의 위험도(risk)는 위험요인과 취약성이 결합되어 나타나는 경우가 대부분이다. 오늘날 급속한 도시화와 산업화를 경험하는 아시아와 아프리카의 많은 국가들에서 재난의 빈도와 규모가 증가하고 있는 현상과도 관련이 있다.

• 일제강점기(1910~1945)

일제강점기 당시 재난에 대한 기록은 자연재난에 해당하는 수해와 가뭄에 관한 기록이 대부분이다.

수해는 1912년 7월 12일 부산지방 집중호우를 시작으로 총 46회의 피해가 기록되어 있다. 그중 1920년, 1925년, 1934년, 1936년에 발생한 피해가 매우 컸다. 1920년 7월 19일 경상남도 산청군에 총 400mm의 비가 내렸으며, 삼랑진읍의 수위는 8.09m에 이르러 역대 최고 수위를 기록하였다. 이로 인해 37,829ha가 침수되고 토지 21,482ha가 유실되거나 매몰되었다. 또한 주택 7,170채가 손실되거나 붕괴되었으며, 1,100명의 익사자가 발생하였다. 1925년에는 '을축년홍수(乙丑年洪水)'로 불리는 4번의 연속적인 홍수가 발생하였다. 1차 홍수는 7월 11일부터 12일까지 황해도 남부지역에 내린 300~500mm의 집중호우로 한강, 금강, 만경강, 낙동강에서 발생하였다. 2차 홍수는 7월 16일부터 18일까지 내린 호우로 인해 발생하였다. 한강과 임진강 유역에서 최고 강우량이 650mm에 달하였으며, 이로 인해 제방이 균열되고 한강과 임진강이 범람하여 많은 홍수 피해가 발생하였다. 7월 18일 한강의 수위는 뚝섬 13.59m, 인도교 11.66m, 구용산 12.74m로 사상 최고치를 기록하였다. 그리고 한강의 물이 제방을 넘으면서 3만여 정보6)에 이르는 넓은 지역이 침수되었다. 이때 가장 피해가 심하였던 곳은 동부이촌동, 뚝섬, 송파, 잠실리, 신천리, 풍납리 등이었다. 이 당시 용산의 철도청 관사는 1층 천장까지 물이 찼고, 용산역의 열차가 물에 잠겼다고 한다. 3차 홍수는 8월 들어 관서지방에 많은 비가 내렸고, 이로 인해 대동강, 청천강, 압록강 등이 범람하여 큰 피해를 주었다. 마지막 4차 홍수는 8월 말에 마리아나 제도 인근에서 형성된 열대성 저기압이 9월 초 목포시와 대구시를 거쳐 동해로 이동하면서 발생하였다. 북부에 내린 호우로 인해 낙동강, 영산강, 섬진강이 범람하면서 그 일대에 많은 인명피해와 재산피해가 발생하였다. 1925년 7월에서

---

6) 30,000정보는 30,000*3,000*3.3km²에 해당된다.

표 1-1. 일제강점기 중 발생한 주요 가뭄

가뭄 발생 연도	주요 피해 사례
1924	5월 15일~7월 11일까지 가뭄이 계속되어 제주도에는 풀조차 나지 않을 정도로 심각한 피해 발생
	7월 28일~9월 6일까지 중부 이북에 가뭄이 지속되어 식량 부족 현상이 심각해지고, 일본은 좁쌀 127만 석을 한반도로 긴급 수입
1929	4월 26일~5월 25일 한반도의 중부지방에 가뭄 발생 5월 12일부터 34간 목포에 가뭄 발생 7월 3일~8월 14일까지 영남지방에 가뭄 발생
1939	3~4월 대구지역을 중심으로 한 봄 가뭄 발생 5월 12일~6월 15일, 7월 1일~7월 23일까지 광주지방에 무강수일 지속 5월 12일~6월 20일까지 목포지역에 가뭄 발생 7~8월에 전국적인 쌀 생산이 평년작의 40% 정도 수준으로 감소
1942	5~8월까지 한반도 전역에 대가뭄 발생
1943	4~5월까지 한반도 전역에 가뭄 발생
1944	여름 가뭄 발생, 3년 연속 흉작으로 인해 많은 국민이 기근에 시달림

출처: 소방방재청, 2005

9월까지 네 번에 걸쳐 발생한 을축년 홍수로 517명이 목숨을 잃었다(소방방재청, 2005). 이후 1934년과 1936년에도 홍수로 큰 피해가 발생하였다.

일제강점기에 우리나라에 큰 피해를 준 또 다른 재난은 가뭄으로, 크고 작은 가뭄이 총 31회 있었다. 35년 동안 31회의 가뭄이 있었다는 것은 매년 가뭄으로 인해 피해가 발생하여 국민들이 기근을 겪었다는 것을 의미한다. 그중 주요 가뭄들을 정리하면 표 1-1과 같다.

(2) 재난에 대응하는 방식

조선왕조를 세운 태조 이성계가 내세웠던 통치이념 중 하나는 '농본주의(農本主義)'이다. 즉, 농업을 국가 산업의 기본으로 삼고, 농민과 농촌을 사회조직의 바탕으로 삼는다는 것이다. 따라서 농업생산에 큰 영향을 미치는 가뭄과 수재 등의 재난에 대해 조선사회에서는 구체적이고 현실적인 대응방법을 고민하고, 제도를 정비·관리하기 위해 노력하였다. 이와 같은 노력은 6가지로 정리할 수 있다.

첫째, 조정에서는 농업에서 가장 중요한 물과 관련된 문제를 해결하기 위해 예로부터 중요하게 여겼던 '수리시설'에 관심을 가지고 이를 확충하기 위해 노력하였다. 조선시대 수리시설은 계곡을 가로막아 둑을 쌓고 수문을 만들어 물을 대는 제(堤)와 바닷가에 둑을 쌓아 바닷물을 막는 언(堰), 그리고 하천수를 끌어들여 관개용수로 이용하는 수리시설인 보(洑)가 대표적이다. 『태조실록』을 보면 "농사를 장려하는 중요한 일은 제언을 쌓는 데에 있다."라고 하였으며, "제언이란 가뭄과 장마를 방비하는 것이오니……."라고 기록되어 있어, 건국 초부터 가뭄과 수재에 대비하기 위해 노력했음을 알 수 있다(조선왕조실록, 태조 8권). 또한 태종 9년(1409) 전 관원주목사 우희열(禹希烈)은 제언을 쌓도록 청하는 상소문을 올렸는데, "제언은 한재(가뭄)를 대비하기 위한 것이므로 중요하며, 이를 위해 도감(都監)을 설치해야 한다."는 내용이었다(조선왕조실록, 태종 17권). 이에 조정에서는 제언도감을 설치하여 김제의 벽골제, 고부의 눌제, 부평의 수통제 등을 수리하고, 강화의 가릉포대제를 새로 만들기도 하였다. 이처럼 조선 초기에는 대규모 저수지를 축조하거나 수리하는 정책을 시행하였고, 점차 농민들의 필요에 따라 작은 규모의 수리시설도 확보되었다. 숙종 8년(1679)에는 호조판서 오정위(吳挺緯)의 건의에 따라 제언사(堤堰司)가 설치되고, 수리시설의 확보와 관리를 위해 제언사에서 지방관원을 관리·감독하였다(조선왕조실록, 숙종 8권).

둘째, 수리시설 확충과 함께 가뭄과 수재를 극복하기 위한 목적으로 조정에서는 기우제, 기청제(祈晴祭), 명산대천(名山大川)의 제사, 종묘와 사직에서의 제사 등을 행하기도 했다. 이는 고대시대로부터 내려온 방법으로, 재난발생이 하늘의 뜻이라고 여긴 데에서 나온 노력의 방식이다.

셋째, 유교를 숭상했던 조선시대에는 국왕 스스로 솔선수범하고 존경받는 선인(仙人)이 되기 위한 방법으로 구언(求言), 공역(工役) 중단, 강무(講武) 금지, 피정전(避正殿), 인사조치(人事措置) 등을 통해 백성을 위로하고 재난에 대응하였다. 구언이란 재난을 극복할 방안을 여러 관료와 현자들에게 묻는 것이고, 공역이란 요역, 공물, 진상 등 백성들이 부담해야 할 공적 의무를 중단하여 재난을 당한 백성들의 부담을 덜어 주고자 한 것이었다. 이는 재난이 발생했을 때 하늘에만 의존하지 않고 국가가 직접 재난을 극복하겠다는 의지의 표현이다(소방방재청, 2005).

넷째, 조선 4대 왕인 세종 시대에는 천문학의 발달과 더불어 측우기 등의 천체 관측기기가 제작되었고, 다양한 천문서와 천문도가 연구·편찬되었다. 제왕정치의 기본을 '역상(曆象)'과 '수시(授時)'로 생각했던 만큼 천문(天文) 즉 해와 달, 별의 세계를 탐구했으며, 천체의 운행이 인간의 일과 연결되어 있다고 생각해 국가 최고 학문의 하나로 중시했다. 천문학은 본래 정치적 목적에서 시작되었지만, 농업을 기반으로 하는 조선에서는 풍년과 백성들의 안정적인 삶을 위한 도구이기도 하였다. 대표적으로 세종 때의 천문학자이자 이순지(李純之)는 왕명을 받들어 『천문유초(天文類抄)』를 편찬했는데, 이 책에서는 천지·일월·오행에서 기상현상에 이르기까지 종합적인 천문 이론을 국가의 안위 및 민생의 재변(災變)과 연관시켜 전개했다. 즉, 재난을 유발하는 외적 요인에 대한 학문적 연구가 제왕의 정치도구이자 백성들의 삶을 위한 도구로 이용되었던 것이다.

다섯째, 화재와 같은 사회재난에 대응하는 방식 또한 이전 시대에 비해 체계적으로 발전하였다. 15세기 초부터 16세기 말까지 조선에는 민간용 기와를 제조하여 판매하는 별와요(別瓦窯)가 있었다. 이는 태종 6년(1406) 승려 해선(海宜)의 청원으로 도성에 있는 민가의 화재 발생을 줄이기 위해 설치되었다. 당시 조선사회 백성들의 집은 대부분 초가였으며, 밀집되어 있어서 한 번 화재가 발생하면 큰 피해로 연결되었다. 정부가 초가를 기와로 바꾸어 이런 피해를 막고자 노력했음을 보여 주는 예이다. 태종 17년(1417)에는 '금화령(禁火令)'이 내려지기도 하였다. 금화령에는 화재 크기에 따른 형벌이 정해져 있었고, 화재를 막기 위한 관원들의 임무까지 상세하게 정하고 있다(조선왕조실록, 태종 34권). 세종 8년(1426) 기록을 보면, 행랑에 방화장을 쌓고 성내 도로를 넓게 만드는 등 화재 방비책을 마련했다(조선왕조실록, 세종 31권). 세조 13년(1467년)에는 불을 끄는 사목(事目)을 도총부(都摠府), 병조(兵曹), 공조(工曹), 한성부(漢城府)에 내렸는데, 그 내용을 보면 불을 끄는 군사 50인에게 지급되는 물품과 임무가 상세히 기록되어 있다(조선왕조실록, 세조 44권). 이는 오늘날 소방제도의 뿌리라고 생각할 수 있으며, 화재를 줄이기 위한 국가의 노력을 확인할 수 있다.

여섯째, 많은 인명피해를 주었던 전염병의 경우에는 예방보다는 재난발생 이후 수습을 통해 그 피해를 줄이고자 노력하였다. 중앙정부에서는 전염병이 생긴 지역에 의원을 파견하거나 약재를 공급해 주었다(조선왕조실록, 성종 15권).

앞에서 살펴본 것처럼, 조선시대에는 오늘날 재난대응 방식의 기틀이 만들어졌다. 조선시대 이전과 비교해 볼 때 재난에 대한 과학적 인식이 발달하였고, 재난에 대응하기 위한 여러 제도들이 만들어졌다. 비록 현대사회처럼 재난이 발생하기 이전에 위험요소들을 제거하는 근원적인 노력까지는 이루어지지 않았지만, 수해나 가뭄으로부터의 피해를 최소화하기 위한 제도들이 만들어졌고, 이를 효율적으로 운영하기 위한 조직에도 신경 썼음을 알 수 있다.

3. 재난인식과 대응방식에 대한 고찰

삼국시대 한반도의 가장 북쪽에 위치한 고구려에서 발생했던 주요 재난은 봄·여름에 발생하는 가뭄, 농업에 영향을 미치는 봄철과 초가을의 냉해, 그리고 지진이었다. 한강 유역 중심의 백제와 한반도 동남쪽에 위치한 신라에서는 가뭄을 가장 많이 걱정했고, 다음이 지진, 홍수, 화재, 역질 등이었다. 삼국시대에 가장 큰 재난으로 여겨졌던 가뭄은 통일신라시대와 고려시대에도 가장 큰 재난 중 하나였다. 경제활동의 중심이 농업이었던 시대에 가뭄은 생활기반에 영향을 미치는 자연재난인 동시에 굶주림, 도둑의 증가, 질병의 확산으로 연결되는 사회 재난의 원인이 되기도 하였다.

이처럼 가뭄이 사회에 영향을 주는 가장 큰 재난이었음에도 불구하고 대응방식은 하늘에 기원하는 것이 대부분이었다. 제정일치 사회였던 고대국가에서 가뭄에 대한 두려움은 인간이 저지른 죄에 대한 하늘의 심판으로 여겨졌기에 하늘에 제사를 지내는 기우제를 통해 해결하고자 하였다. 가뭄으로 말미암은 흉작, 그리고 이로 인한 백성의 굶주림을 해결하기 위해 국가의 창고를 열어 백성을 구휼하고 세금을 면제하거나 벽골제와 같은 저수지를 축조하는 노력도 일부 있었지만, 하늘에 기원하는 기우제가 재난으로 힘들어하는 국민들에게는 더 큰 희망이자 위로였다.

그러나 국가가 성장하고 농업과 과학기술이 발전하면서 이런 생각도 점차 변화하기 시작하였다. 추위와 더위, 가뭄과 홍수 등을 하늘의 뜻이라 여기고 받아들였던 고려시대까지와는 달리 조선시대에는 지형과 농업기술을 이용해 자연재난을 해결하고자 노력하였다. 즉, 가뭄이 자주 발생하는 강원도 영서지역이나 경상도 동부지역보다는 전라도, 경상도 서부지역, 충청도를 중심으로 논농사가 이루어졌으며, 수리시설에 관심을 가지고 확충하기 위해 노력하였다. 그리고 이는 정치·제도적 흐름과 변화에 영향을 주어, 수리시설을 보다 체계적으로 관리하기 위한 제언사가 설치되었다. 그러나 자연재난을 하늘의 뜻으로 여기는 성향이 조선시대에도 여전히 남아 있었기 때문에 기우제를 지냈고, 토지와 땅의 신을 조상과 같이 모시고자 각 지방의 중심에 종묘와 사직을 위한 공간을 마련하였다.

조선시대 사회재난에 대한 대응방식은 고려시대보다 체계적이었다. 화재를 막기 위해 초가 대신 화재에 강한 소재인 기와를 사용하기도 했고, 방화에 대해서는 화재 크기에 따라 형벌이 내려지기도 했다. 그리고 삼국시대부터 두려움의 대상이었던 전염병인 천연두의 경우 치료보다는 미신적인 금기사항을 강조했던 방식에서 벗어나 1879년 종두사업이 시행되었다. 즉, 감염병을 천재가 아닌 인재로 관리하기 시작한 것이다.

유럽·미국 등 다른 나라의 재난관리 발전양상도 우리나라와 비슷하다. 고대와 중세 시대에는 재난이 발생하면 대부분 하늘이나 신의 심판으로 해석하고 신에게 기도를 했다. 기원전에 발생한 노아의 홍수, 서기 64년에 발생한 로마 대화재, 그리고 중세 유럽에서 창궐한 흑사병으로 많은 사람이 죽었지만, 재난을 신이 내린 벌로 여기고 기도를 통해 재난을 극복하고자 하였다. 하지만 고대와 중세 시대에도 대응책을 마련하기 위한 노력이 있었다. 노아의 홍수 뒤에는 새로운 삶을 살기 위해 홍수가 끝난 뒤 마른 땅을 찾았고, 로마 대화재 후에는 화재에 빠르게 대처할 수 있도록 도로와 수로를 정비하였다. 흑사병으로 많은 사람들이 사망한 중세시대에는 의심환자를 격리하는 공중보건 정책을 시행하였다. 국가가 재난으로부터 국민을 보호하기 위한 대책을 마련하기 위해 노력한 것이다. 하지만 이런 노력에도 불구하고 재난에 대응하는 주된 방식은 신에게 기도하는 것이었다.

신에게 의지하던 이런 인식은 18세기 리스본 대지진을 겪으면서 변화되었다. 재난이 일어난 원인에 대해 관심을 갖고 연구를 시작했고, 국가 구호체계의 발전과 도시 안전의 중요성도 함께 부각되었다. 이는 르네상스시대 인간에 대한 관심을 갖는 사회적 분위기와도 관계된다. 즉, 재난을 신의 영역에서 과학적 연구가 필요한 분야로 받아들이게 된 것이다. 파괴된 삶의 터를 복구하기 위한 피해조사가 실시되었고, 폼발(Pombal) 후작의 지휘로 도시계획에 기반을 둔 재해 복구가 이루어졌다. 유럽에서는 근대적 의미의 재난관리에 대한 개념이 리스본 대지진을 계기로 탄생하게 된 것이다.

19세기에 들어서면서 많은 국가들이 국가 구호제도를 발전시키기 시작하였고, 20세기 중반부터는 재난발생 원인인 태풍, 지진 등의 자연현상에 대한 연구뿐 아니라 인간사회가 갖는 취약성에 대한 연구도 시작하면서 재난관리 전문기

표 1-2. 재난에 대한 인식의 변화 과정

세계	한국	신의 행위	위험에 대한 이해	
			재난요인	취약성
고대·중세	삼국-고려			
18~20세기 초	조선 전기			
20세기 중반~	조선 중·후기			

관이 설립되고 재난보험 제도도 함께 발달하였다.

　이상의 논의를 종합해 보면, 고대부터 근대까지 인간이 재난에 대응해 온 방식은 신이나 초자연적 존재에게 주로 의존하다가 재난을 일으키는 위험요인에 대해 연구하는 것으로 발전하였다. 그리고 더 나아가 사회에 내재되어 있는 취약성을 연구하는 것으로 발전하였다. 즉, 과학기술의 발달과 인간에 대한 관심은 재난을 신의 영역에서 과학적 연구가 필요한 분야로 받아들이게 만들었다. 또한 일반 국민들의 권리 신장은 정부가 체계적이고 적극적인 구호활동을 갖추도록 만들었다. 표 1-2는 재난에 대한 인식의 변화 과정을 보여 준다. 가로축은 역사적으로 재난에 대응하는 관점의 변화이고, 세로축은 시대에 따른 변화 양상이다. 음영으로 표시되어 있는 부분은 그 당시에 관점이 차지하는 비율로서, 정량적인 값이 아니라 상대적인 많고 적음을 의미한다. 재난에 대한 이해와 재난 대응 방식의 발전이 점차적으로 또는 순간적으로 변화하는 경향을 보이고 있다. 재난을 신의 행위 또는 초자연적인 현상으로 보는 관점은 고대나 중세에는 지배적이었다가, 근대로 오면서 점차 약해지는 양상을 보이지만 현대사회에도 여전이 남아 있다. 재난을 유발하는 외적 요인인 위험요인과 내적 요인인 취약성에 대한 연구는 근대부터 점차 강화되는 양상을 보이고 있다.

참고문헌

고려사 3券, 世家 3, 成宗 甲申 三年 五月.

고려사 8券, 世家 8, 文宗 丙午 二十年 二月: 己亥, 雲興倉. 辛亥, 制曰, 雲興倉之, 官失其守, 以積年之所畜, 棄一夜之橫, 可不痛哉, 此後, 凡倉府庫, 別置禁火員吏, 御史臺, 以時點檢, 闕日直者, 勿論官品, 先禁後聞.

고려사 21券, 世家 21, 熙宗 丙寅 二年 六月.

고려사 53券a, 志 7, 五行 1, 火: 宣宗七年三月戊子夜, 大震電, 新興倉, , 巨萬, 都盡飛, 焰蔽空.

고려사 53券b, 志 7, 五行 1, 火: 高宗十三年六月丙申, 風寒, 人有衣者.

고려사 53券c, 志 7, 五行 1, 火: 忠肅王, 三年五月戊午, 天寒, 人或有衣者.

삼국사기 19권, 高句麗本紀 7 文咨王篇.

삼국사기 28권, 百濟本紀 6 義慈王篇 17年 4月.

삼국사기 4권, 新羅本紀 4 眞平王篇 11年 3月.

삼국사기 34권, 雜誌 3, 地理 1.

조선왕조실록, 顯宗 9, 5年 11月 5日 壬辰 3 기사.

조선왕조실록, 太祖 8, 4年 7月 30日 辛酉 3 기사.

조선왕조실록, 太宗 17, 9年 3月 22日 乙丑 1 기사.

조선왕조실록, 肅宗 8, 5年 1月 3日 己亥 1 기사.

조선왕조실록, 中宗 75, 28年 7月 14日 乙卯 1 기사.

조선왕조실록, 太宗 34, 17年 1月 10日 辛酉 1 기사.

조선왕조실록, 世宗 31, 8年 2月 20日 甲申 6 기사.

조선왕조실록, 世祖 44, 13年 12月 20日 壬子 1 기사.

조선왕조실록, 成宗 15, 3年 2月 6日 癸酉 8 기사.

국회도서관, 2011, 『재난관리체계』.

김인범·류상일·송윤석·양기근·이동규·이주호·홍영근, 2014, 『재난관리론』, 대영문화사.

소방방재청, 2005, 『5000년 재난관리 역사로 보는 소방방재청의 vision』.

신형식, 1984, "한국고대사에 있어서 지진의 정치적 의미", 『동양학』 14, pp.151-153.

오종록, 1991, "15세기 자연재해의 특성과 대책", 『역사와 현실』 5, pp.34-36.

오주, 2016, 『지진재난 방재론』, 씨아이알.

이동규, 2012, "대형 재난사건 이후 정책과정 탐색적 연구", 『한국치안행정학회』 9(2), pp.167-

194.

이태진, 1997, "고려~조선중기 천재지변과 천관(天觀)의 변천", 『韓國思想史方法論』, 小花, p.116.

정지범, 2009, 『국가종합위기관리 이론과실』, 법문사.

정창영, 1986, 『三國의 天災地變과 그 對策에 對한 硏究: 三國史紀 本紀記事를 中心으로』, 석사학위논문, 영남대학교.

Anna K. S., Katherine E., and Brower, D. J., 2006, *Hazard mitigation and preparedness*, Wiley

Barton, C. C., Nishenko, S. P., Tebbens, S. F., and Loeb, W. A., 1994, Fractal scaling and forecasting of the size and frequency for Florida hurricanes 1886-1991 and of U.S. hurricane financial loss, Santa Fe Institute Workshop on Natural Hazards Reduction, Jan 5-9, Santa Fe, New Mexico, pp.1.

Becerra, O., Johnson, N., Meier, P., Restrepo, J., and Spagat, M., 2006, Natural disasters, casualties and power laws: a comparative analysis with armed conflict, in Proceedings of the Annual Meeting of the American Political Science Association, Loews Philadelphia, and the Pennsylvania Convention Center, Philadelphia, Pa, USA.

Birkland, T. A., 1997, *After disaster: Agenda setting, Public Policy, and Focusing Events*, Georgetown University Press, pp.3-5.

Claire, B.(Ed.), 2012, *Emergency Management: the American experience, 1900-2010*, Second Edition, Boca Raton, CRC Press.

Gilbert, C., 1995, Studying disaster: A review of the main conceptual tools, *International Journal of Mass Emergencies and Disasters*, 13(3), pp.231-240.

Haddow, G., Bullock, J., and Coppola, D., 2014, *Introduction to emergency management*, Fifth Edition, Butterworth-Heinemann.

Janczura, J. and Weron, R., 2012, Black swans or dragon kings? A simple test for deviations from the power law, *The European Physical Journal Special Topics*, 205(1), pp.79-93.

Jo, H. H. and Ko, Y. I., 2014, *Large variance and fat tail of damage by natural disaster, Vulnerability, Uncertainty, and Risk*, pp.2744-2753.

Pelling, M., 2003, *Natural disaster and development in a globalizing world*, Routledge.

Robert, H., 1785, *The Fire of Rome*.

RMS, 2008, The 1908 Messina earthquake: 100-year retrospective.

Shrady, N., 2009, *The last day: Wrath, ruin, and reason in the Great Lisbon Earthquake of 1755*, Viking

USGS, 1995, Historic Earthquakes - New Madrid Earthquakes 1811-1812, Available at: http://earthquake.usgs.gov/earthquakes/states/events/1811-1812_pics.php, [Accessed 17 May 2016].

제2장

재난관리 이론

요약문 재난의 개념은 대자연의 의지에 따른 불가항력적인 사건으로부터 사회에 내재된 위험에 이르기까지 시대에 따라 다르게 이해되어 왔다. 현대사회에서 재난이 갖는 의미를 이해하기 위해 이 장에서는 역사 속의 대형 재난들, 재난에 관한 공공정책과 법률, 여러 조직에서의 활용 등 다양한 분야를 다룬다. 이와 더불어 현대사회에서 재난의 특성을 설명하는 이론과 여러 선진국의 재난대응 조직의 변화에 대해서도 분석하고 시사점을 제시한다. 그리고 이를 토대로 현대에서 사용되는 재난의 개념, 재난관리 이론, 그리고 안전한 미래를 위한 정책적 시사점을 기술한다.

핵심 용어 재난의 개념, 자연재난, 인적 재난, 사회재난, 재난이론, 재난위험 관리조직, 재난의 유형

1.
재난에 대한 이해

1. 재난의 개념

　재난의 개념은 시대, 국가, 학자 등에 따라 다양하게 정의된다. 재난의 영어 단어인 'disaster'의 어원을 분석하면 '불길한 별'이라는 뜻이다. 'dis'는 어원상 '나쁜 또는 불길한(bad or ill-favored)'이라는 뜻이고 'aster'는 라틴어로 '별(astrum 또는 star)'이라는 의미이므로, 'disaster'는 '별의 분리 또는 파괴로 인해 행성의 배열이 맞지 않아 생기는 대규모의 갑작스러운 불행'이라는 뜻으로 해석할 수 있다(Etkin, 2015). 어원 분석을 통해 살펴본 재난의 의미는 '하늘로부터 비롯되어 인간의 통제가 어렵고, 인간에게 해로운 영향을 주는 것'을 의미한다. 즉, 재난을 뜻하는 'disaster'가 원래는 태풍, 홍수, 지진과 같은 자연재난을 지칭하는 것이었음을 알 수 있다. 이후 문명이 발달하면서 원자력 시설, 댐, 교량 등 여러 시설들이 만들어지고, 기술적 결함이나 테러와 같은 고의적 행위로 이 시설들이 붕괴되거나 피해를 입으면서, 발생원인에 상관없이 국가나 사회에 피해를 주는 모든 현상을 재난으로 간주하게 되었다.

재난은 국가별로 다양하게 정의된다. 우리나라에서는 「재난 및 안전관리 기본법」에서 "국민의 생명·신체·재산과 국가에 피해를 주거나 줄 수 있는 것"으로 정의하고 있다. 그리고 발생원인에 따라 자연재난과 사회재난으로 구분한다. 우리나라에서 재난에 관한 정의가 최초로 등장한 것은 1967년 2월 28일에 제정된 「풍수해대책법」(법률 제1894호)으로 '재해'를 "홍수·호우·폭설·폭풍 또는 해일 기타 이에 준하는 자연현상으로 인하여 발생하는 피해"로 정의하였다. 이 법은 1995년 12월 6일에 「자연재해대책법」(법률 제4993호)으로 전부 개정되었다. 개정된 법에서는 '재해'를 "태풍·홍수·호우·폭풍·해일·폭설·가뭄 또는 지진(지진해일), 기타 이에 준하는 자연현상으로 인하여 발생하는 피해"로 정의하였다. 자연재해와는 별도로 인적 재난에 관해서는 삼풍백화점 붕괴사고를 계기로 「재난관리법」이 제정되면서 기존 자연재난을 다루던 「자연재해대책법」과 구별하기 위해 자연재해는 '재해'로, 인적 재난은 '재난'으로 구분하였다. 1995년 7월 18일 제정된 「재난관리법」(법률 제4950호)에서 '재난'을 "화재, 붕괴, 폭발, 교통사고, 화생방사고, 환경오염사고 등 국민의 생명과 재산에 피해를 줄 수 있는 사고를 말한다. 다만, 자연재해는 제외한다."라고 규정하였다. 이러한 용어의 사용은 2004년 「재난 및 안전관리 기본법」이 제정될 때까지 계속되었다.

2004년 3월 11일 「재난 및 안전관리 기본법」이 제정(법률 제7188호)되면서 '재난'을 "국민의 생명·신체 및 재산과 국가에 피해를 주거나 줄 수 있는 것"으로 정의하고, 그 유형을 "태풍·홍수·호우(豪雨)·폭풍·해일(海溢)·폭설·가뭄·지진·황사(黃砂)·적조, 그 밖에 이에 준하는 자연현상으로 인하여 발생하는 재해", "화재·붕괴·폭발·교통사고·화생방사고·환경오염사고 그 밖에 이와 유사한 사고로 대통령령이 정하는 규모 이상의 피해", 그리고 "에너지·통신·교통·금융·의료·수도 등 국가기반체계의 마비와 전염병 확산 등으로 인한 피해"로 구분하였다. 이는 각각 자연재난, 인적 재난, 사회적 재난을 의미하는 것으로서, 사회적 재난을 재난의 범주에 포함시켰다는 데 그 의미가 있다. 인

한국 재난의 특성과 재난관리

적 재난과 사회적 재난은 2013년 8월 16일 일부 개정된 「재난 및 안전관리 기본법」(법률 제11994호)에서 사회재난으로 합쳐졌다. 2017년 12월 기준으로 한국에서 사용되고 있는 재난의 정의는 "국민의 생명·신체·재산과 국가에 피해를 주거나 줄 수 있는 것"이며, 그 유형에는 자연재난과 사회재난이 있다. 자연재난은 "태풍, 홍수, 호우(豪雨), 강풍, 풍랑, 해일(海溢), 대설, 낙뢰, 가뭄, 지진, 황사(黃砂), 조류(藻類) 대발생, 조수(潮水), 화산활동, 소행성·유성체 등 자연우주물체의 추락·충돌, 그 밖에 이에 준하는 자연현상으로 인하여 발생하는 재해"를 의미한다. 사회재난은 "화재·붕괴·폭발·교통사고(항공사고 및 해상사고를 포함한다)·화생방사고·환경오염사고 등으로 인하여 발생하는 대통령령으로 정하는 규모 이상의 피해와 에너지·통신·교통·금융·의료·수도 등 국가기반체계의 마비, 「감염병의 예방 및 관리에 관한 법률」에 따른 감염병 또는 「가축전염병예방법」에 따른 가축전염병의 확산 등으로 인한 피해"를 의미한다.

미국은 「로버트 스태퍼드 재난구호 및 비상지원법(Stafford Disaster Relief and Emergency Assistance Act, 이하 스태퍼드법)」에서 '비상사태(emergency)'와 '대규모 재난(major disaster)'을 구분해서 사용하고 있다. '비상사태'는 "미국 영토 내에서 국민의 생명과 자산을 보호하고, 공중보건 및 안전을 도모하며, 피해를 줄이거나 예방하기 위하여 주정부와 지방정부가 필요로 하는 물자나 자원을 연방정부에서 지원하도록 대통령에 의해 규정되는 상황이나 사건"을 의미한다. '대규모 재난'은 "그 피해의 규모와 정도가 매우 심각하여 주정부, 지방정부, 재난구호 기관들이 피해 및 고통 경감 활동을 원활히 수행할 수 있도록 연방정부에서 이 법에 따라 '특별재난지역에 대한 지원'을 하도록 대통령이 규정하는 자연현상(허리케인, 토네이도, 폭풍, 만조, 취송류, 조류, 지진해일, 지진, 화산분출, 산사태, 이류, 눈보라 혹은 가뭄을 포함하여)으로 인한 재앙적 사건 또는 발생원인과 상관없는 화재, 홍수, 폭발"을 의미한다.

일본은 「재해대책기본법」에서 '재해'를 "폭풍, 토네이도, 호우, 폭설, 홍수, 절벽(사면) 붕괴, 토석류 유출, 해일, 지진, 지진해일, 화산분화, 산사태, 기타 이상

자연현상, 대규모 화재 또는 폭발, 기타 미치는 피해 정도가 정령(政令)에서 정하는 원인에 의해 발생하는 피해"로 정의하고 있다. 그리고 정령에서 정하는 원인에 의한 피해는 "방사성 물질의 대량 방출, 다수자의 조난을 수반하는 선박의 침몰, 기타 대규모 사고"로 규정하고 있다(일본 내각부, 2017).

한국, 미국, 일본에서 사용되는 법상 재난의 정의를 분석해 보면, 재난을 자연적·기술적·사회적 위험요인에 의해서 발생하는 피해로 보고 있다는 공통점이 있다. 차이점은 한국의 경우 사회재난은 대통령령으로 정하는 규모 이상의 피해를 포함하고 있고, 미국은 피해 규모에 따라 비상사태와 대규모 재난으로 구분하고 있으며, 일본은 자연재난에 보다 많은 비중을 두고 있다는 점이다.

재난을 정의하기 위한 노력은 국제기구와 학자들에 의해서도 이루어져 왔다. 국제연합 재난위험경감 사무국(United Nations Office for Disaster Risk Reduction, 이하 UNISDR)에서는 재난을 "인간의 사망, 물질적·경제적·환경적 손실과 영향을 포함하여 사회의 기능이 심각하게 붕괴된 상태로서, 피해를 입은 지역의 대응능력을 초과하는 경우"라고 정의하였다(UNISDR, 2009). 프리츠(Fritz)는 재난을 "비교적 자족적인 사회조직에 속한 사회구성원이나 물리적 시설에 심각한 피해를 발생시켜 사회구조가 교란되고 그 사회의 본질적인 기능 수행을 어렵게 하며, 통제가 어렵고 시공간상에 집중되는 사건"이라고 정의하였다(Fritz, 1961). 퀴런텔리(Quarantelli)는 "사회 또는 소규모 공동체의 지식이나 역량으로는 통제할 수 없는 자연적·기술적 원인이 큰 피해를 유발하여 사회기능의 전체 혹은 일부가 작동하지 않는 현상"으로 재난을 정의하였다(Quarantelli, 1985).

지금까지 살펴본 재난에 관한 다양한 정의는 표 2-1에 정리되어 있다.

재난과 연관되는 용어인 안전(safety), 안보(security), 리스크(risk), 위기(crisis) 등을 살펴보면 재난의 개념을 보다 정확하게 이해할 수 있다.

먼저, '안전한'의 영어 단어인 'safe'의 어원을 살펴보면 '상처를 입지 않은 또는 해를 입지 않은'이라는 뜻을 가진 프랑스 고어(古語) 'sauf'로부터 유래하였

표 2-1. 재난에 관한 다양한 개념

공통 사항		• 자연현상, 기술부족, 위험 등 외부의 위험요인에 의해 발생 • 지역사회의 역량과 자원으로는 그 피해를 극복하기 힘들어 국가 또는 외부의 도움이 필요한 상태
특징	한국	대통령령에서 재난으로 간주되는 피해의 규모를 정하고 있음
	미국	피해 규모에 따라 비상사태와 대규모 재난으로 구분
	일본	자연재난에 보다 많은 비중을 부여
	UNISDR	인간의 사망, 물질적·경제적·환경적 손실과 영향을 포함 영향을 받은 지역이나 사회의 대응능력을 초과
	프리츠	사회구조가 교란되고 그 사회의 본질적인 기능 수행이 장애를 받게 되는 사건
	쿼런텔리	현존하는 사회지식으로 완전한 조절이 불가능한 자연적 혹은 기술적인 원인을 유발하는 사건

다고도 하며, '상처를 입지 않은, 건강한, 또는 안전한'이라는 뜻을 가진 라틴어 'salvus'를 어원으로 꼽기도 한다. 원시 인도-유럽어 'solwos' 역시 '온전하다'[1] 라는 뜻을 가지고 있다(이장국, 2007). 19세기에 사회문제로 대두되었던 산업재해의 해결방안을 마련하는 과정에서 안전관리의 중요성이 부각되면서 'safety' 라는 용어를 재난 분야에서 본격적으로 사용하기 시작하였다.

다음으로 안보(security, 安保)는 '무엇이 없는(without)'이라는 'se-'와 '걱정·근심'이란 뜻의 '-cura'라는 라틴어의 합성어로서 '불안을 없게 한다'라는 어원적인 의미가 있다. 유엔(UN)헌장에 있던 'Security'라는 용어가 '안전보장'으로 번역되어 사용되고 있다. 웹스터 사전(Webster's Dictionary)에는 "위험으로부터 보호받고 있거나 안전한 상태, 그리고 이를 위하여 행해지는 활동들"[2]로 정의되어 있다(Webster's Online Dictionary, 2015). 한국에서 안보(security) 영역에는 서해 NLL 우발사태, 대통령 권한공백, 재외국민 보호, 테러, 비군사적

---

1) '온전하다' 또는 '완전하다'라는 뜻을 갖는 고어에는 라틴어 'solidus,' 산스크리트어 'sanah', 페르시아 고어 'haruva', 그리스어 'holos'가 있다(이장국, 2007).

2) Security has a meaning of "the state of being protected or safe from harm; things done to make people or places safe"(Webster's Online Dictionary, 2015).

해상 분쟁 등이 포함된다(정지범, 2009).

셋째, '리스크(risk)'라는 용어는 '암초를 뚫고 나간다'는 의미의 스페인어에서 기원하는데, 이 용어가 널리 사용되면서 '부를 얻기 위해 당연하게 감수해야 하는 난관'이라는 의미로 확대되어 사용되었다. 즉, 한정된 자원과 부를 확장시키기 위해 식민지를 개척하는 과정에서 시작된 것으로 판단된다. 국제연합개발계획(United Nations Development Programme, UNDP)에서는 '리스크'를 "자연 또는 인간에 의해 야기된 위험요인과 재난에 취약한 환경의 상호작용으로 인해 발생하는 해로운 결과, 또는 사상자의 발생, 재산피해, 생계 곤란, 경제적 활동의 붕괴(또는 환경피해)의 가능성"으로 정의한다(UNDP, 2004). 미국 국토안보부(Department of Homeland Security, DHS)가 2013년 발표한 국가기반시설 보호계획(National Infrastructure Protection Plan, NIPP)에서는 '리스크'를 "위협(threat), 취약성(vulnerability), 결과(consequence)를 포함하는 잠재적 피해의 수단"으로 정의하였다(DHS, 2008). 해도우 외는 '리스크'를 "다음 세 가지 요소의 조합 또는 함수, 첫째, 위험요인이 발생할 가능성이나 빈도, 둘째, 위험요인에 대한 인간 및 재산의 노출 정도, 그리고 이러한 노출에 의해 직접적 또는 간접적으로 발생하는 영향 또는 비용"으로 정의하였다(Haddow et al., 2014).

마지막으로, '위기(crisis, 危機)'의 어원은 그리스어 'krinein(분리하다)'이며, '삶과 죽음의 고비'라는 의학용어로 사용되기도 한다. 위기는 위태로움을 뜻하는 '위(danger, 危)'와 기회를 뜻하는 '기(oppourtunity, 機)'가 합쳐진 단어이며, 갈림길이 되는 위험한 고비나 시기를 의미한다. 같은 맥락에서, 이종열 외(2004)는 위기를 "중요한 변화가 요구되는 시점; 어떤 사건이나 행동의 진행, 수정, 또는 종결 여부를 결정해야 하는 상황"으로 정의하였다.

정지범(2009)은 '위기'라는 단어는 태풍, 대설, 홍수와 같은 자연재난, 폭발, 교통사고, 붕괴와 같은 사회재난, 테러집단에 의한 공격, 북한과의 외교적 긴장관계, 주요 공공정책의 실패, 기업이나 국가의 재정적 어려움, 대형 범죄 발생, 심각한 질병의 확산 등 다양한 상황에서 발생하는 포괄적인 위험상황을 의미한다고 하였다.

지금까지 설명한 재난과 관련한 용어들을 정리해 보면 표 2-2와 같다.

이상의 논의를 요약해 보면, 재난이 갖는 공통적인 특징은 다음 두 가지가 있다. 하나는 자연적인 현상, 부족한 기술, 인간의 고의적 행동 등으로 인해 인간의 생명과 재산에 많은 피해가 발생한 것이고, 다른 하나는 피해를 입은 지역의 능력이나 자원으로는 원상태로의 회복이 불가능한 상황이다.[3] 산업화 이전에는 자연현상에 의한 재난이 대부분을 차지하였으나, 산업혁명 과정을 거치면서 기술의 부족으로 인한 교량 붕괴, 시설물 붕괴, 산업재해 등을 겪었고, 현대사회에서는 인간의 고의적 행위에 의한 재난까지 등장하였다. 따라서 이 책에서는

표 2-2. 재난과 관련된 용어

한글(한자)	영문	어원	사용
재난(災難)	disaster	dis(분리, 파괴, 불길한)+aster(라틴어 별)의 조합	뜻밖에 일어난 재앙과 고난을 의미하는 것으로 사용
안전(安全)	safety	프랑스 고어 sauf(상처를 입지 않은 또는 해를 입지 않은) 또는 라틴어 salvus(상처를 입지 않은 또는 건강한)	19세기에 사회문제로 대두되었던 산업재해의 해결방안을 마련하는 과정에서 본격적으로 사용되기 시작
안보(安保)	security	se(Without, 해방)+cura(Car, 근심 또는 괴로워하는 것)에서 유래	secure와 curiosity의 합성어로서 1947년 유엔헌장에 있던 security라는 용어를 일본이 안전보장으로 번역하여 사용
위험(危險)/위험도(危險度)	risk	프랑스어 risque에서 유래, 17세기 중엽부터 사용되었다는 설이 유력	위험요인과 취약성이 결합하여 피해가 발생할 수 있는 가능성을 의미할 때 사용
위기(危機)	crisis	그리스어 krinein(분리하다)에서 유래	위험한 고비나 시기를 의미하는 것으로 사용

---

3) 이러한 맥락에서 1995년 「재난관리법」 제정 이후 한국에서 재해와 재난을 자연재해와 인적 재난으로 나누어 사용했던 분류 기준은 적절하지 않다. 재해·재난은 자연재난과 사회재난을 모두 지칭하는 용어로 사용되는 것이 바람직하며, 굳이 의미를 구분하자면 재해는 재난으로 인한 피해를, 재난은 피해가 발생하거나 발생할 수 있는 상황이나 사건으로 구분하여 사용해야 한다(김용균 외, 2015).

'재난'을 자연재난, 인적 재난, 사회적 재난을 모두 포괄하는 용어로 사용하고, 사회 전체의 역량으로 대응해야 하는 것으로 정의하고자 한다. 즉, 재난을 자연적·기술적·사회적 원인으로 인간의 생명과 재산에 많은 피해가 발생하여 지역사회나 지방정부가 가진 능력과 자원으로는 원 상태로의 회복이 불가능한 상태로 정의하여 사용한다. 이 정의는 UNISDR에서 정의한 재난의 개념과 유사하며, 한국·미국·일본의 재난 관련 법에 관한 정의와도 일맥상통한다.

2. 재난의 유형

재난의 유형을 구분하는 기준은 다양하다. 대표적인 기준으로는 재난발생 원인에 따른 구분이 있다. 그 외에도 조직과의 관련성에 의한 구분, 사건개념을 이용한 구분, 진행상황에 따른 구분, 응급의학적 재난분류 등이 있다.

1) 재난발생 원인에 따른 재난의 유형 구분

우리나라는 「재난 및 안전관리 기본법」에 따라 발생원인을 기준으로 자연재난과 사회재난으로 구분하고 있다. 2004년 제정 당시에는 발생원인에 따라 자연재난, 인적 재난, 사회적 재난으로 구분하였으나, 2013년에 개정된 동법에서 인적 재난과 사회적 재난을 '사회재난'으로 통합하여 현재는 '자연재난'과 '사회재난'으로 구분하고 있다. 이와 같이 재난발생 원인에 따른 분류는 재난 유형 분류의 대표적인 방법으로서 재난역학연구센터(Center for Research on the Epidemiology of Disasters, CRED), 뮌헨레그룹(Munich Reinsurance

Company, Munich RE) 등 국제적으로 재난데이터를 관리하는 기관과 재난을 연구하는 학자들도 재난발생 원인에 따라 재난의 유형을 구분하고 있다.

(1) 재난 관련법과 위기관리 표준매뉴얼에 의한 재난의 유형 구분

한국에서 법에 의해 구분되는 재난유형은 발생원인에 따른 것으로서 '자연재 난'과 '사회재난'으로 구분하고 있다. 「자연재해대책법」, 「재난 및 안전관리 기 본법」에서 이에 대해 규정하고 있다. 지금은 폐지된 「재난관리법」도 발생원인 에 따라 재난의 유형을 구분하였다.

① 「자연재해대책법」(법률 제7359호, 2005. 1. 27., 전부개정)
이 법은 태풍, 홍수 등 자연현상으로 인한 재난으로부터 국토를 보존하고 국 민의 생명·신체 및 재산과 주요 기간시설 보호를 목적으로 자연재해의 예방· 복구, 그 밖의 대책에 관한 필요사항을 규정하기 위해 제정된 법이다. 이 법에서 는 '재해'를 재난으로 인하여 발생하는 피해로서 정의하고 있으며, 그 구체적인 예로 자연재해와 풍수해를 규정하고 있다.

② 「재난관리법」(법률 제4950호, 1995. 7. 18., 제정)
2004년 3월 11일 「재난 및 안전관리 기본법」이 신설되면서 폐지된 이 법은 인 위적인 원인으로 초래되는 재난으로부터 국민의 생명과 재산을 보호하기 위하 여 국가 및 지방자치단체의 재난관리 체제를 확립하고, 재난의 예방 및 수습과 긴급구조구난 체계의 확립, 특별재해지역의 선포, 기타 재난관리에 관해 필요한 응급조치 등의 사항을 규정하고 있다. 「재난관리법」은 풍수해 등의 자연재해가 아니라 여러 가지 인위적인 재난에 대비하기 위해 제정된 것이기 때문에 폭발 사고, 교량 등의 붕괴, 교통사고, 독가스 살포와 같은 화생방사고, 환경오염사고 등 인위적인 원인에 의한 재난을 그 적용 대상으로 한다.

③「재난 및 안전관리 기본법」(법률 제7188호, 2004. 3. 11., 제정)

2004년에 시행된 「재난 및 안전관리 기본법」에서는 재난의 유형을 자연재난, 인적 재난, 사회적 재난으로 구분하여 규정하고 있다.

④「재난 및 안전관리 기본법」(법률 제11994호, 2013. 8. 16., 일부 개정)

2013년에 일부 개정된 「재난 및 안전관리 기본법」에서는 재난의 유형을 자연재난과 사회재난으로 구분하여 규정하고 있다. 표 2-3은 재난 관련 법률에 규정되어 있는 재난유형에 대한 개념을 정리한 것[4])이다.

표 2-3. 재난 관련 법률에 규정되어 있는 재난의 유형

관련 법률	유형	정의
「자연재해대책법」(2016. 3. 29. 일부 개정, 법률 제14113호)	재해	「재난 및 안전관리 기본법」 제3조 제1호의 규정에 의한 재난으로 인하여 발생하는 피해
	자연재해	「재난 및 안전관리 기본법」 제3조 제1호의 규정에 의한 재해 중 태풍, 홍수, 호우, 강풍, 풍랑, 해일, 조수, 대설, 가뭄, 지진(지진해일을 포함한다), 황사, 그 밖에 이에 준하는 자연현상으로 인하여 발생하는 재해
	풍수해	태풍, 홍수, 호우, 강풍, 풍랑, 해일, 조수, 대설, 그 밖에 이에 준하는 자연현상으로 인하여 발생하는 재해
「재난관리법」(1995. 7. 18. 제정, 법률 제4950호)	재난	폭발사고, 교량 등의 붕괴, 교통사고, 독가스 살포와 같은 화생방사고, 환경오염사고 등 인위적인 원인에 의한 피해
「재난 및 안전관리 기본법」(2004. 3. 11. 제정, 법률 제7188호)	재난	국민의 생명·신체 및 재산과 국가에 피해를 주거나 줄 수 있는 것으로서 다음 각 목의 것을 의미 가. 태풍·홍수·호우·강풍·풍랑·해일·대설·가뭄·지진·황사·적조, 그 밖에 이에 준하는 자연현상으로 인하여 발생하는 재해 나. 화재·붕괴·폭발·교통사고·화생방사고·환경오염사고, 그 밖에 이와 유사한 사고로 대통령령이 정하는 규모 이상의 피해 다. 에너지·통신·교통·금융·의료·수도 등 국가기반체계의 마비와 전염병 확산 등으로 인한 피해

---

4) 표 2-3은 다양한 재난유형 관련 법률 중 자연재난과 사회재난의 기본법적 성격에 해당하는 법률 위주로 정리한 것으로서, 「농어업재해대책법」 등 개별 유형의 재난 관련 법률에 사용된 정의는 그 대상이 광범위해서 포함하지 않았다.

한국 재난의 특성과 재난관리

관련 법률	유형	정의
	해외 재난	대한민국의 영역 밖에서 대한민국 국민의 생명·신체 및 재산에 피해를 주거나 줄 수 있는 재난으로서 정부차원의 대처가 필요한 재난
「재난 및 안전관리 기본법」(2013. 8. 16. 일부 개정, 법률 제11994호)	재난	국민의 생명·신체 및 재산과 국가에 피해를 주거나 줄 수 있는 것으로서 다음 각 목의 것을 의미
	자연 재난	가. 자연재난: 태풍, 홍수, 호우(豪雨), 강풍, 풍랑, 해일(海溢), 대설, 낙뢰, 가뭄, 지진, 황사(黃砂), 조류(藻類) 대발생, 조수(潮水), 그 밖에 이에 준하는 자연현상으로 인하여 발생하는 재해
	사회 재난	나. 사회재난: 화재·붕괴·폭발·교통사고·화생방사고·환경오염 사고 등으로 인하여 발생하는 대통령령이 정하는 규모 이상의 피해와 에너지·통신·교통·금융·의료·수도 등 국가기반체계의 마비, 「감염병의 예방 및 관리에 관한 법률」에 따른 감염병 또는 「가축전염병예방법」에 따른 가축전염병의 확산 등으로 인한 피해 *시행령 제2조(재난의 범위)* 「재난 및 안전관리 기본법」 제3조 제1호 나목에서 '대통령령이 정하는 규모 이상의 피해'라 함은 다음 각 호의 어느 하나에 해당하는 것을 말한다. 1. 국가 또는 지방자치단체 차원의 대처가 필요한 인명 또는 재산의 피해 2. 그 밖에 제1호의 피해에 준하는 것으로서 국민안전처 장관이 재난관리를 위하여 필요하다고 인정하는 피해

그림 2-1은 우리나라에서 법령에 따라 재난의 개념이 변화한 것을 도식화한 것이다.

앞서 정리한 법적 구분에 따른 재난의 분류에 따라 한국 정부에서는 33종의 재난유형에 대해 위기관리 표준매뉴얼을 제정하고 있다. 이는 표 2-4에 정리되어 있다.

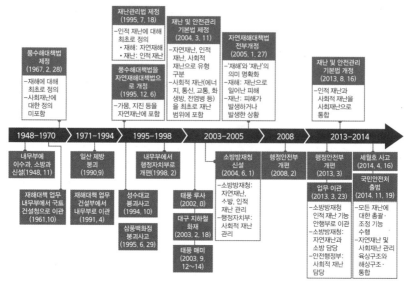

그림 2-1. 재난 관련 법률에 규정된 재난개념 변화 과정

표 2-4. 한국의 표준 재난유형에 대한 위기관리 표준매뉴얼

재난유형		정의
자 연 재 난	풍수해	• 태풍, 홍수, 호우, 강풍, 풍랑, 해일, 조수, 대설, 그 밖에 이에 준하는 자연현상으로 인하여 발생하는 재해 ※「자연재해대책법」제2조
	지진	• 지진동(지진이 일어나는 지면의 진동)에 의한 직접 피해 및 화재, 폭발, 그 밖의 현상에 따라 발생되는 재해 ※「지진·화산재해대책법」제2조
	대형 화산폭발	• 화산활동으로 인하여 발생하는 피해로서 화산재, 화쇄류, 화산이류, 화산가스, 용암, 화산성 지진·홍수 등에 의한 직접 피해 및 그로 인한 화재, 폭발, 그 밖의 현상에 따라 발생하는 재해 ※「지진·화산재해대책법」제2조
	적조	• 적조원인생물이 다량으로 번식하여 바닷물의 색이 적색 또는 황갈색 등으로 변하여, 수산양식물 및 어업 생산시설에 피해를 입히는 재해 ※「농어업재해대책법」제2조 「적조예찰·예보 및 피해방지에 관한 요령」(해양수산부 훈령)
	가뭄	• 특정지역에 일정기간 이상 강수가 없거나 가용수자원이 고갈되어 용수 공급 및 농작물이나 동식물의 생육에 지장이 발생하는 현상을 의미 – 기상학적 가뭄, 수문학적 가뭄, 농업적 가뭄, 사회경제적 가뭄으로 분류

재난유형		정의
	조수	• '조수재난'이란 연안이나 하구에서 조석, 기상해일, 너울, 이상파고 등의 영향으로 해수면이 갑자기 상승하거나 이안류가 생겨서 발생하는 피해를 의미
	우주전파	• 지구 대기권 밖에 존재하는 전자파에너지의 변화로 발생하는 전파와 관련한 재난
사회재난	산불	• 삼림이나 삼림에 잇닿은 지역의 나무·풀·낙엽 등이 인위적으로나 자연적으로 발생한 불에 타 대규모의 재난성 산불로 확산되어 극심한 인명 및 재산 피해가 우려되는 재해 ※「산림보호법」제2조
	유해화학물질 유출사고	• 육상에서 발생한 유해화학물질의 유출로 인해 대규모 인명·재산 피해가 발생하는 사태 ※「화학물질관리법」제2조
	대규모 수질오염	• 유류·유해물질 또는 하·폐수 등이 하천으로 유출되어 대규모 취수 중단 또는 어류 폐사가 지속적으로 나타나 국민의 생활과 자연 생태계에 큰 영향을 미치는 사고
	대규모 해양 오염 사고	• 선박의 침몰·좌초·충돌에 따른 기름 탱크 파공으로 인하여, 유출된 기름이 국민의 생활과 해양 생태계에 미치는 피해의 정도가 매우 크고 그 영향이 광범위하여 범정부 차원의 종합적인 대처가 필요한 사고
	공동구	• 지하 매설물(전기·가스·상수도 등의 공급설비, 통신시설, 하수도시설 등)을 공동으로 수용함으로써 유지관리의 원활화, 미관의 개선, 도로 구조의 보전 및 교통의 원활한 소통을 기하기 위하여 지하에 설치한 시설물에서 발생하는 사고
	댐 붕괴	• 대규모 홍수, 지진 등의 자연재해 또는 댐 체제의 구조적 결함 등에 의하여 누수가 발생하거나, 월류되어 댐 붕괴가 우려되는 사고
	지하철 대형 사고	• 운행 중인 전동열차가 충돌, 탈선, 화재, 폭발 또는 침수되어 인명피해가 발생하거나, 장시간 동안 열차의 운행 중단이 예상되는 사고
	고속철도 대형 사고	• 운행 중인 고속열차가 충돌, 탈선, 화재, 폭발로 인해 인명피해가 발생하거나, 장시간 동안 열차의 운행 중단이 예상되는 사고
	다중밀집시설 대형 화재	• 불특정 다수인 등 다중이 이용하는 시설로서 대형 화재 발생 시 대규모 인명 및 재산상의 피해가 발생할 우려가 높은 사고
	인접 국가 방사능 누출	• 인접 국가 원자력시설에서의 대규모 방사능 누출사고 또는 대규모 방사능오염 누출사고로 인한 국가적인 국민 보호조치가 필요한 사태
	해양선박 사고	• 선박의 충돌, 화재, 폭발, 좌초, 침몰, 적재화물의 유실·유출, 기타 선체 손상으로 인하여 발생하는 사고

재난유형		정의
사 회 재 난	사업장 대규모 인적 사고	• 사업장 작업과 관련된 물리적 폭발, 건설공사 현장 등 대형 붕괴사고, 산소결핍에 의한 질식사고 및 화학적 인자에 노출된 급성 중독사고와 기타 이에 준하는 사고형태로 대규모의 인명피해가 발생하는 사고
	다중밀집 건축물 붕괴 대형 사고	• 불특정 다수인 등 다중이 이용하는 시설로서 건축물 붕괴 시 대규모 인명 및 재산상의 피해가 우려되는 사고
	교정시설 재난 및 사고	• 「형의 집행 및 수용자의 처우에 관한 법률」에 따라 설치된 교도소, 구치소 및 그 지소에 화재, 태풍 및 호우 또는 수형자의 폭동, 난동행위 및 집단탈주로 인하여 다수의 인명피해가 우려되는 사고
	가축질병	• 구제역, 고병원성 조류인플루엔자 및 신종 가축질병의 병원체에 의해 가축이 감염되는 질병
	감염병	• 「감염병의 예방 및 관리에 관한 법률」에 따른 감염병으로 인해 국민의 건강과 보건에 심각한 위해가 가해지는 대규모 사태
	정보통신 분야	• 자연 및 사회 재난으로 인한 방송·통신 분야 기능 마비 사태
	금융전산	• 국가 핵심기반인 금융전산 핵심시설에 자연재해, 파업, 테러, 전자적 침해 등으로 필수 국가금융 전산기능이 마비되는 사태
	원전안전	• 원자력발전소 및 연구용 원자로 시설에서 방사능 누출 또는 방사능 오염 사고로 발생하는 재난
	전력	• 수요급증·설비고장·사회갈등 문제 등에 의한 전력수급 불안으로 인해 국민생활에 심각한 장애가 발생하고 국가기능이 마비되는 사태
	원유수급	• 해외 원유생산국 문제로 인한 원유수급상의 장애에 의해 국민의 안위와 국가경제의 안정성에 심각한 위해가 가해지는 사태
	보건의료	• 보건의료 체계의 마비로 인해 국민의 건강과 보건에 심각한 위해가 가해지는 사태
	식용수	• 수질오염, 시설파괴, 파업, 사이버테러 등의 원인에 의해 국가적 위기상황에 준하는 식용수 공급 중단이 발생하는 사태
	화물운송	• 화물자동차 운수사업에 종사하는 자가 정당한 사유 없이 집단화물운송을 거부하여 화물운송 중단 또는 심대한 차질이 발생하면서 국가 물류체계에 중대한 위기를 초래하거나 초래할 우려가 있는 사태
	GPS 전파 혼신	• GPS를 활용하는 국가 핵심기반 분야 및 서비스에 대해 의도적 또는 비의도적으로 GPS 신호 수신을 방해하는 행위로 인한 국가 기반 분야의 서비스 중단사태
	해양유도선 사고	• 해양에서 발생한 유도선의 침몰, 전복, 충돌, 화재, 폭발 등으로 사람의 생명, 신체 또는 선박 등의 안전이 위험에 처하는 사고

출처: 행정안전부, 2017

한국 재난의 특성과 재난관리

(2) 재난역학연구센터와 뮌헨레그룹에 의한 재난의 유형 구분

재난역학연구센터(Center for Research on the Epidemiology of Disasters, 이하 CRED)는 1973년에 벨기에 루뱅대학교의 르셰(Michel F. Lechat) 교수가 주창하여 설립된 연구기관으로 40년 이상 국제 재난과 분쟁에 대해 연구해 왔다. 1980년부터 세계보건기구(World Health Organization, WHO) 협력 산하 기관으로 인정되었으며, 국제적인 재난 데이터베이스인 EM-DAT를 운영하고 있다. EM-DAT의 재난 분류체계는 유형(generic group), 분야(sub-group), 원인(main type), 세부원인(sub-type)으로 총 4단계로 구분하고 있다. 분류체계의 가장 상위 단계인 유형은 자연재난과 기술재난으로 분류하고 있다. 자연재난은 다시 생물학적·지구물리학적·기후학적·수리학적·기상학적 재난으로 구분된다. 기술재난은 산업사고, 실수에 의한 사고, 교통사고로 구분된다(CRED, 2008).

독일 뮌헨레그룹(Munich Re Group)에서 제공하는 냇캣서비스(NatCatSER-VICE, 이하 NatCatSERVICE) 역시 전 세계적으로 인정받는 재난 관련 데이터베이스이다. NatCatSERVICE는 규모에 상관없이 인적·물적 손실을 초래하는 모든 자연재난을 포함하고 있으나, 인적 재난이나 기술재난은 다루고 있지 않다(Munich Re, 2011). NatCatSERVICE는 자연재난을 지구물리학적 재난(지진, 화산폭발 등), 수리학적 재난(홍수, 폭풍우 등), 기상학적 재난(태풍, 열대성 저기압 등), 기후학적 재난(폭염, 혹한, 가뭄 등)으로 구분하고 있다(Munich Re, 2011).

2009년 CRED와 뮌헨레그룹은 공동으로 자연재난에 대한 표준분류를 제시하였다(CRED and Munich Re, 2009). 이 분류는 자연재난 분류에 대한 사실상의 국제 표준이라고 할 수 있다. 이 분류체계는 재난을 5단계로 분류하고 있는데 먼저 2개의 대분류인 자연재난과 기술재난으로 나누고, 자연재난을 6개의 소그룹으로 중분류하며, 각각을 소분류(main-type), 세분류(sub-type), 세세

분류(sub-sub type)의 형태로 구분하고 있다. 그러나 이 분류체계는 뮌헨레그룹이 인적 재난이나 기술재난에 대한 분류를 가지고 있지 않기 때문에 인적·기술 재난에 대한 세부 분류체계를 제시하지 못하였다는 한계를 가지고 있다.

(3) 미국 국토안보부에 의한 재난유형 구분

미국의 위협·위험요인 식별 및 위험도 평가프로그램(Threat and Hazard Identification and Risk Assessment, 이하 THIRA)은 4단계로 구성된 위험평가 및 역량진단 절차로서 국토안보부에서 개발하였다. 이 절차는 모든 공동체가 위험(risk)을 확인하고 그 위험에 대한 지역의 리질리언스(local resilience)[5]를 구축할 수 있도록 돕는 역할을 한다. THIRA에 따르면, 위협(threats) 및 위험요인(hazards)은 표 2-5와 같이 3가지 유형으로 구분할 수 있다. 자연적 위험요인은 홍수, 지진, 가뭄, 전염병 등과 같은 자연적인 활동으로부터 발생하는 유형을 의

표 2-5. 미국 국토안보부에서 개발한 THIRA에 의한 재난유형 구분

자연재난	기술재난	인적 재난
• 홍수 • 가뭄 • 지진 • 눈사태 • 허리케인 • 산사태 • 토네이도 • 쓰나미 • 화산폭발 • 산불 • 한파 • 감염병 • 가축전염병	• 비행기 충돌 • 열차 탈선 • 댐 붕괴 • 제방 붕괴 • 광산 사고 • 유해물질 노출 • 정전사태 • 방사능 노출 • 도시 대화재	• 생화학적 테러 • 화학적 테러 • 사이버 공격 • 폭탄 테러 • 방사능 테러 • 파업(태업) • 학교 및 직장 폭력

출처: DHS, 2013

미한다. 기술적 위험요인은 교통사고, 붕괴, 위험물질 유출 등과 같은 시스템 및 구조물의 사고 또는 고장으로 발생하게 된다. 인적 원인으로 인한 사고는 테러, 파업(태업), 사이버 공격, 화학적 테러, 생물학적 공격 등과 같은 의도적인 행동으로 발생하는 유형을 의미한다.

2) 효과적인 재난대응을 위한 재난의 유형 구분

김용균 외(2015)는 2005년 이후 한국에서 발생한 대규모 재난의 발생과 이에 대한 정부의 대응사례를 분석하여, 최적 재난대응을 위한 재난유형 분류를 제안하였다. 재난대응을 위한 재난유형 분류를 위해서는 재난의 진행양상과 주관 기관의 다수 유무가 중요하다. 먼저, 재난의 진행양상에 따른 분류로는 대규모 피해 발생이 사전에 예측되는 경우, 대규모 피해가 순간적으로 발생하는 경우, 소규모 피해로 시작해서 대규모로 확산되는 경우로 분류할 수 있다. 태풍, 호우, 대설은 기상예보에 따라 대규모 피해를 예측할 수 있다. 열차 충돌, 건물 붕괴 등은 대규모 피해가 순간적으로 발생하는 재난이다. 마지막으로 구제역, 감염병, 적조 등은 소규모 피해로 시작해 대규모로 확산되는 재난이다. 이 분류가 중요한 이유는 피해의 진행양상에 따라 중앙재난안전대책본부(이하 중대본)와 중앙사고수습본부(이하 중수본)6)의 가동시기, 역할 등 대응체계가 달라져야 하기 때문이다.

---

5) 'Resilience'가 외교문서에서 공식적으로 번역된 것은 2010년 11월 5일 대한민국 정부와 국제연합 간에 체결된 '국제연합 재난위험경감 사무국 인천 동북아사무소 및 재난위험경감 국제교육훈련연수원 설립에 관한 협정안'으로서 'Resilience'를 '복원력'으로 번역하여 사용하고 있다. 하지만 이 책에서는 '리질리언스'를 재난의 예방-대비-대응-복구 전 과정에 걸쳐 사회 전반이 갖추어야 할 재난관리 역량을 설명하는 의미로 사용하고자 하므로, '복원력' 대신 원어를 한글로 표기한 '리질리언스'를 사용한다. 향후 보다 정확하게 의미를 전달할 수 있는 용어가 사용되기를 바란다.

6) 「재난 및 안전관리 기본법」 제15조2 및 시행령 별표3의 규정에 따라 재난관리 주관기관의 장은 재난이 발생하거나 발생할 우려가 있는 경우에는 중앙사고수습본부(수습본부)를 설치·운영하고, 수습본부의 장은 해당 주관기관의 장이 된다.

다음으로, 재난관리 주관기관이 하나인지 다수인지에 따라 중대본이 수행하는 총괄조정의 범위가 달라진다. 태풍, 호우, 대설 등은 여러 부처 소관시설에 동시다발적 피해가 발생하므로 총괄조정 기관의 역할이 중요하다. 즉, 총괄조정 기관에서 여러 주관기관의 재난대응에 필요한 인적·물적 자원을 지원하는 것이 중요하다. 항공기사고, 감염병, 황사 등의 재난은 전문적 지식과 경험이 주관기관에 집중되어 있어 주관기관 중심의 대응이 효율적이다.

김용균 외(2015)의 재난대응 체계에 대한 분류는 재난의 발생원인과 피해양상에 따라 최적화된 재난대응 체계를 만들어 나가는 데 유용하게 사용될 수 있다. 이 책에서는 김용균 외(2015)의 내용을 보완하여 재난대응을 위한 유형 구분 기준을 표 2-6과 같이 제안한다.

표 2-6. 효과적 재난대응을 위한 재난유형 구분 기준

구분	대규모 피해 발생이 사전에 예측되는 재난	대규모 피해가 순간적으로 발생하는 재난	소규모 피해로 시작하여 대규모로 확산되는 재난
주관기관이 다수인 재난	태풍, 호우, 대설 등은 기상 예보에 따라 대규모 피해가 예측되면 중대본이 먼저 가동되고, 관계 부처들에서는 소관시설 피해가 발생하거나 발생이 예견될 때 소관 분야 중수본을 가동하여 대응	지진 등 대규모 피해가 순간적으로 발생하는 재난은 중대본과 중수본이 동시에 가동되고, 중대본은 범정부 재난대응 총괄조정, 중수본은 소관 분야 피해 책임 수습	가뭄 등 피해가 서서히 확산되는 재난은 주관기관들이 소관 분야별로 1차 대응을 하고, 전국적인 대규모 피해 우려 시 중대본과 중수본이 가동되어 공동대응
주관기관이 하나인 재난	중금속을 함유한 미세먼지나 황사 등은 주관기관 또는 기상청의 예보에 따라 중대본과 중수본이 동시에 가동되면서, 주관기관은 소관 분야 피해 책임 수습, 중대본은 범정부적 지원사항 총괄	댐 붕괴, 대형 철도사고, 해양선박사고 등 대규모 피해가 순간적으로 발생하는 재난은 중수본과 중대본이 거의 동시에 가동되면서, 주관기관은 소관 분야 피해 책임 수습, 중대본은 범정부적 지원사항 총괄	감염병, 가축전염병 등 주관기관이 하나이고, 서서히 확산되는 재난은 주관기관에서 우선 대응하고, 전국적인 대규모 피해로 확산이 우려될 때 중대본이 가동하여 범정부적으로 대응

3) 그 밖의 재난유형 구분

돔브로스키(Dombrowsky)는 재난을 유형화하기 위한 기준으로 사건 중심 개념과 단계 중심 개념을 제안하였다. 사건 중심 개념은 시간, 공간, 심각성으로 구성되는 반면에, 단계 중심 개념은 상황 발생 이전, 상황 발생 순간, 경보, 상황 발생 이후 단계로 구성된다(Dombrowsky, 1998).

응급의학적 목적을 위해 재난유형을 구분하는 방법도 있다. 응급의학 분야에서는 외상성 피해와 내과성 피해로 구분하는데, 이러한 분류의 목적은 재난상황에서 환자를 효율적으로 치료하기 위한 것이다. 외상성 피해는 피해자의 상처가 주로 외상으로 나타나므로 수술과 같은 외과성 치료가 필요한 재난을 말한다. 내과성 피해 또는 질환재난은 화학물질, 방사능물질, 유독물질의 누출사고로 인한 호흡기 장애, 신진대사 장애를 유발시키는 화학적 재난을 말한다. 이러한 분류방법은 재난상황에서 환자의 상태를 예측하고 이에 따라 의료자원을 효율적으로 배분할 수 있다는 장점이 있다(김영규·임송태, 1995).

지금까지 서술된 내용을 바탕으로, 이 책에서는 재난의 유형을 「재난 및 안전관리 기본법」에서 규정하고 있는 '자연재난'과 '사회재난'으로 구분한다. 그 이유는 한국에서 재난에 관한 데이터가 자연재난과 사회재난으로 수집되고 있으며, '조직'과 '법령'에 관한 기록 또한 자연재난과 사회재난의 구분을 따르고 있기 때문이다.

2.
재난관리 주요 이론과
현대 재난관리의 발전

1. 재난관리 주요 이론

현대사회는 홍수, 화재, 붕괴사고 등 전통적인 재난 이외에도 에볼라, 메르스 등 신종 전염병과 소해면상뇌증(Bovine Spongiform Encephalopathy, BSE, 광우병), 고병원성 조류독감(Highly Pathogenic Avian Influenza, HPAI) 등 가축질병, 일본 후쿠시마 원전과 같은 복합재난, 기후재난의 위협을 받고 있다. 더불어 현대사회가 가지고 있는 복잡계적 특성은 재난의 발생과 대응에 대해 지금까지와는 다른 접근방법을 요구하고 있다.

재난을 유발하는 여러 요인과 재난 이후의 복잡한 현상들을 설명하기 위해 다양한 분야에서 연구가 진행되었다. 이 절에서는 사회학, 행정학, 공학 등 여러 학문 분야에서 재난을 어떻게 설명하는지에 대해 문헌 연구를 통해 살펴보고, 이러한 이론들이 한국을 포함한 전 세계에서 발생하는 재난을 어떻게 설명하는지에 대해 살펴본다. 그리고 이를 통해 한국사회가 지향해야 할 바람직한 재난대응 방식에 관한 정책적 시사점을 제시하고자 한다. 시간과 자료의 한계로 모든 이론에 대해 살펴보지는 못하고, 20세기 이후 발표된 대표적인 이론인 하인리히 법칙, 정상사고 이론, 위험사회론, 복잡계 이론, 시스템적 접근, 통합적 재난관리, 공공 거버넌스론, 포괄적 안보개념을 중심으로 설명한다.

1) 하인리히 법칙과 삼풍백화점 붕괴(1995)

1931년 미국의 한 보험회사 감독자였던 하인리히(H. W. Heinrich)는 다양한 사고를 분석한 결과, 한 번의 대형 사고가 발생했을 경우 이미 그전에 유사한 29번의 경미한 사고가 있었고, 그 이면에는 300번의 이상 징후가 감지되었다는 것을 발견하였다(Heinrich, 1950). 그래서 이를 '1:29:300의 법칙'이라 부르기도 하는데, 대형 사고의 이면에는 보고되지 않은 수많은 사건들이 존재한다는 것을 의미한다.

하인리히가 재난관리 이론에 기여한 부분은, 과거에는 예기치 않게 발생한다고 간주되었던 산업재난에 대한 과학적인 연구를 통해 대규모 산업재난의 발생 원인이 사소한 잘못들을 방치하여 이들이 누적되면서 발생한다는 것을 밝혔다는 점이다. 원래 하인리히 법칙은 산업재난에 대한 연구를 통해 발표된 것이었으나, 현대에 들어서면서 대규모 재난의 발생원인을 설명하는 법칙으로 확장되어 사용되고 있다. 하인리히가 제안한 1:29:300의 법칙은 작은 사고에서 시작하여 대규모 재난으로 발전하는 사고의 확산 과정을 정량적으로 설명한다.

또한 하인리히는 '도미노 이론'을 재난영역에 적용하여, 여러 가지 사고의 원인이 복합적으로 작용하여 바람직하지 못한 방향으로의 흐름이 연쇄적으로 일어날 때 대규모 재난이 발생한다고 주장하였다. 하인리히는 사고나 상해가 발생하는 데 영향을 주는 요인을 3가지로 설명하였다(Heinrich, 1950).

재난이 발생하는 여러 요인 중 인간의 유전적 요인, 사회적 환경, 선천적·후

천적인 결함은 고치기가 매우 어려운 반면, 안전의식 결여 등 인간의 불안전한 행동이나 기계적·물리적 위험 등은 안전교육이나 안전장치의 강화 등을 통해 제거할 수 있다. 즉, 하인리히의 주장에 따르면 제3요인을 효과적으로 없앨 수 있다면 재난이 발생하기 전에 미리 방지할 수 있다(Heinrich, 1950).

1995년 우리나라에서 발생한 삼풍백화점 붕괴사고는 하인리히 법칙을 잘 보여 주고 있다. 삼풍백화점 붕괴사고의 경우 천장 균열, 옥상 바닥 손상 등의 이상 징후에도 대책을 취하지 않아 총 1,445명의 사상자가 발생하였다. 이 건물은 시공 단계부터 문제가 많았다. 옥상에 약 76톤 무게의 시설을 설치하여 원래 설계 하중의 4배를 초과하였으며, 설치되어 있어야 할 철근은 공사과정에서 사라졌다. 부실공사와 더불어 허술한 안전관리도 사고를 야기한 큰 원인이었다. 천장의 균열과 옥상 바닥 손상과 같은 작은 징후들이 있었음에도 주의를 기울이지 않았다. 그뿐만 아니라 고객과 직원들이 에어컨에서의 진동 소리, 벽의 균열 등을 신고하여 전문가들의 진단까지 있었지만, 이후 건물 안전을 위한 특별한 조치가 취해지지 않았다. 이러한 징후와 작은 사고들을 무시한 결과, 1,000명 이상의 사상자를 낸 대형 사고가 발생하였다.

삼풍백화점 붕괴 이후에도 대구 지하철 화재, 세월호 침몰 등 대규모 사회재난들이 발생하였고, 이 과정에서 선령제한 완화 등과 같은 안전관리 제도의 미비, 안전점검 부실, 종사자의 안전관리 의식 미흡 등의 문제점이 반복적으로 있었다는 것은 우리 사회가 풀어 가야 할 숙제가 무엇인지를 보여 준다. 재난안전관리를 위한 법과 제도 개선, 안전점검의 강화, 재난안전 교육의 확대, 재난안전 인프라 보강 등이 국민의 안전을 지키기 위해 시급히 해결해야 할 과제이다.

2) 정상사고 이론

정상사고 이론(Normal Accident Theory)은 세계 최초의 원전사고인 미국 펜

실베이니아주의 스리마일섬(Three Mile Island) 원전사고(1979)에 대한 분석을 토대로 제시된 이론으로, 찰스 페로(Charles Perrow)에 의해 발전되었다. 미국 예일대학교 사회학과 교수로 재직하던 찰스 페로는 *Normal Accidents*(1984)라는 저서에서 다양한 실제 사고사례를 제시하며 '강하게 결합된' 시스템의 위험성에 대해 강조하였다. 즉, 원자력발전소, 화학공장, 항공기, 선박, 댐 등 복잡한 시스템에는 아무리 많은 안전장치를 만들어도 피할 수 없는 사고, 즉 '정상사고'의 위험이 존재한다는 것이다(Perrow, 1984).

페로는 오늘날 첨단기술 사회에서 발생하는 많은 사고들이 위험이 내재된 복잡한 기술체계와 밀접하게 관련되어 있으며, 우리의 일상생활은 위험과 함께하고 있다고 주장한다. 개별 기술이 무한 루프를 통해 밀접하게 상호작용하는 극단적인 복합시스템에서는 개별 기술 중 어느 하나라도 기능을 상실하면 큰 사고로 이어질 가능성이 높다. 더욱 문제인 것은 인간이 개별 기술의 기능 상실을 예측하는 것은 매우 어렵다는 것이다(박재묵, 2011).

이미 우리는 전 세계적으로 고위험 시설들에서 발생하는 대형 사고를 경험하였다. 인도 보팔 화학공장 참사, 체르노빌 원전 방사능 유출, 멕시코만 기름 유출 등은 고위험 시설들이 대형 사고의 위험성을 내재하고 있음을 보여 준다.

일부 학자들은 정상사고 이론이 고위험 시설군의 위험성을 지나치게 강조한다고 비판하기도 하는데, 고신뢰성 이론이 대표적이다. 고신뢰성 이론을 주장하는 학자들은 복합적인 위험기술을 다루지만 장기간 무사고 상태를 유지하는 방식에 초점을 맞춘다. 고신뢰성 이론은 미국항공우주국(NASA), 핵산업, 항공, 핵항공모함, 특수기동대, 거대 석유화학시설 등 위험에 강한 조직에 대한 연구를 바탕으로 버클리대학교 프로젝트팀 교수들과 와익(Weick) 등에 의해 제안되었다. 고신뢰성 이론을 주장하는 학자들은 정교한 품질 관리, 안전문화의 정착, 안전장치의 중복 설치, 지속적 훈련 등을 통해 고위험 시설들에서 발생할 수 있는 대형 재난을 예방하는 것이 가능하다고 주장하며, 정상사고 이론을 비판한다.

이러한 비판에도 불구하고 페로의 정상사고 이론은 현대사회에서 위험을 인지하고 분석하는 유익한 수단을 제공하고 있다. 이 이론은 위험을 생태계 내의 조직적 특성의 문제로 설명함으로써, 재난발생의 원인을 과학기술의 한계로 한정하여 보는 좁은 시각을 극복하였다. 또한 석유화학공장 및 원자력발전소 등 고위험 시설들은 사고가 그 자체로 끝나는 것이 아니라 지역사회, 더 나아가 국가 전체에 큰 위험을 가져올 수 있다는 것을 설명하였다는 데 큰 의미가 있다(정지범, 2009).

우리나라도 2016년 발생한 9·12지진을 계기로 원자력 시설, 오래된 산업단지 등 고위험 시설들의 안전에 대해 사회적인 관심이 높아지고 있다. 에트킨(Etkin, 2015)이 "고도로 복잡하게 결합된 시스템들의 위험성에 대한 보다 더 많은 관심을 갖도록 하는 데 정상사고 이론의 장점이 있다."라고 강조했던 것처럼 원자력발전소, 산업단지, 화학공장 등 정상사고의 위험이 내재된 시설들의 안전문제를 전면적으로 재점검하고, 보다 정교한 안전장치를 마련하는 데 사회 전체적인 관심과 노력이 필요하다.

3) 위험사회론: 산업화 과정에 수반되는 재난위험

1970년대부터는 재난의 발생원인을 사회구조와 외부 요인과의 관계에 따른 결과로 파악하였으며, 이러한 견해는 유럽 학자들에 의해 제기되었다. 1970년대 이후 루만(Luhmann), 기든스(Giddens), 벡(Beck)과 같은 유럽 학자들에 의해 현대사회에서 발생하는 새로운 위험에 대한 심도 있는 연구가 수행되었다(이재열, 2005). 독일의 사회학자인 울리히 벡(Ulrich Beck)은 1980년대 중반에 시작된 과학 및 기술적 안전문제를 포함한 산업사회의 구조적·심층적 문제에 대한 해결책으로서 위험사회(Risk Society)의 개념을 제안하였다(이재준 외, 2016). 벡은 그의 책 *World risk society*(1999)에서 현대사회는 사회 전반에 걸쳐서 위험을 내포하고 있는 '위험사회'임을 주장하였으며, 위험은 국경을 넘어 증가하고 있고 단일국가에서 스스로 해결할 수 없는 국제적인 위험이 등장하고 있음을 강조하였다(Beck, 1999). 이와 관련하여 벡은 2008년 서울대학교에서 개최한 강연회에서, 아시아 금융위기와 체르노빌 원자력발전소 사고와의 유사성에 대해 지적하면서 세계적인 위험(Global Risk)을 공동인식하고 국제적으로 공조할 것을 강조하였다. 벡은 이러한 새로운 위험의 등장이 공간적·시간적·사회적 차원에서 전통적인 경계의 소멸(de-bounding)로 인한 결과로 보았다. 벡은 위험사회를 사회적으로 부(wealth)가 생성됨에 따라 본질적으로 동반되는 '생산된 위험'으로 정의하면서, 산업사회를 사회역사적인 관점에서 진단하고 조망하기 위해서는 '사회적으로 생산된 위험'에 대한 종합적인 이해가 필요하다고 강조하였다(Beck, 1986).

현대사회에 접어들면서 이차적·초자연적·인위적 불확실성과 결합된 새로운 유형의 위험이 등장하였으며, 이러한 위험은 전통적인 대응방법으로는 다루기 어렵다(이재열, 2005). 벡은 이러한 현상이 나타나게 된 배경을 '포스트모더니즘 또는 탈근대사회로의 이행'으로 표현되는 '복잡한 사회구조적 변화'로 이해하고 있다. 즉, 직접적이고 물리적인 손실을 나타내는 위해(danger)와는 달리 위험(risk)은 예측이나 통제 가능성을 기반으로 하고 있으며, '통제 불가능한 위험(uncontrollable risk)'은 현대사회에 새롭게 등장하는 위험유형이 기존의 이론이나 관리방식으로 이해하거나 관리하기 어렵다는 것을 의미한다(Beck, 1986).

벡의 위험사회론은 인간이 발전시켜 온 지식이나 기술이 오히려 위험의 원인이 될 수도 있고 산업화와 함께 확대·재생된다는 것을 강조하고 있다는 점에서, 최근 한국사회가 경험하고 있는 새로운 형태의 위험을 어떻게 관리해야 하는지에 대해 시사하는 바가 크다. 이재준 외는 위험사회론의 관점에서 도시개발에 따라 물을 머금는 역할을 하던 자연녹지가 불투수면으로 변하고, 이로 인해 동일한 규모의 비가 내린다고 가정했을 때 개발 이전에 비해 홍수량이 증가하게 된다고 하면서 문명의 발달이 초래하는 위험의 증가에 대해 강조하였다(이재준 외, 2016).

2000년대 이후 한국이 경험한 중증급성호흡기증후군(SARS, 사스), 신종플루, 구제역, 메르스, 고병원성 조류독감 등은 국경이 의미가 없는 신종 재난의 대표적인 예들이다. 국경을 넘어서는 위험의 증가와 함께 단일국가의 노력만으로 해결할 수 없는 국제적 위험들이 등장하고 있으며, 이에 대한 해결책으로 벡이 제시한 '세계적인 위험의 공동인식과 국제 공조의 강화'를 주목할 필요가 있다.

4) 복잡계 이론: 현대 재난의 복잡성과 네트워크에 대한 설명

최근 주목을 받고 있는 복잡계 이론은 현대사회의 재난을 이해하는 데 도움을 주는 이론으로서 기상학 등 복잡한 자연현상에 대한 연구에서 시작되었다. 로렌츠(E. N. Lorenz)가 나비효과에서 증명한 것처럼, 네트워크로 복잡하게 연결된 현대사회는 재난에 대한 대응방식 역시 달라야 한다는 논의가 시작되고 있다. 일본 후쿠시마 원전사고, 태국 대홍수와 최근 에볼라, 메르스 등의 신종 감염병은 현대사회의 복합적 재난을 보여 주는 대표적인 사례이다.

2011년 3월 11일 일본 도호쿠 지방에서 발생한 지진은 일본 지진관측상 네 번째로 강한 지진이다. 지진 발생과 동시에 발생한 초대형 쓰나미와 여진으로 인해 2만 명 이상의 사상자가 발생하였다. 이뿐만 아니라 지진으로 인근 후쿠시마 원자력발전소가 붕괴되면서 방사능 누출이 진행되는 복합적인 재난의 양상을 보였다. 이 사고로 대기, 토양, 바다, 지하수 등이 방사능물질에 노출되어 그 오염으로 인한 피해는 일본뿐만 아니라 전 세계에 큰 영향을 미쳤다.

2011년 7월 말부터 3개월간 내린 폭우로 인해 발생한 태국 대홍수는 태국 내에서의 피해도 컸지만, 한 나라에서 발생한 재난이 인근 국가를 포함한 여러 나라의 경제에 영향을 미친 사례이다. 먼저 대홍수로 인해 태국은 수도 방콕을 비롯하여 전 국토의 3분의 2가 침수되면서 산업 전반에 큰 피해가 발생하였다. 대홍수가 발생한 원인은 태국이 지형적으로 낮은 곳에 위치하고 있었을 뿐만 아니라, 집중호우가 장기간 지속되었기 때문이다. 지속적인 집중호우는 태국 산업의 근간을 형성하는 중부지역을 집중적으로 침수시켰고, 이 지역에 밀집해 있던 일본계 기업의 자동차, 전기·전자 제품 등의 생산이 전면 중단됨에 따라 대홍수는 태국과 주변 국가에 피해를 입히게 된 것이다. 태국은 세계 12위의 자동차 생산국이었기 때문에 대홍수로 인한 피해는 일본, 미주, 유럽 등 주요 자동차 시장에 대한 공급에도 차질이 발생하였다.

전기·전자 부문의 경우, 하드디스크 제조 공장의 침수로 인해 하드디스크의 공급이 부족해졌고 이것은 인텔(Intel)의 반도체 생산량 부족으로, 이는 다시 세계 반도체 시장의 공급 부족으로 이어졌다. 그리고 컴퓨터 가격의 전 세계적인 상승으로 이어지는 결과를 낳았다. 또한 관광 성수기를 앞두고 있던 시기에 발생한 대홍수는 관광객의 감소와 함께 관광산업과 연계된 교통, 외식업 등의 산업에도 추가적인 피해를 발생시켰다. 이러한 대홍수의 여파로 2011년 태국의 경제성장률 전망치는 기존의 3.8%에서 2.1%로 하향 조정되었다(이재호, 2011). 표 2-7은 태국 대홍수로 인한 일본 경제의 피해를 정리한 것이다. 이 표를 통해 태국에서 발생한 홍수가 태국만의 문제가 아님을 알 수 있으며, 한 국가에서 발생한 재난이 주변국뿐만 아니라 세계적으로 영향을 줄 수 있음을 확인할 수 있다.

현대사회에는 사스(2002), 신종플루(2009), 구제역(2010), 메르스(2014) 등 과거에는 없었던 새로운 형태의 감염병과 가축질병이 발생하고 있으며, 해외 교역과 여행의 증가에 따라 이러한 형태의 재난이 더욱 빈번해질 가능성이 높아졌다.

펠링(Pelling)은 복잡계 이론이 재난대응 방식에 매우 중요한 시사점을 가지고 있다고 주장하였다(Pelling, 2003). 예를 들어, 복잡계 이론이 갖는 특성 중 하나인 창발현상(Emergence)은 예기치 못한 곳에서 예상치 못한 원인으로 발생하는 재난의 특성을 보여 준다. 드라벡(Drabek)과 매켄타이어(McEntire)에 따르면, 창발현상은 재난이 발생하는 동안 또는 발생한 이후에 사람들이 재난상황에 대응하기 위해 임시 조직을 만들고 조직을 변화시키는 과정에서도 나타

표 2-7. 태국 대홍수가 일본 경제에 준 영향

구분	분야	내용
공장 가동 차질	도요타	일본 내 4개 주력 고장 10% 감산
	신일본제철	자동차 감산 영향으로 일본 내 조강 출사 조절
	혼다	말레이시아 사륜차 공장 조업 중단
	도시바	HDD 생산 차질
	파이오니아	자동차 내비게이션 생산 차질, 태국에서 말레이시아로 이동
실적 악화	캐논	매출액 500억 엔 감소 전망
	자동차	승용차 5사 총 2400억 엔 매출 감소 가능성
물류 중단	일본통운	침수지역 중심 수송 중단
보험금 지급	도쿄해상보험	일본 고객사 보험금 지급 위한 조사 착수

출처: 이재호, 2011

난다(Drabek and McEntire, 2003). 벡의 위험사회론과 페로의 정상사고 이론은 현대사회에서 위험성의 증가가 복잡계와 연관되어 있다고 주장한다는 점에서 공통점을 가지고 있다. 복잡계 이론의 핵심인 비선형성, 자기유사성, 프랙털(fractal), 자기조직화, 창발현상 등은 재난의 발생양상을 분석하고 대응방식을 혁신하는 데 필요한 요소들이다.

5) 재난 및 사고에 대한 시스템적 접근

시스템 이론은 1937년 오스트리아 이론생물학자 베르탈란피(L. V. Berta-lanffy)가 창시하였으며, 이후 물리학·사회학·역사학·경영학·공학 등 다양한 분야에 폭넓게 적용되고 있다. 적용되는 분야가 다양한 만큼 각 분야별로 시스템적 접근방식에 대한 이해나 정의도 다양하지만, 개체가 아닌 전체에 주목하며 복잡한 동적 체계로서 시스템을 이해하고자 하는 점에서는 공통점을 가지고 있다. 사고 분석 연구와 관련해서는 시스템을 구성하는 요소들 간의 예측되지 않고 통제가 불가능한 동적 상호작용의 결과로서 '사고'를 이해한다는 점에서 기존 하인리히 법칙이나 스위스 치즈 모델(The Swiss Cheese Model)이 갖는 선형적 분석의 한계를 극복할 수 있다는 장점이 있다.

사고 분석에 대해 시스템적으로 접근한 선구적인 학자는 한스 라스무센(Jens Rasmussen)이다. 라스무센과 그 동료들의 연구는 사고원인을 밝히는 과정에서 '조직적인 문제뿐만 아니라 광범위한 환경적·정치적 요소들의 역할을 강조'한다는 점에서 '오류(error)'를 이해하는 새로운 관점의 선두에 서 있다(Waterson et al., 2017). 라스무센의 '동적 안전 모델'은 사고 발생원인을 기술적인 결함이나 사람의 잘못된 행동으로 한정하지 않고, 사회·기술적인 요소들의 역동적인 상호작용이 오류를 만들어 내고 결과적으로 재난으로까지 확산되는 '메커니즘'에 주목한다(이재열 외, 2017).

사고 분석 분야의 기념비적 논문 중 하나인 「동적 사회에서의 위기관리」에서 라스무센은 '위기관리 프레임워크'와 '동적 안전 모델'을 제안하였으며, 이 모델에서 경제성 강조와 작업장에서의 압박이 시스템의 성능상태를 안전한 상태에서 오류의 경계로 이동시키는 과정을 보여 주었다(Rasmussen, 1997).

사고 분석에 대한 시스템적 접근의 장점은 사고 발생 전체에 대한 심층적 이해를 통해, 부분적으로 볼 때는 문제가 없던 행동이나 기능들이 전체 시스템에는 불안전한 결과를 초래하는 이유를 알 수 있다는 것이다. 대표적인 시스템적 사고모형으로는 라스무센(Rasmussen, 1997)이 제안한 사고지도법(Accimap), 레베슨(Leveson, 2004)이 제안한 시스템 이론 기반 사고 모델과 절차(System-Theoretic Accident Model and Processes, 이하 STAMP), 그리고 홀나겔(Hollnagel, 2004)이 제안한 기능공명분석방법(Functional Resonance Analysis Method, 이하 FRAM)이 있다.

(1) 사고지도법(Accimap)

라스무센이 제안한 '동적 안전 모델'과 '위기관리 프레임워크'의 주요 개념은 사고지도법에 자세히 반영되어 있다. 사고지도법은 특정 사고에 대한 시나리오를 시각적으로 설명할 수 있으며, 사고의 인과관계 흐름과 시스템 계층구조 내에서 나타난 행위와 의사결정 등을 보여 준다. 사고지도법은 1990년대 후반과 2000년대 초반에 걸쳐 라스무센과 스베둥(Inge Svedung)에 의해 연속적으로 발전되었다(Rasmussen, 1997; Rasmussen and Svedung, 2000).

사고지도법에서는 사고가 발생하는 원인을 인과관계의 위계에 따라 계층적으로 보여 주는데, 가장 직접적인 원인(예를 들어, 사고의 행위 주체나 발생조건 등)은 맨 아래에, 가장 근원적이지만 간접적인 원인(예를 들어, 정부의 규제나 정치·사회적 환경 등)은 맨 위에 표시한다. 사고지도법에서는 위계에 따라 정부 정책이나 예산(government policy & learning), 규제기관(regulatory bodies and associations), 기업 경영진(corporations associations) 또는 지방정부 정책이나 예산(local government planning & budgeting)·기술관리·운영관리 또는 기업 운영(technical & operational management or company manage-ment), 현장 직원(staff) 또는 현장 운영, 결과(result), 현장 활동(work) 또는 기술적 기반(technical base)으로 구분하여 사고 발생원인을 분석한다(Rasmussen, 1997).

이러한 방식으로 왜 사고가 발생했는지, 그리고 사고가 발생하는 데 영향을 주는 다양한 요인들이 무엇인지를 하나의 논리적 다이어그램으로 연결하면 기존의 선형적 원인 조사나 분석으로는 찾아낼 수 없었던 '시스템 전반의 문제'를 찾아내고 개선대책을 마련할 수 있다는 것이 사고지도법의 장점이다.

(2) 시스템 이론 기반 사고 모델과 절차(STAMP)

STAMP 모델은 2004년 레베슨이 제안한 모델로 시스템 이론에 기반하고 있다. 레베슨은 시스템을 적응형 피드백 메커니즘에 기반한 다층 제어구조로서 이해하고 있으며, 사고는 '실패(failure)'의 문제가 아닌 '통제(control)'의 문제이며, 여러 사건들이 연속적이고 동적으로 결합되어 발생하는 과정이라고 본다. 즉, 복잡하고 집약적인 현대 시스템에서는 안전한 요소들 간의 상호작용에 의해서도 사고가 발생할 수 있기 때문에, 레베슨은 사고 분석의 초점을 '실패 방지'가 아닌 '시스템의 동적 안정성 확보'에 두어야 한다고 강조한다(Leveson, 2004; Leveson, 2011).

STAMP 기반 원인 분석 모델(Causal Analysis based on STAMP, 이하 CAST)은 STAMP 모델을 사고 분석에 활용한 가장 정교한 방법 중 하나로서 사고원인 조사 및 분석에 널리 사용되고 있다. CAST는 사고와 관련된 분석을 다양한 위험요인(hazard) 확인부터 정책적 대안 제시까지 총 9단계에 걸쳐 수행하며, 아래에 자세히 설명되어 있다(Leveson, 2011).

1. 사고와 관련되는 시스템과 위험요인 식별
2. 위험요인과 관련된 시스템 필수조건과 시스템의 안전제약 요건 식별
3. 위험요인을 통제하고 시스템 안전을 확보할 수 있는 안전통제구조에 대해 기술
4. 사고로 이어질 수 있는 '근접사건들(proximate events)'을 결정
5. 물리적 시스템 수준에서 사고를 분석
6. 상위 수준의 각 요소가 하위 수준의 문제들을 왜 그리고 어떻게 적절히 통제하지 못했는지를 분석하여 결정(이 분석은 안전통제구조의 상위 수준에서 이루어진다)
7. 사고에 기여한 전반적인 소통 또는 조정 구조에 대해 분석

8. 시스템의 계층적 안전통제구조가 시간에 따라 변화하여 시스템을 덜 안전
한 위치로 이동시키고 사고 발생을 유발하였는지에 대해 결정

9. 정책적 대안 개발 및 제시

이러한 설명처럼, STAMP를 활용한 분석은 시스템 동작의 안전성을 확보하기 위한 계층적인 통제방법에 대해 잘 보여 준다. 계층적인 통제를 강조하기 때문에, 안전은 현장 작업자뿐만 아니라 관련된 안전관리자, 경영진, 그리고 정치인을 포함한 모든 행위자의 역할과 참여를 강조한다. 따라서 기존 선형 인과관계모델이 설명하지 못하는 복잡한 사고 원인을 보여 줄 수 있다.

(3) 기능공명분석방법(FRAM)

FRAM은 명확하게 확인된 원인 없이 일어나는 사고들을 분석하는 데 매우 효과적이며, 홀나겔(Hollnagel, 2004)에 의해 기본 원리가 체계적으로 정립되었다. FRAM은 시스템을 요소로 분해하거나 사전에 정해진 인과관계를 통해 사고원인을 분석하지 않는다. 그 대신 일이 잘되기 위해서는 무엇이 필요한지, 그리고 반드시 이루어졌어야 하는데 이루어지지 않았던 기능(function)[1]이 무엇인지에 대해 초점을 맞춘다. 즉, FRAM은 '방법이 있는 모델(model-cum-method)' 이 아닌 '모델이 없는 방법 (method-sine-model)'인 것이다 (Hollnagel, 2012).

FRAM의 4가지 기본 원리는 실패와 성공의 등가, 근사조정, 발현, 기능 공명이다. 먼저, 실패와 성공의 등가 원리란 실패와 성공은 서로 다른 기원을 갖는 것이 아니라 같은 이유로 일이 잘될 수도 있고 잘못될 수도 있다는 것을 의미한

---

1) FRAM에서 다루는 기능(function)은 하나의 수량이 다른 수량을 완전히 결정하는 수학적 관계를 나타내는 기능(function)과는 다른 의미로 사용된다. FRAM에서 기능이란 결과를 도출하기 위해서 필요한 일련의 활동을 의미한다.

다. 근사조정의 원리란 개별 인간이나 집단을 포함하여 사회·기술적 시스템의 수행은 외부 환경적 조건에 맞추어 조정된다. 셋째, 알려지거나 알려지지 않은 많은 결과들은 창발현상(emergence)으로 설명되어야 한다. 마지막으로, 시스템 내 기능 간의 관계나 상호의존성은 특정 상황에서 기능 공명에 의해 정해진 규칙 없이 창발하는 것으로 이해되어야 한다(Hollnagel, 2004).

복잡한 시스템 기능 간의 관계를 설명하기 위해 홀나겔은 다음 6가지 요소를 통해 기능 간의 관계와 연결성을 파악한다.

1. 투입(Input, I): 기능을 활성화하거나 시작시켜 산출을 만들기 위한 것으로서 물질, 에너지 또는 정보 등의 형태로 나타난다.

2. 산출(Output, O): 기능을 통해 투입이 처리되어 나타난 결과로서 물질, 에너지, 정보 또는 상태변화 등의 형태로 나타난다.

3. 전제조건(Preconditions, P): 기능이 수행되기 위해 반드시 존재해야만 하는 조건을 의미한다.

4. 자원(Resources, R): 기능을 수행하기 위해 필요하거나 기능 수행을 위해 소모되는 것을 의미하며, 물질, 에너지, 정보, 능력, 소프트웨어, 도구, 인력 등이 해당된다.

5. 시간(Time, T): 시작시간, 종료시간, 지속시간 등 기능의 실행에 영향을 미치는 시간적 요소를 의미한다.

6. 통제(Control, C): 원하는 산출을 얻기 위해 기능을 관찰·조정 또는 제어하는 것을 의미한다.

FRAM은 이 6가지 요소를 통해 어떤 기능이 중요하고, 그러한 기능이 어떻게 수행되어야 하는지, 특정 상황에서 기능이 수행되지 않았다면 왜 수행되지 않았는지를 파악하고자 한다. 이를 통해 미래에 안전한 상태를 유지하기 위해서는 무엇이 필수적으로 이루어져야 하는지를 파악한다. FRAM에 의한 분석은 사고의 직접적인 원인을 찾는 데서 시작하지 않고, 어떤 기능이 반드시 이루어져야 하는지를 찾는 데서 시작한다. 그리고 이렇게 찾아낸 기능이 수행되지 않았다면 왜 수행되지 않았는지를 설명하기 위해 노력한다(Hollnagel, 2004). 이것이 FRAM이 '실패의 원인'에 초점을 맞추고 있는 다른 모델에 비해 가지고 있는 장점이다.

최근 우리나라에서도 시스템적 접근방법을 활용한 연구가 이루어지고 있다. 김태은 외(Kim et al., 2015), 기도형 외(Kee et al., 2017) 등이 사고지도법, STAMP 등을 활용하여 세월호 사고의 원인을 사회·경제적 요인, 정치적 요인, 기술적 요인 등 다양한 요인 간의 상호작용을 통해 분석하였다. 이러한 분석들은 재난사고에 대한 시스템적 이해와 연구를 발전시키는 데 매우 의미 있는 시작이다. 하지만 이러한 분석들이 정부의 대책으로 이어지지는 않았다는 한계가 있다. 학계의 연구와 정부의 정책 개발이 함께 나아갈 수 있도록 앞으로 시스템적 접근에 대한 보다 체계적이고 심도 있는 논의와 연구가 이루어지기를 바란다.

2. 현대 재난관리의 발전

20세기에 접어들면서 재난양상은 더욱 복잡해지고 재난으로 인한 피해는 심각해졌다. 이에 따라 정부 관계자와 학자들은 위험(risk) 인식과 재난특성에 대한 체계적인 연구와 함께 정부와 사회의 재난대응 역량을 강화시키기 위한 방법들을 모색하기 시작하였다. 1970년대부터 발표된 다양한 이론들은 이러한 노력의 결과로서, 페탁의 4단계 모형(Petak's 4-phase model), 매클로플린(McLoughlin)의 통합적 재난관리(Comprehensive Disaster Management) 등 다양한 재난관리 이론들이 제안되었고, 신공공관리론 등과 같은 이론들의 적용으로 재난관리 체계가 더욱 발전되었다. 이러한 이론들은 미국 연방재난관리청(Federal Emergency Management Agency, FEMA) 창설 및 통합적 재난관리의 발전, 유엔에서 발표한 자연재해경감 10개년계획(1990)과 효고행동강령(Hyogo Framework for Action, HFA, 2005) 등에도 많은 영향을 주었다. 이 절에서는 재난관리 체계와 직접 관련되는 이론에 대해 살펴보고, 이러한 이론들이 어떻게 우리나라 재난관리 발전에 영향을 주었는지에 대해 설명한다.

1) 페탁의 재난관리 4단계 모형

1985년 미국 재난관리 역사에서 중요하게 다루어지는 두 가지 재난관리 모형이 제안되었다. 첫 번째는 페탁(Petak)의 재난관리 모형이다. 페탁은 재난관리 과정을 재난의 진행 과정과 대응활동에 따라 재난발생 이전과 이후, 즉 사전 재난관리와 사후 재난관리로 구분하였다. 재난발생 이전은 다시 재난의 경감 예측, 재난의 대비로 세분화하고, 재난발생 이후는 재난 대응과 복구로 세분화하였다. 그리고 재난의 경감·예측, 대비, 대응, 복구 단계별로 각 행정단위에서 담

표 2-8. 「재난 및 안전관리 기본법」

재난의 예방(4장)	(제25조의2)	재난관리 책임기관의 장의 재난예방 조치
	(제31조)	재난예방을 위한 안전조치
	(제33조의2)	재난관리 체계 등에 대한 평가 등
재난의 대비(5장)	(제34조)	재난관리자원의 비축·관리
	(제34조의5)	재난 분야 위기관리 매뉴얼 작성·운용
	(제35조)	재난대비 훈련 실시
재난의 대응(6장)	(제36조)	재난사태 선포
	(제38조의2)	재난 예보·경보체계 구축·운영 등
	(제39조)	동원명령 등
재난의 복구(7장)	(제59조)	재해복구계획의 수립·시행
	(제60조)	특별재난지역의 선포
	(제66조)	재난지역에 대한 국고보조 등의 지원

당해야 할 역할이 서로 다르다고 주장하였다(Petak, 1985).

페탁은 효과적인 재난관리를 위해서는 정부와 이해관계자들의 역할과 책임을 모든 수준에서 명확하게 설정하는 것이 중요하다고 강조한다. 페탁의 모형은 한국 정부가 재난의 예방, 대비, 대응, 복구 단계별로 재난관리 정책을 개발하는 데 영향을 미쳤으며, 「재난 및 안전관리 기본법」에 이러한 내용이 반영되어 있다(표 2-8).

2) 신공공관리론: 성과 중심 재난관리에 기여

신공공관리론은 정부가 공공관리에 경영원칙을 적용함으로써 시민들에게 더 나은 공공서비스를 제공할 수 있다고 강조한다(Rosenbloom and Goldman, 1998). 이 이론은 공공부문에 경영관리 기술을 적용시키고 정책 실행을 위한 투입보다는 공공정책의 산출물 및 결과를 강조함으로써 전형적인 관료제의 문제를 극복하고 공공부문의 효율성을 향상시키는 것을 목표로 한다(이종수 외, 2014). 미국에서는 클린턴 행정부의 국가성과평가(National Performance Review) 사업에 의해 구체화되었으며(Waugh and Streib, 2006: 138), 1990년 대 연방재난관리청이 효율적인 재난관리 조직으로 발전하는 이론적 배경이 되기도 하였다.

연방재난관리청 개혁에 대한 요구는 1989년 허리케인 휴고(Hugo)로 인해 서인도 제도의 푸에르토리코, 버진아일랜드, 미국의 사우스·노스 캐롤라이나 주 등에서 150억 달러 이상의 피해가 난 것을 계기로 시작되었다. 허리케인 휴고 발생 직후 로마프리에타(Loma Prieta) 지진이 강타하였고, 1991년에는 캘리포니아주 오클랜드에서 화재가 발생하였다. 또한 1992년에는 허리케인 앤드루(Andrew)가 플로리다주와 루이지애나주를 강타하여 큰 손실을 입혔다. 1990년 대 초 자연재난으로 인한 대규모 피해에 연방재난관리청이 효율적으로 대응하지 못하면서, 클린턴 행정부는 연방재난관리청의 재정비가 필요하다고 인식하게 되었고, 신공공관리론에 근거하여 연방재난관리청 개혁에 착수하였다(Anna et al., 2006).

클린턴 행정부에서 연방재난관리청 책임자로 부임한 제임스 리 윗(James Lee Witt)은 재난관리의 중점을 재난발생 후 피해 지원에서 재난발생 전 경감으로 옮기면서 재해경감의 중요성을 강조하였다. 재해경감에 대한 사전 투자의 효과성을 정량적으로 측정하기 위한 시도가 있어 왔으며, 이와 같은 노력이 지속·발전되어 미국 국립건축과학연구원(National Institute of Building Sciences, NIBS)의 다중위험경감위원회(Multihazard Mitigation Council, MMC)는 위험요인(hazard) 경감 활동이 갖는 비용절감에 대한 연구를 수행하게 되었다. 위험요인경감 보조금 프로그램(Hazard Mitigation Grant Program), 지역사회 위험경감 프로젝트(Project Impact), 홍수피해경감 지원 프로그램(Flood Mitigation Assistance Program)에 대한 사례 분석을 통해 위원회에서 다음과 같은 결론을 제시하였다.

(1) 재해경감에 투자한 1달러를 통해 평균 4달러를 절약할 수 있다.
(2) 연방재난관리청의 보조금 프로그램은 비용 면에서 효과적이며, 주정부나 지방정부에서 자발적으로 추진하는 재해경감 활동의 기폭제가 되기도 한다. 특히 지역사회의 재해경감 프로그램 정착에 큰 도움이 되었다(NIBS, 2005).

신공공관리론은 한국 재난관리의 발전에도 영향을 주었으며, 2000년 이후 재해경감을 위한 예방투자 사업의 확대, 자연재난위험지구 정비사업의 효과성 분석, 재해복구 사업의 평가제도 도입 등은 그 대표적인 예이다. 신공공관리론이 지나치게 능률성을 강조한 나머지 재난관리 정책의 공공성을 저해한다는 비판도 있지만, 투입한 자원보다는 산출된 성과를 중시한다는 관점에서 신공공관리론은 재난관리를 발전시키는 데 중요한 의미를 갖는다.

3) 공공 거버넌스론: 협업에 기반한 재난관리

공공 거버넌스는 현대 재난관리에서 공공-민간 파트너십을 향상시키는 방법으로 널리 활용되고 있다. 공공 거버넌스론에 의하면, 공식적인 지휘권이나 시장균형(market equilibriums)의 결과로 규칙이 만들어지는 것이 아니라, 참여자나 네트워크 간의 협의와 상호 합의에 의해 규칙이 만들어지고 참여자들의 행동을 통제하게 된다. 재난관리에 공공 거버넌스론을 적용하면, 재난관리 당사자들이 다양한 문화적 배경을 가지고 있어 재난관리 과정에서 갈등을 경험할 것이라는 전제하에 협력적 네트워크(collaborative networks)를 구축할 것을 제안한다. 이러한 환경에서 효과적인 협력을 위해서는 모든 참가자에 대한 문화적 민감성과 상호이해가 요구된다. 협력적 네트워크가 필요한 이유는, 현대사회는 매우 다양하고 새로운 형태의 재난이 많이 발생하고 있으므로 발생 가능한 모든 재난상황에 대비한 완벽한 준비와 자원의 확보가 불가능하기 때문이다. 또한 특정 조직이나 기관이 여러 재난대응 기관들의 활동을 완벽하게 통제하고 지휘하는 것이 불가능하다는 것도 협력적 네트워크가 중요한 이유이다(Waugh and Streib, 2006).

공공 거버넌스론의 장점은 의사결정에 참여하는 다양한 구성원들이 집단지성을 활용하여 불확실성에 대응하고, 사회적 합의를 통해 정책을 수립하고 집행하는 과정에서 공동의 책임성이 강화된다는 것이다. 공공 거버넌스 관점에서 보면, 재난관리에도 협조, 국민참여, 문제해결, 개방의 원칙이 중요하다. 즉, 기존의 수직적 관료체계를 대체할 수 있는 정부, 민간, 시민단체 등 여러 행위주체들을 활용한 리스크 거버넌스(Risk Governance)의 구성이 중요하며, 지방자치단체, 비영리기구, 각종 시민 서비스들과의 협력적 네트워크 구축과 활성화를 촉진하는 후원자로서 정부의 역할이 강조되고 있다.

공공 거버넌스론을 재난관리에 직접 적용하는 데는 한계가 있다는 주장도 있다. 즉, 협의하기에 시간이 충분하지 않은 긴급한 재난대응 과정에서는 상호

토론과 협의를 통한 합의 과정이 적절하지 않다는 것이다(Waugh and Streib, 2006). 이러한 주장이 타당해 보이기는 하나 최근의 연구성과들은 긴급한 상황에서 기관 간 상호협력이 더욱 중요해지므로 공공 거버넌스론이 현장 대응에서도 구현되어야 함을 보여 주고 있다. 모이니핸(Moynihan)은 다양한 재난현장에서의 사례 분석을 통해 네트워크 거버넌스를 사전에 구축하는 노력들이 긴급한 재난대응 상황에서 '기관 간 협력'과 '일사불란한 대응'이라는 두 가지 목적을 달성할 수 있는 핵심 요소라는 것을 밝혔다(Moynihan, 2009).

공공 거버넌스론은 한국 재난대응 제도의 발전을 위해서도 중요한 의미를 갖는다. 경주 마우나오션리조트 붕괴사고, 세월호 사고, 메르스 사태 등을 겪으면서 현장 대응기관, 지역재난안전대책본부, 중앙사고수습본부, 중앙재난안전대책본부에 참여하는 다수 기관들의 협력이 신속한 재난대응과 효율적인 피해수습에 필수적이라는 것이 증명되었다. 이러한 체계를 갖추기 위해서는 기관 간 협력을 위한 구체적인 제도 마련과 평상시 합동훈련의 강화가 필요하다.

4) 통합적 재난관리

통합적 재난관리는 미국 연방재난관리청의 설립에 영향을 준 이론이다. 미국은 1970년대 후반까지 토목과 방위 관련 부서를 비롯한 100개 이상의 연방기관들이 위험 및 재난관리에 관여되어 있어, 대형 재난이 발생했을 때 책임을 지고 대응하는 기관이 없었다. 이러한 문제를 개선하고자 1979년 지미 카터 대통령은 연방재난관리청을 창설하였다. 연방재난관리청 설립을 계기로 미국은 분산된 비상사태 대처 및 재난관리의 책임을 단일조직으로 통합할 수 있었다 (Anna et al., 2006). 이후에도 미국의 국토안보부 설립(2003), 한국의 소방방재청(2004) 및 국민안전처 설립(2014) 등 통합적 재난관리를 이론적 기반으로 한 제도적 발전이 여러 국가에서 이루어졌다.

통합적 재난관리를 주장한 학자는 데이비드(David)와 쿼런텔리(Quarantelli) 등이다. 데이비드(1985)는 통합관리 모델을 제안하였다. 그는 재난을 조직의 생존을 위협하는 사고 또는 위기 상황으로 정의하였으며, 재난대응 과정에서 반복적으로 발생되는 대응조직들 간의 협력 부족 문제에 관심을 가지고 해결방안을 모색하였다. 이를 해결하기 위해 연방, 주, 지방 정부가 상호 협력하면서 재난상황에서 국민의 생명과 재산을 보호하고 필수 행정기능을 유지할 수 있는 모델을 제안하였다. 이 모델은 이러한 협력들이 재난의 경감, 준비, 대응, 복구 단계별로 구체적인 프로그램을 통해 평상시에 준비되고 실행되어야 함을 강조하였다(조석현, 2015).

재난관리는 크게 분산관리와 통합관리의 두 가지로 구분될 수 있다. 분산관리는 재난의 종류에 따라 각 부처별로 분산하여 관리하는 유형별 관리방식이다. 통합관리 방식은 통합된 하나의 기관을 설립하여 모든 재난을 통합관리하는 방식을 말한다. 쿼런텔리는 '분산관리 방식'에서 '통합관리 방식'으로의 전환이 필요하다고 강조하였다. 쿼런텔리의 주장이 있기 전까지 재난관리는 분산관리 방식이 대부분이었다. 쿼런텔리는 재난관리가 분산방식이 아닌 통합방식으로 이루어져야 하는 근거를 제시하였는데, 첫째, 재난 개념의 변화를 꼽았다. 재난발생 원인을 강조할 경우, 유형별 대응방식이 적절해 보인다. 하지만 쿼런텔리는 대부분의 재난이 복합재난의 성격을 가지며, 지역사회의 정상적인 기능을 파괴한다는 공통성을 가지므로 자연재난과 인적 재난을 구분하는 실익이 없다고 주장하였다. 즉, 재난유형에 따라 분산하여 관리하는 것은 비효율적이라는 것이다. 둘째, 재난대응의 유사성이다. 재난대응의 유사성은 재난에 대응하는 방식이 부처별로 유사하여 통합하여 관리하는 것이 더욱 효과적이라는 것이다. 셋째, 계획 내용의 유사성이다. 앞서 재난대응의 유사성과 마찬가지로 부처별로 소관 재난유형에 따라 수립하는 재난대응 계획의 내용이 유사하므로, 유형별로 구분하여 계획을 수립하는 것은 비효율적이다. 넷째, 대응자원의 공통성이다. 재난대응을 위해 필요한 자원이 재난유형에 상관없이 유사하므로, 통합관리 방식으로의 전환이 바람직하다(Quarantelli, 1993).

5) 국제사회의 어젠다: 기술적인 접근에서 종합적인 리스크 관리로 발전

유엔에서는 보다 효율적인 국제사회 재난구호를 위해 1971년 국제연합 재난구호기구(United Nationsl Disaster Relief Organization, UNDRO)를 설립하였다. 국제연합 재난구호기구 설립을 계기로 국제사회는 재난을 보다 효율적으로 관리하고 국가 간의 협력을 높이기 위해 노력하였다. 1979년에는 사전 재난대응 계획과 예방의 두 가지 쟁점이 제네바에서 논의되어 국제사회가 공동으로 재난에 대비해야 한다는 것이 더욱 강조되었다(UNISDR, 2013).

이후 국제사회는 재난에 대한 조기 경보 및 취약성 분석과 같은 기술적인 접근에 대해 보다 구체적으로 논의하기 시작하였다. 과학기술의 활용은 한층 더 체계적인 재난관리에 상당한 도움을 주었으며, 재난에 대한 다양한 연구를 통해 재난발생을 예방하고 대비하고자 하였다(UNISDR, 2013).

1989년 국제사회는 자연재해경감 10개년계획(The International Decade for Natural Disaster Reduction, IDNDR) 프레임워크에 대한 준비를 시작하여 더욱 체계적인 재난관리가 이루어질 수 있도록 하였다(UNISDR, 2013).

1991년에는 보다 체계적인 인도지원 업무를 위해 '비상시 인도지원 조정(Emergency Humanitarian Assistance)'과 '국제탐색구조자문단(International Search and Rescue Advisory Group, INSARAG)' 설립을 의결하였다. 또한 1993년 '국제연합 재난평가조정국(United Nations Disaster Assessment and Coordination, UNDAC)'을 설립하여 재난대응을 위한 체계적인 제도들을 도입하였다.

1994년 5월, 일본 요코하마에서 자연재난 피해의 심각성을 토의하기 위한 국제회의가 개최되었다. 주제는 자연재난으로부터 안전한 사회를 만들자는 것이었으며, 이 회의는 이후 10년마다 개최된 세계재난위험경감회의의 시작점이 되었다. 이 회의에서 채택된 요코하마 전략은 사후수습 위주의 재난관리에서 예방·대비 및 경감 위주의 재난관리로 전환하는 것이 필요하다고 강조하였다.

1999년에는 재난위험경감을 위한 국제전략의 명칭이 '21세기를 향한 보다 안전한 세계: 재난과 리스크 경감(A Safer World in the 21st Century: Disaster and Risk Reduction)'으로 채택되었고, 이때부터 국제적인 재난위험 증가에 대비하기 위한 정책 프레임워크가 본격적으로 추진되었다(UNISDR, 2013).

2004년 12월 인도네시아, 스리랑카, 인도 등 11개국을 강타한 쓰나미로 인해 15만여 명의 희생자와 수백만 명의 이재민이 발생하였다. 엄청난 피해로 충격을 받은 유엔과 유엔 가입 국가들은 2005년 일본 고베에서 열린 세계재난위험경감회의에서 효고행동강령에 합의하고, 국가와 지역사회의 리질리언스(resilience)를 높이기로 합의하였다. 이 회의에서 2005년부터 2015년까지 전 세계가 재난위험을 줄이기 위해 추진해야 할 '효고행동강령: 국가와 지역사회에서 재난에 대한 리질리언스 증가(Hyogo Framework for Action: Building the Resilience of Nations and Communities to Disasters)'가 채택되었다. 이를 계기로 2000년대에는 사회적 합의에 의해 재난관리 대책을 마련하고, 공동의 책임성을 강화하는 방향으로 재난관리 정책이 발전하게 되었다.

2015년 3월, 일본 센다이에서 개최된 제3차 세계재난위험경감회의에서는 일본 도호쿠 대지진을 계기로 자연재난으로 인한 복합재난의 문제점을 중점적으로 다루면서 모든 유형의 재난에 대한 종합적이고 과학적인 관리를 강조하였다. 이 회의에서는 2030년까지 향후 15년간 재난위험경감을 위한 민간과 정부, 이해당사자의 역할을 지방자치단체, 국가, 그리고 각 지역이 어떻게 수행해야 할 것인가를 제시하였다. 회의에서 채택된 센다이 프레임워크는 향후 15년간 재난위험경감을 위해 각 국가가 정책 및 기술을 어떤 방향으로 발전시켜야 하는가에 대한 중요한 가이드라인이다.

한국 재난의 특성과 재난관리

6) 시민보호와 포괄적 안보 개념

2000년대에도 대형 재난들은 지구촌 곳곳에서 계속 발생하였다. 미국의 경우, 2001년 발생한 9·11테러를 계기로 대규모 위기상황에 대비할 수 있도록 재난관리를 포괄적 안보 차원에서 접근하였다(박동균·조기웅, 2013). 이러한 맥락에서 2000년대 이후 민방위(Civil Defense)와 시민보호(Civil Protection)[2]의 개념이 재난관리에서 중요하게 다루어지게 되었다. 민방위는 원래 전쟁으로 인한 시민들의 피해를 줄이기 위한 민간의 방호활동을 의미했으나, 점차 전쟁 이외의 각종 재난으로부터 민간인의 피해를 줄이기 위한 활동으로 그 개념이 확장되었다. 알렉산더(Alexander)는 시민보호의 개념을 제안하면서, 재난대비에 관한 국가와 민간의 역할이 민방위에서 시민보호로 확대되고 있다고 주장하였다(Alexander, 2006). 민방위란 냉전기에 군대를 중심으로 외적의 침입에 대항하기 위한 개념이고, 시민보호란 외부의 적으로부터 자국민을 보호한다는 측면이 더욱 강화된 것이다. 따라서 시민보호는 자연적·인적 재난은 물론 신종 전염병, 테러, 사이버 공격 등 각종 위험성으로부터 자국민을 보호해야 한다는 현실적 필요성이 강조된 것이다.

알렉산더에 의해 제안된 시민보호의 주요 개념 중 하나는 공공안전 서비스를 국가가 전담하던 방식에서 국민과 함께하는 방식으로 전환하자는 것이다. 국가에서 공공안전 서비스를 전담하는 방식은 일반적으로 수직적 명령체계, 시민참여를 배제한 의사결정, 법과 질서 강화, 비밀유지 원칙을 선호한다. 그러나 시민보호의 개념은 공공참여와 협력, 공공참여 형태의 비상본부 구축, 문제 해결과 개방의 원칙을 중요하게 여긴다. 결과적으로 시민보호 관점에서는 기존의 수직적 관료체계를 대체하는 형태로서 정부, 민간, 시민단체가 적극적으로 참여하는

---

2) 'civil protection'을 '국민보호'로 번역한 국내 서적들도 있으나, 이 책에서는 '시민보호'로 번역하였다. 그 이유는 '국민'이 국가를 구성하는 사람이라는 중립적인 의미인 데 반해, '시민'은 민주사회의 구성원으로 자발적이고 적극적으로 공공정책에 참여하는 사람들을 의미하기 때문이다. 즉, 알렉산더가 제안한 시민보호의 개념은 정부, 민간단체, 일반 시민들이 모두 참여하는 리스크 거버넌스를 포함하고 있다.

위험 거버넌스 체제의 구축을 가장 중요한 문제로 여긴다. 알렉산더는 미국 정부의 허리케인 카트리나(Katrina) 대처 실패를 하향식 재난관리 방식의 전형적인 실패 사례로 제시하면서, 시민참여와 거버넌스가 강조된 시민보호 방식으로의 전환을 강력하게 요구하였다(Alexander, 2006).

3. 재난대응 조직: 재난관리 선진국과 한국

이 절에서는 재난관리 주요 선진국과 우리나라의 재난대응 제도를 분석하고 시사점을 제시한다. 한 국가의 재난대응 제도 전체를 분석하여 기술하려면 많은 노력이 필요하고 그 분량 또한 적지 않기 때문에 이 책의 내용과 직접적인 관련이 있는 미국, 일본, 호주, 독일, 영국, 스위스의 평상시와 비상시 재난대응 조직, 계획, 법률을 중심으로 살펴보기로 한다. 그리고 분석 결과를 바탕으로 우리나라 재난대응 제도의 발전에 적용 가능한 시사점을 제시한다.

1) 미국

미국은 한국의 소방방재청 개청과 국민안전처 설립에 직접적인 영향을 준 국가 중 하나이다. 특히 국토안보부(DHS) 설립, 국가재난대응 프레임워크(National Response Framework, NRF), 국가사고관리체계(National Incident Management System, NIMS)[3] 등으로 대변되는 통합적 재난관리는 한국 재난

---

3) 이 책에서는 'incident'를 '재난(disaster)으로 발전할 수 있어 국가나 지방정부의 대응이 필요한 사고'를 의미하는 용어로 사용한다.

관리 제도의 발전에 많은 영향을 주었다. 미국 재난관리 조직체계는 국토안보부가 국가안보 분야와 재난관리 분야 업무를 총괄하고, 국토안보부에 소속된 연방재난관리청에서 공공과 민간의 역량 평가, 응급복구와 구호를 위한 자원 동원, 장기 개선복구계획 수립 등 재난대응과 수습을 실질적으로 총괄하고 있다. 주정부의 경우 재난관리국을 중심으로 연방정부–주정부–지방정부 간 연계 강화, 지방정부에 대한 재난수습 지원 등의 역할을 수행하고 있다. 재난이 발생하면 주정부는 비상운영본부(Emergency Operation Center, EOC)를 가동하고, 사전에 작성된 비상운영계획(Emergency Operation Plan, EOP 또는 State Comprehensive Emergency Management Plan, SCEMP)에 따라 재난에 대응한다. 지방정부는 재난의 예방, 대비, 대응, 복구 전 과정에 대한 1차적인 책임을 지고, 재난이 발생하면 비상운영본부(EOC)를 가동하여 재난에 대응한다. 주정부나 지방정부의 역량을 초과하는 재난이 발생했을 때, 연방정부의 지원과 개입은 주로 합동현장사무소(Joint Field Office, JFO)를 통해 이루어진다. 미국은 국가재난대응 프레임워크와 국가사고관리체계를 통해 이를 실천해 나가고 있다.

미국 재난관리의 기본 원칙 중 하나는 모든 재난에 대해 지방정부가 1차 책임을 지고 대응하며, 주정부와 연방정부에서는 지방정부의 역량을 초과하는 재난이 발생했을 때 지원한다는 것이다. 9·11테러, 허리케인 카트리나 등을 겪으면서 연방정부에서 선제적으로 재난에 대응해야 할 필요성을 느끼고 이를 위한 제도적 장치들을 강화해 가는 경향이 있지만, 여전히 미국 재난관리의 기본 원칙은 지방정부의 1차 책임과 주정부의 지원, 그리고 주의 역량을 초과하는 재난이 발생했을 때 연방정부가 개입하여 지원하는 것이다. 미국 연방·주·지방 정부의 재난관리 시스템을 요약하면 그림 2–2와 같다.

국토안보부는 9·11테러를 계기로 테러예방 기능과 재난관리 기능을 통합하여 2013년 1월 안보와 재난을 통합관리하는 조직으로 설립되었다. 국토안보부의 설립근거는 국가국토안보전략(National Strategy for Homeland Security) 및 「국토안보법(Homeland Security Act)」이며, 기존 '국토안보국'을 기반으로 하고, 22개 연방기관을 통합하여 설립하였다. 국토안보부는 미국을 위협하는 국내외 모든 위험에 대해 테러리스트 공격 억제, 피해 최소화, 비상사태 예방·대비·대응·복구 전 단계에 걸친 임무를 수행하고 있다. 국토안보부 조직은 여러 기관들이 통합된 단일조직으로서 정보분석국(Office of Intelligence and Analysis, OIA), 정보분석 및 인프라보호국(Information Analysis and Infrastructure Protection, IAIP), 생화학무기관리국(Chemical and Biological Weapon Management Service, CBWMS), 국정안전국, 비밀경호국(Secret Service, SS)과 연방재난관리청으로 구성된다. 국토안보부 여러 조직 중 가장 많이 알려진 연방재난관리청은 1979년 카터 행정부에서 재난 대응과 복구를 조정(coordination)하는 기관으로 설립되었으며, 대규모 재난 및 비상사태의 경감, 대비, 대응, 복구를 총괄 관리하여 국민의 생명과 주요 시설 보호 역할을 담당하고 있다. 설립 직후에 연방재난관리청의 위상은 높지 않았으며, 허리케인 휴고와 앤드루 등 여러 대규모 재난에 효과적으로 대응하지 못하면서 폐지 위기를 겪기도 하였다. 그 후 클린턴 행정부에서 제임스 리 윗 청장의 리더십에 의해 통합 대응체계 구축, 예방과 경감 프로그램 강화 등에 성공하면서 차관급 기구이자 내각의 멤버로 성장하였다. 즉, 재난과 관련된 많은 책임기관들을 대통령 직할기관으로 통합하여 각종 자연재난 및 인적 재난에 효과적으로 대응할 수 있게 되었다. 국토안보부로 편입된 초기에는 테러와 안보를 중요하게 여기는 상황에서 국장급 조직으로 위상이 약화되었으나, 대형 허리케인 카트리나를 겪으면서 재난대비의 중요성이 부각되어 차관급 독립기관으로 위상이 강화되었다. 연방재난관리청은 워싱턴에 본부를 두고 10개 지역청을 운영하고 있으며, 재난발생 시 즉각 대응할 수 있는 상시 재난지원 요원을 두고 있다. 합동현장사무소는 대통령 재난 선포(Presidential Declaration) 후에 연방재난관리청이 주정부와 연방기관 간의 대응·수습업무 조정을 위해 설치하며 연방·주·지방 정부, 비정부기구(NGO), 민간 부문의 재난 자원을 조정한다. 합동현장사무소의 책임자는 연방조정관(Federal Coordinating Officer, FCO)이 되며, 연방이 보유하고 있는

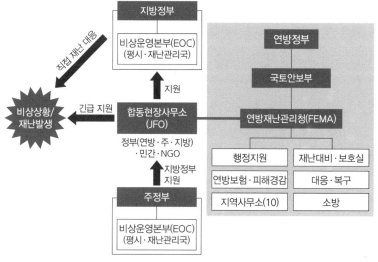

그림 2-2. 미국 재난관리 조직

자원을 사용하여 지원활동을 총괄 조정 및 관리하는 역할을 수행하고, 대통령이 임명한다.

미국은 주정부와 지방정부에도 재난관리를 전담하는 조직이 있다. 주정부는 재난관리국을, 지방정부는 재난관리과를 두고 있는 경우가 많다. 대부분의 재난관리 전담조직은 비상운영, 정보통신, 행정관리를 담당하는 부서로 구성되어 있으며, 재난과 관련된 행정업무, 재난위험 사전파악, 위험관리계획 수정·보완 등의 역할을 수행하고 있다. 또한 재난이 발생하면 비상운영본부를 가동하여 현장의 재난대응을 지휘하거나 총괄 지원하고, 재난현장에서는 사고지휘체계(Incident Command System, ICS)에 따라 재난에 대응하고 있다.

미국 비상대응계획은 중앙과 지방으로 나뉘어 구성되어 있다. 중앙은 국가재난대응 프레임워크와 국가사고관리체계를 통해 재난대응에 관한 연방정부의 계획을 수립한다(소방방재청, 2012). 먼저 국가재난대응 프레임워크는 정부기관, 비정부기구, 민간 분야를 상호 간에 연결하여 핵심적인 역할과 책임을 명확하게 부여하고 유연하게 조정하는 것을 목적으로 하고 있다. 국가재난대응 프레임워크는 본문, 긴급지원기능 부록(Emergency Support Function Annex, ESF Annex), 행정지원 부록(Support Annex), 재난사고 부록(Incident Annex), 파트너 지침 등으로 구성된다. 표 2-9는 국가재난대응 프레임워크 구성에 대해 자세히 나타낸 것이다. 국가재난대응 프레임워크는 국가 차원의 대응원칙을 규정하며, 재난대응 기관들의 책임과 역할을 분명히 정하고 있다.

주정부와 지방정부의 재난대응 활동은 비상대응계획의 수립과 집행을 통해 이루어진다. 비상대응계획은 재난관리와 관련한 모든 활동을 포함하며, 재난의 규모와 복잡성에 관계없이 모든 재난에 적용될 수 있는 '재난대응 안내서' 역할을 수행한다. 비상대응계획은 기본계획(Basic Plan) 부분과 함께 부록으로 긴급지원기능 계획, 행정지원 계획, 사고대응 계획을 첨부하는 형태로 구성되어 있다.

국가 재난대응 프레임워크와 함께 미국의 재난대응을 규정하는 또 다른 축은 국가사고관리체계이다. 이 체계는 테러 및 재난이 발생했을 때 여러 대응기관들이 함께 대응할 수 있도록 개발된 표준화된 지휘·통제 및 관리 원칙을 규정하고 있다. 재난사고의 원인, 크기, 위치 혹은 복잡성에 관계없이 연방·주·지방

표 2-9. 미국 국가재난대응 프레임워크 구성

구성	내용
본문	미국 내에서 발생하는 사고(incident)에 대해 국가 차원에서 효과적으로 대응하기 위한 역할과 책임, 대응행동, 대응조직, 의무사항 등의 원칙을 기술
긴급지원기능 부록	연방의 자원과 역량을 국가대응에서 가장 필요로 하는 기능으로 분류하고 있으며, 14개의 긴급지원기능*(수송, 통신, 소방, 재난관리 등)으로 구성(2017년 3월 기준)
행정지원 부록	모든 사고 대응에 공통적으로 필요한 기본적인 행정지원을 기술(재무관리, 자원봉사자와 기부관리 등)
재난사고 부록	국가 차원에서 특수하게 다루어야 할 7가지 사고(생물학적 사고, 핵·방사능 사고, 사이버 사고, 집단대피 사고 등)에 대한 대응방법을 기술

출처: DHS, 2016

* National Response Plan에서 규정되었던 15개의 긴급지원기능 중 #14 Long-Term Community Recovery Function은 국가재해복구체계(National Disaster Recovery Framework)로 흡수되었다.

한국 재난의 특성과 재난관리

정부, 비정부기구 등이 일관성 있게 대응할 수 있도록 유연하게 적용 가능한 표준 대응원칙을 제공하고 있다. 이를 위해 모든 유형의 재난에 대해 유연하고, 적용 가능하며 종합적이고, 지역적으로 균형적이고 체계화된 틀을 제공하는 개념과 원칙, 조직과 규범, 절차와 용어를 규정하고 있다. 국가사고관리체계에서 현장지휘자는 사고현장의 대응을 지휘·통제하며, 재난대책본부장은 현장 밖에서 사고현장의 대응을 지원하며 지역의 자원동원을 총괄 조정한다. 재난사고 대응을 위해 국가사고관리체계에서는 지휘·통제, 대비, 자원관리, 통신과 정보 관리, 기술지원, 유지보수 등을 규정하고 있다. 연방재난관리청은 주정부에서 국가사고관리체계를 채택하도록 하기 위해 2008년 '주정부 국가사고관리체계 적용지침(State NIMS Integration)'을 개발하였다. 이 지침에서는 주정부에서 '비상운영계획(EOP)'과 '재난대응절차서(Procedural Document)'를 갖출 것을 요구하고 있다. '비상운영계획'은 '국가재난대응 프레임워크'에서 제시하고 있는 재난대응 원칙, 긴급지원기능 등을 주정부의 상황에 맞게 적용한 대응계획서이고, '재난대응절차서'는 재난사고 대응을 위한 전반적인 원칙, 표준행동절차, 현장운영 가이드, 개인별 점검항목(Job Aid)으로 구성되어 있다. 이 중 표준행동절차는 긴급지원기능별로 구성되며, 재난대응 업무를 어떻게 수행할 것인지를 기술한 것이다(소방방재청, 2012).

지금까지 살펴본 바와 같이 미국의 재난관리 체계는 종합적이고 통합적이면서도 상호 협력을 강조한다는 것을 알 수 있다. 이러한 철학은 2007년 연방재난관리청에서 발표한 비상사태에 대처하기 위한 8가지 원칙, 즉 종합성(comprehensive), 미래지향성(progressive), 위험관리 지향(risk-driven), 통합성(integrated), 협력성(collaborative), 조정성(coordinated), 유연성(flexible), 전문성(professional)에 잘 나타나 있다(Emergency Management, 2007).

미국 재난 관련 기본법은 「스태퍼드 재난구호 및 긴급지원법(Stafford Disaster Relief and Emergency Assistance Act, 이하 스태퍼드법)」이다. 「스태퍼드법」은 재난이 발생했을 때, 지방정부에 대한 연방정부의 지원 근거와 대통령의 비상사태 및 특별재난지역 선포권에 대해 명시하고 있다. 이 외에도 국토안보부 설립 등을 규정한 「국토안보법(Homeland Security Act)」과 허리케인 카트리나 이후 연방재난관리청의 임무와 역할을 강화한 「포스트 카트리나 재난개혁법(Post-Katrina Emergency Management Reform Act)」 등이 있다.

2) 일본

일본은 1990년대까지 우리나라 재난관리 제도의 발전에 가장 많은 영향을 준 국가로, 지진·화산 등 자연재난과 원자력·위험물 등의 사회재난까지 다양한 재난발생 위험이 존재하고 있다. 일본은 여러 유형의 재난에 대비하기 위해 종합적인 재난관리 체계를 갖추고 있다. 일본 재난관리 체계의 근간이 되는 법령은 1961년 제정된 「재해대책기본법」이다. 1959년 이세만 태풍으로 사망자 5,041명, 부상자 38,921명과 재산피해 약 5.5조 엔의 막대한 피해를 입은 일본 정부는 체계적인 재난관리를 위해 「재해대책기본법」을 제정하였다. 이 법은 재해[4] 예방에서부터 긴급대책과 복구까지 재해와 관련된 모든 대책을 실시할 수 있는 기틀이 되었으며, 각 분야별로 대응해 온 방재대책들을 종합적으로 다루고 있다.

일본은 1995년 1월 17일에 발생한 한신·아와지 대지진을 계기로 방재기본계획을 전면 수정하게 되었고, 이 과정에서 「재해대책기본법」의 일부 내용이 개정되었다. 일본의 방재기본계획을 전면 수정하게 만든 한신·아와지 대지진은 사망자 6,434명, 주택 전파 104,906채 및 재산피해 10조 엔을 발생시켰으며, 이는 당시 일본 GDP의 2.5%에 해당하는 비중으로서 그 피해가 얼마나 컸는지를

---

4) 이 책에서는 '재난'은 위험요인으로 인한 피해가 발생하는 상황을 의미하는 용어로, '재해'는 위험요인으로 인해 발생한 피해를 의미하는 용어로 사용하며, 두 용어를 대표할 때는 '재난'을 사용한다. 다만, 일본의 경우 법률명 자체가 '재해대책기본법'이므로 일본의 재난관리 체계를 설명할 때는 '재해'라는 용어를 사용한다.

짐작해 볼 수 있다. 이러한 몇 차례의 큰 재난을 계기로 일본 재난관리 체계는 지속적으로 개선되었고, 재난대응을 보다 체계적으로 할 수 있게 되었다.

일본 중앙정부는 1부, 12성청(2017년 1월 기준)으로 되어 있고, 재난관리 총괄 기관은 내각부이다. 평상시에는 내각부를 비롯한 총무성의 소방청, 국토교통성, 원자력규제위원회 등에서 개별 법률에 따라 재난관리 업무를 수행한다.

일본은 2001년에 정부조직을 개편하여 재난관리 정책을 총괄하는 조직으로 내각부에 '방재담당대신⁵⁾'을 신설하였고, 범정부적 행정기관을 연계하기 위해 '방재담당정책 총괄관⁶⁾'을 두어 방재기본정책, 대규모 재해대응계획 수립, 종합 조정 등 국가재난관리 업무를 수행하고 있다. 또한 비상설 심의의결 기구로서 내각부 안에 내각총리대신 직속으로 중앙방재회의(Central Disaster Management Council, 의장 내각총리대신)를 두고 재난관리 정책을 작성하고 심의한다.

중앙정부의 주요 기능은 「재해대책기본법」 등 관련 법률에 따라 방재기본계획 수립, 재해예방활동, 재해복구대책에 대한 지방자치단체 지원 및 보조, '중앙방재회의' 설치, 방재기본계획을 수립·심의 등이다. 일본은 재난유형별로 이에 대응하기 위한 개별법이 있고, 이를 주관하는 성청을 중심으로 다수의 성청이 협업하여 재난에 대응한다. 다음은 재난유형별 주관기관(중앙성청)의 예시이다.

- 자연재해, 대규모 화재 등은 「재해대책기본법」에 근거하여 내각부에서 총괄 담당한다.
- 평상시 원자력방재 업무는 「원자력기본법」, 「원자력재해대책특별조치법」에 따라 원자력규제위원회(2012년 9월 설치)에서 담당하며, 내각부에도 '원자력방재회의(의장 총리)'를 상설 운영하고 있고, 원자력 재난이 발생하면 내각부에 '원자력안전대책본부(본부장 총리)⁷⁾'가 설치된다.

---

5) 우리나라 중앙부처 장관급에 해당한다.
6) 우리나라 중앙부처 국장급에 해당한다.

• 신형 인플루엔자는 「신형 인플루엔자 등 특별조치법」에 따라 내각관방에서 담당한다.

'중앙방재회의'는 비상설 심의의결 기구로서 방재정책을 심의하기 위해 내각 총리대신 직속으로 운영한다. 중앙방재회의 구성은 내각총리대신, 방재담당대신, 관계 국무대신, 지정공공기관[8)]의 대표자 및 학식·경험이 있는 사람 가운데 내각총리대신이 임명하는 사람으로 이루어지며, 방재기본계획의 작성과 실시, 비상재해에 대한 긴급조치계획의 작성 및 실시, 내각총리의 자문에 따른 방재에 관한 중요 사항 심사 업무를 수행하고 있다.

「재해대책기본법」에는 내각부에 중앙방재회의 사무국을 두도록 하고 있으나, 별도의 상설조직은 두지 않고 '방재담당정책총괄관실'에서 사무를 담당하고 있다. 그림 2–3은 일본 내각부의 재난관리(방재) 조직도를 나타내고 있다.

총무성의 소방청은 한국의 소방청에 해당하는 기관으로 「국가행정조직법」 제3조 제2항 및 「소방조직법」 제2조를 근거로 설치되었다. 총무성 소방청의 역할은 일본 소방행정의 기획 및 입안, 각종 법령·기준 정책 등을 담당하며, 지방자치단체 소방에 대한 직접적인 지휘권은 없이 조언이나 지도, 조정 등의 수준에서 업무를 담당하고 있다.

재난이 발생하면 그 규모에 따라 비상재해대책본부 또는 긴급재해대책본부를 설치하여 재난에 대응한다. 태풍, 지진, 시설물 붕괴 등 재난이 발생하여 중앙 차원의 지원이 필요한 경우에는 중앙과 지방자치단체에 '비상재해대책본부'를 설치하고, 비상재해대책본부장은 방재대신(장관급)이 맡는다. 1995년 1월 발생한 고베 지진이나 2011년 3월 발생한 동일본 대지진과 같이 대규모 광역적 재난인 경우에는 중앙과 지방자치단체에 '긴급재해대책본부'를 설치하고, 긴급재해대책본부장은 총리가 맡는다. 긴급재해대책본부는 비상재해대책본부에서

---

7) 2014년 10월 내각부에 원자력 방재 실무를 총괄하는 '원자력방재담당 정책총괄관'이 신설되었다.

8) 방재와 관련하여 내각총리가 지정한 24개 국가기관을 '지정행정기관'이라 하며, 방재와 관련된 공익사업을 영위하는 법인으로 내각총리가 지정한 기관을 '지정공공기관'이라 한다.

한국 재난의 특성과 재난관리

감당하기 어려운 대규모 재난이 발생하였을 때 설치된다.

일본 지방정부는 지역 특성에 맞게 재난담당 조직을 운영하고 있으며, 한국의

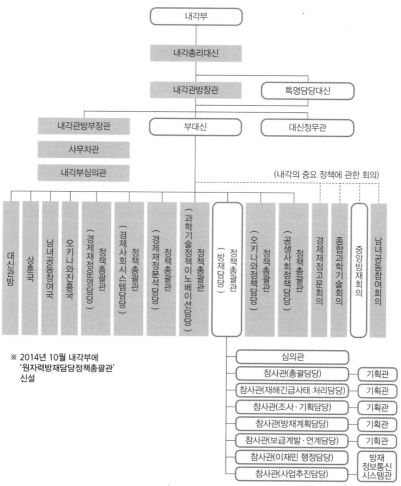

※ 2014년 10월 내각부에
'원자력방재담당정책총괄관'
신설

-**평상시 조직**　참사관실: 총괄담당, 재해긴급사태 처리담당, 지방 및 훈련담당, 조사 기획담당, 피
해자지원담당, 방재계획담당, 사업추진담당 등

-**재해발생 시 조직**

• 도·도·부·현에서 대응할 수 없는 경우, 방재담당대신을 본부장으로 하는 비상재해대책본부 설치

• 대규모 재해가 발생할 경우, 총리를 본부장으로 하는 긴급재해대책본부 설치

그림 2-3. 일본 내각부의 재난관리(방재) 조직도(일본 내각부 홈페이지, 2017)

시·도 재난안전실과 같은 일원화된 조직은 없다. 도(都)·도(道)·부(府)·현(縣)에서 방재, 소방, 위기관리 업무는 총무·기획부(국) 또는 생활환경부(국) 등 다양한 부서에서 관장하고 있다. 이 중 방재주관과가 총무·기획부(국)에 설치되어 있는 곳이 가장 많은데, 총무·기획부(국) 및 총무과 방재담당 부서의 주요 역할은 관련 지방 부서 간 재난관리 협력과 조정을 수행하는 것이다. 예외적으로 도쿄도는 '도쿄소방청'에서, 교토부는 '시민생활부(재해대책과, 방재소방기획과, 원자력방재과)'에서 담당하고 있다.

지방방재회의는 도·도·부·현 방재회의와 시정촌(市町村) 방재회의로 나뉜다. 도·도·부·현 방재회의는 도·도·부·현 지사를 책임자로 하고 지방행정기관의 장, 자위대, 교육장 등으로 구성되어 있다. 시정촌 방재회의는 시정촌 장을 책임자로 하고 있다. 두 기관 모두 재난발생 시 관계기관의 연락조정 등을 담당하고, 재해예방, 재해응급대책 및 재해복구의 각 단계에 유효하게 대처하기 위한 방재계획의 수립과 원활한 시행을 담당하고 있다.

일본의 비상시 지방조직으로는 지방재해대책본부가 있다. 지방재해대책본부는 재해발생이 우려되거나 재해가 발생하였을 때 지역방재계획이 정하는 바에 따라 설치되며, 도·도·부·현 지사 또는 시정촌 장이 책임자 역할을 수행한다. 지방재해대책본부는 해당 도·도·부·현 지역방재계획 또는 시정촌 방재계획이 정하는 바에 따라 해당 도·도·부·현 또는 시정촌의 지역과 관련된 재해예방 및 재해응급대책을 실시하는 역할을 한다. 일본의 중앙과 지방, 상시와 비상시 재난관리 조직은 표 2-10과 같다.

이상 살펴본 바와 같이 일본 재난관리 체계는 중앙과 지방에서 부서 간 소통이 원활하도록 잘 갖추어져 있으며, 재난대응계획도 여기에 맞게 발전시켜 왔다. 일본 재난대응계획은 중앙의 방재기본계획과 지방의 지역방재계획으로 구성되어 있다. 방재기본계획은 「재해대책기본법」에 근거를 두고 중앙방재회의에서 작성하며, 방재에 관한 종합적·장기적인 계획, 방재업무계획과 지역방재계획 중점사항, 방재업무계획과 지역방재계획의 작성 기준 등이 정해진다. 일본

표 2-10. 일본 재난관리 체계

	상시	비상시
중앙조직	1. 내각부 2. 국토교통성, 총무성의 소방청, 원자력규제위원회 등에서 개별 법률에 따라 재난관리 업무 수행 ※ 비상설 심의의결기구구로서 중앙방재회의 운영	1. 비상재해대책본부 2. 긴급재해대책본부
지방조직	1. 총무·기획부(국) 및 총무과의 방재담당부서 2. 지방방재회의	지방재해대책본부

출처: 일본 내각부 홈페이지, 2017

은 방재 단계를 예방, 응급대책, 복구 및 부흥의 3단계로 구분한다. 각 단계는 방재계획에 대한 기본방침 및 국가, 공공기관, 지방자치단체 간의 상호연계와 방재정보 공유에 대한 내용을 담고 있다. 지역방재계획에는 도·도·부·현 방재회의에서 작성하는 도·도·부·현 지역방재계획과 시정촌 방재회의에서 작성하는 시정촌 지역방재계획이 있다. 각각의 지역방재계획들은 지방행정기관, 도·도·부·현(시정촌), 공공기관, 지방공공기관, 도·도·부·현 내 공공단체, 기타 방재에 있어 중요 시설관리자가 처리해야 할 업무에 대한 내용을 포함하고 있으며, 재해발생 후 직원의 소집체제부터 동원방법, 동원연락 계통까지 상세히 기록되어 있다.

3) 호주

호주의 재난관리는 종합적이고 통합적인 관리를 원칙으로 하되(EMA, 2004), 주정부와 지방정부 스스로 재난에 대처하는 역량을 갖추는 것을 목표로 한다. 이는 연방정부의 가이드라인에 따라 각 주별로 「재난관리법(Disaster Management Act)」을 제정하고 있는 것에서도 확인할 수 있는데, 호주 각 지역에서 발생하는 재난의 특성별로 능동적이고 원활한 조치가 이루어지도록 하고 있다.

호주 재난관리 체계를 가장 크게 변화시킨 재난 중 하나는 1967년 2월 7일 발생한 태즈메이니아 산불(Tasmania Bushfire)이다. 이 대규모 산불로 1,400가구 7,000명의 이재민이 발생했으며, 25만ha에 피해가 발생하였다. 이 산불을 계기로 연방정부 차원의 재난관리 정책을 수립해야 한다는 주장이 제기되어, 1974년 연방의회에서 국가 재난기금 창설과 재난관리조직(Natural Disaster Organization, NDO) 설립을 의결하였다. 이 조직은 2007년에 체계적인 재난대비를 위해 호주재난관리본부(Emergency Management Australia, EMA)로 강화되었다. 호주재난관리본부는 재난을 상시 관리하는 중앙조직으로서 기능하고 있으며, 연방재난대응계획(Commonwealth Government Disaster Response Plan, COMDISPLAN)을 바탕으로 호주의 여러 주와 영토에서 발생하는 재난에 대한 계획 및 조정을 담당하고 있다.

호주 재난관리는 연방정부, 주(state)정부, 광역(district), 기초(local)로 구분되어 이루어진다. 연방정부 재난관리는 호주재난관리본부가 담당하고, 주정부이하 재난관리는 주-광역-기초 재난관리그룹(Disaster Management Group, DMG)에서 담당한다. 그림 2-4는 호주 재난관리 체계도이다.

호주 연방정부는 상시와 비상시 재난관리 조직을 두고 있다. 법무부 산하 재난관리본부에서 재난관리를 수행한다. 호주재난관리본부는 1974년 창설된 국가재난관리조직(NDO)을 대체하기 위해 2007년 신설되었다. 호주재난관리본부는 국가재난의 관리와 계획 및 조정, 24시간 재난상황 모니터링, 국제 지원 및 협력업무를 수행한다. 비상시 가동되는 연방정부 조직으로는 호주위기관리조정센터(Australian Government Crisis Coordination Centre, CCC)가 있다. 호주위기관리조정센터는 호주에서 재난이 발생했을 때 정부 대응을 조정해 주는 기관이며, 비상사태의 효율적인 업무처리 및 대응이 이루어지도록 한다.

지방단위 재난관리 조직 또한 상시와 비상시로 나뉜다. 지방단위 상시 재난관리 조직은 재난관리그룹이며, 주지사가 책임자이다. 재난관리그룹은 각 주정부의 주지사와 모든 장관, 주정부 군대의 사령관 등으로 구성되어 있으며, 재난대비 계획·전략·정책 등을 준비하고 주-광역-기초 재난관리그룹 간 지원 역할을 담당하고 있다. 비상시에 연방정부, 다른 주정부, 주정부 내 관련 기관 간 협력과 조정을 월활하게 하기 위해 주지사는 재난조정자(Disaster Coordinator)를 반드시 사전에 임명해야 한다. 비상시에는 주-광역-기초 재난조정센터(Disaster Coordination Centre-State/District/Local, DCC)가 가동된다. 재난조정센터는 주정부를 대표하는 부서와 호주 연방정부 소속의 기상청(Bureau of Meteorology), 국방부, 호주적십자, 호주보험의회 등의 고위직 공무원으로 구성되며, 재난상황 발생 시 상황별 단계에 따라 기초-광역-주 정부에 자원을 지원하거나 협업을 조정한다.

재난대응계획 역시 중앙과 지방에서 각각 수립한다. 연방정부의 재난대응계획은 COMDISPLAN으로, 호주의 6개 주(State)와 7개 특별지역(Territory)의 재난 주관기관을 명시하고 각 주정부 간의 자원 지원과 협력에 대한 내용 및 절차를 명시하고 있다. 또한 지방단위 재난대응계획은 '주-광역-기초 재난관리 계획 및 가이드라인(Disaster Management Plan or Guidelines- State/District/Local)'이라 하는데, 이 계획은 재난관리에 대한 전략적 정책과 재난관리 준비에 대한 역할 등이 예방, 대비, 대응, 복구의 총 4개 분야로 구성되어 있으며, 분야별 기능과 담당부서를 제시하고 있다. 각 기관의 역할과 임무는 총 17개의 긴급지원기능을 통해 구체화되는데, 대응단계를 보다 세분하여 경계(Alert), 탐색(Lean forward), 대응(Stand up), 해제(Stand down)의 4단계로 분류하여 대응하고 있는 점이 특이하다.

2000년대 들어 호주에서는 기록적인 두 번의 재난이 있었다. 2009년 2월 7일에는 빅토리아 산불이 발생하여 호주 동남부 일대의 산림에 대규모 산불피해를 입혔다. 이 대규모 산불은 400건 이상의 산불이 동시다발적으로 발생하여 더욱 큰 피해를 입혔으며, 이로 인해 173명이 사망하고 43만ha의 산림이 손실되었다(Victorian Bushfire Reconstruction and Recovery Authority, 2009). 2010년 12월 31일에는 퀸즐랜드 브리즈번 서부 일대에서 퀸즐랜드 대홍수라 불리는 대

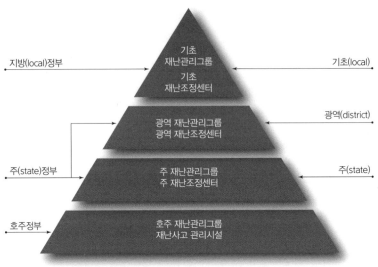

기초
재난관리그룹
기초
재난조정센터

지방(local)정부

기초(local)

광역 재난관리그룹
광역 재난조정센터

광역(district)

주 재난관리그룹
주 재난조정센터

주(state)정부

주(state)

호주 재난관리그룹
재난사고 관리시설

호주정부

그림 2-4. 호주 재난관리 체계도(Queensland Government, 2015)

홍수가 발생하였다. 이로 인해 33명이 사망하고 3명이 실종되었으며, 약 29,000
가구가 침수되는 피해를 입었다(Queensland Floods Commission of Inquiry,
2012). 이 홍수는 100년 만의 대홍수로 기록되었으며, 3주 동안 연속적으로 내
린 비 때문에 피해가 더욱 컸던 것으로 파악되었다. 호주 연방정부에서는 두 번
의 재난을 통해 얻은 교훈을 바탕으로 재난관리 시스템을 개선하는 작업을 진행
중이다.

4) 독일

독일 재난관리에서 1차적 책임은 기초 지방자치단체와 주정부에 있으며, 기
초 지방자치단체나 주정부의 역량을 초과하는 대규모 재난이 발생하였을 때 연
방정부가 개입하는 체계이다. 주정부의 대응역량을 넘어서는 재난이 발생할 경
우, 주정부에서는 인근 주정부의 경찰력과 군 병력 등을 지원받으며, 필요시 연

한국 재난의 특성과 재난관리

방정부의 경찰력, 군 병력, 기술지원단의 지원을 받게 된다.

연방정부가 개입해야 할 대규모 재난이나 비군사 분야 위기관리 상황에 대한 총괄관리는 연방 내무부가 주관한다. 2004년 5월에 내무부 산하에 설립된 시민보호 및 재난지원청(Bundesamt für Bevölkerungsschutz und Katastrophen-hilfe, BBK)에서 연방정부의 다른 부처, 주정부, 지방자치단체와의 유기적인 협력을 통해, 대규모 재난이 발생하였을 때 통합적으로 재난에 대응하고 있다. 시민보호 및 재난지원청은 미국에서 발생한 9·11테러(2001. 9. 11.)와 독일에서 발생한 엘베강 홍수(2002. 8.)를 계기로 독일에서 시민보호의 중요성이 부각되면서, 연방행정청(Bundesverwaltungsamt)을 확대 개편한 것이다.

시민보호 및 재난지원청은 통일적인 시민보호계획의 수립, 위기상황에서 시민보호를 위한 정보 제공, 핵심 사회기반시설에 대한 보호, 민방위 교육 등의 업무를 수행하고 있다. 시민보호 및 재난지원청 내에 있는 위기관리센터(Gemeinsames Melde-und Lagezentrum von Bund und Ländern, GMLZ)에서는 독일에서 발생하는 재난상황을 관리하고 신속하게 전파하는 역할을 맡고 있다. 독일 내에서 중대한 재난이 발생하면, 연방 내무부에서 위기관리본부(Krisenstab)를 비상소집한다. 위기관리본부에는 연방정부 내 관계부처, 내무부 산하기관 관계자, 주정부 연락담당관 등이 합동 근무한다. 국가적 위기상황이 되는 특수한 유형의 대규모 재난이 발생하면 내무부는 관계부처와 합동위기관리본부를 구성한다. 예를 들어, 원자력 관련 사고 또는 범죄행위가 발생하면 내무부와 환경·자연·원자력보호부(Bundesministerium für Umwelt, Natur-schutz, Bau und Reaktorsicherheit, BMUB)에서, 전염병이나 생화학 테러가 발생하면 내무부와 보건부가 합동위기관리본부를 구성한다.

독일의 지방체계는 주(Länder)정부, 시 또는 군(Kreis) 정부, 기초 지방자치단체(Gemeinde) 단계로 구성된다. 재난관리 지방조직은 주정부의 특성에 따라 다양한 형태를 보이고 있으나, 주정부 내무부에서 담당하는 경우가 많다. 또한 최근에는 테러 증가, 기후변화로 인한 자연재난의 대규모화 등을 경험하면서 위험보호국(Gefahrenabwehr)을 신설하는 주도 많이 늘어나고 있다. 표 2-11은 독일의 재난관리 체계를 요약한 것이다.

각 주정부는 독립된 재난관리 계획을 수립하여 운영하고 있다. 예를 들어, 헤센주는 재난대책계획(Hessisches Brand-und Katastrophenschutzgesetz, HBKG)이라는 명칭으로 재난대응계획을 갖추고 있는 주정부이다. 헤센주의 재난대책계획(Katastrophenschutzpläne)에는 재난발생 시 필요한 정보 및 투입수단에 대한 내용이 명시되어 있다(그림 2-5).

또한 핵 위험과 같이 매우 위험하고 특수한 형태의 재난이 발생할 경우에 대비하여 특별대책(Sonderschutzpläne)을 별도로 수립하여 운영한다.

표 2-11. 독일 재난관리 체계

	상시	비상시
중앙조직	내무부 산하 연방 시민보호 및 재난지원청(BBK)	위기관리본부 합동위기관리본부
주정부	주정부 내무부의 재난관리국	주정부 위기관리본부

§31

Katastrophenschutzpläne

Die Katastrophenschutzpläne müssen insbesondere die erforderlichen Angaben über die in einem Katastrophenfall verfügbaren Hilfskräfre, deren Alarmierung und Hilfsmittel enthalten. Sie sind mit den benachbarten Katastrophenschutz-behörden abzustimmen. Für besondere Gefahrenobjekte sind Sonderschutzpläne auszuarbeiten.

제31조(재난대책계획)

재난대책계획은 재난발생 시 경보체계, 지원인력, 투입자원 등에 관한 내용을 포함하여야 하고, 상호 응원을 위하여 인접 재난관리청과 협의하여야 한다. 특별한 위험요인이 있는 경우에는 이에 해당하는 특별대책을 수립하여야 한다.

그림 2-5. 독일 헤센주 재난대책계획(HBKG, n.d.)

5) 영국

영국은 지방자치를 중시하는 전통과 재난관리의 현장성이라는 원칙하에 상향식 재난관리 체계를 갖추고 있다. 영국 재난관리의 기본적인 법률은 2004년에 제정된 「시민긴급사태대처법(Civil Contingencies Act, CCA)」이다. 내각부가 2013년에 발표한 비상사태 대응 및 복구지침(Emergency Response and Recovery: Non statutory guidance accompanying the Civil Contingencies Act 2004)은 예측(Anticipation), 대비(Preparedness), 보완성(Subsidiarity), 방향(Direction), 정보(Information), 통합(Integration), 협력(Cooperation), 연속성(Continuity)을 주요한 재난관리 원칙으로 강조한다(Cabinet Office, 2013a).

영국은 중앙과 지방, 상시와 비상시로 나누어 재난관리 체계를 갖추고 있다(한국지방자치학회, 2008). 먼저 중앙조직에 대해 살펴보면, 평상시 재난관리 업무는 2001년에 창설된 내각부 시민안전 비상대비사무처(Civil Contingencies Secretariat, CCS)에서 담당하고 있고, 비상시에는 수상과 중앙위기관리센터(Cabinet Office Briefing Room, COBR)에서 재난대응과 관련된 주요 의사결정을 진행하며, 시민안전 비상대비위원회(Civil Contingencies Committee, CCC)에서 재난대응을 총괄 조정한다.

중앙 상시조직인 시민안전 비상대비사무처는 내각 사무처 조직 중 하나이기 때문에 총괄 책임을 내각사무처 장관이 맡아 국회에 보고하고, 실무 총괄은 비상대비실장(차관)이 담당하고 있다. 시민안전 비상대비사무처는 대테러·재해복구 업무를 포함한 비상대비 업무를 수행하며 비상사태의 위기를 파악하고 대비하는 역할을 담당한다.

중앙 비상시 조직인 중앙위기관리센터와 시민안전 비상대비위원회는 재난관리 위험단계에 따라 설치 여부와 책임자를 적절히 구분하여 대응하고 있다. 중앙위기관리센터와 시민안전 비상대비위원회는 2단계와 3단계의 비상사태에 대해서만 활성화되는데, 2단계에서는 주관부처 주무장관이 의장으로서 책임자의 역할을 수행하고, 3단계에서는 수상이 의장으로서 책임자의 역할을 수행한다.

표 2-12는 영국 재난관리 체계의 기준이 되는 재난단계를 나타낸 것으로 각 단계별로 어떠한 재난지원 체계가 구축되는지 파악할 수 있다.

재난이 발생하면 중앙위기관리센터와 시민안전 비상대비위원회는 일방적으로 지시하거나 통제하지 않고 중앙·지방 간 연락 및 지원 업무를 중점적으로 담당한다. 또한 고위 공직자들이 중앙위기관리센터에 신속하게 참여하여 상황을 보고받고, 필요사항을 결정하거나 처리한다. 그림 2-6은 중앙위기관리센터의 구성도이다.

영국 재난관리 기본법인 「시민긴급사태대처법」에서는 재난대응을 위한 기관을 그 역할에 따라 카테고리 1 대응기관과 카테고리 2 대응기관으로 분류한다. 카테고리 1 대응기관은 재난에 직접적으로 대응하는 기관들로서 경찰·소방 및 구조·보건 기관, 해상 및 해안경비 기관, 지방 당국, 환경청을 포함하고 있다. 일반적으로는 경찰기관에서 현장의 대응활동을 총괄하며 조정기능을 담당한다. 그러나 대규모 화재의 경우 소방 및 구조 기관에서 조정기능을 담당하는 등 비상사태의 성격에 따라 총괄기관은 변경될 수 있다.

카테고리 2 대응기관에는 비상사태의 대응 및 복구 작업에 일상적으로 관여하지는 않지만 대응 및 복구 작업의 지원에 중요한 역할을 담당하는 광범위한 민간 부문의 기관들이 포함된다. 카테고리 2에 포함되는 기관으로는 생활필수시설, 통신, 운송업체, 고속도로청, 보건기관, 의료 및 안전 전문가 등이 포함되어 있다.

표 2-12. 영국 재난관리 체계의 기준이 되는 재난단계

단계	단계에 따른 재난지원 체계
1단계(Significant Level)	주관부처가 중앙정부 차원의 지원과 협력을 제공
2단계(Serious Level)	국가위기대책위원회 구성, 의장은 주관부처 주무장관
3단계(Catastrophic Level)	국가위기대책위원회 구성, 의장은 수상

출처: Cabinet Office, 2013b

한국 재난의 특성과 재난관리

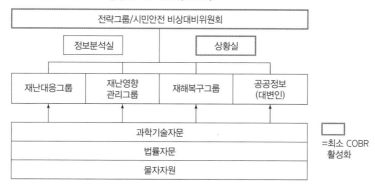

그림 2-6. 영국 중앙위기관리센터 구성도(Cabinet Office, 2013a)

지방위기회복포럼(Local Resilience Forum, LRF)은 지역 내 여러 기관의 협력을 돕고, 비상사태에 대한 대비 역량을 강화하기 위한 상설기관으로서 지방정부, 군, 언론, 기업, 시민단체 등이 참가하여 위험요인을 분석하고 위기관리계획을 수립하는 민관합동 조직이다. 지방위기회복포럼은 지역 회복력 강화를 위해 최소 6개월에 한 번씩 정기적인 회의를 가지며, 카테고리 1 대응기관은 의무적으로 참여하여야 한다. 지방위기회복포럼은 비법정 협의체이므로 참여기관들에 대한 지휘권은 없지만, 「시민긴급사태대처법」에 따라 기관 간 정보 공유와 협력 등을 수행한다. 경찰이 지방위기회복포럼의 의장 역할을 수행하며, 43개로 구분되어 있는 경찰행정구역별로 책임자를 두고 있다. 광역위기회복포럼(Regional Resilience Forum, RRF)은 지방 단위에서 다루기 힘든 대규모 비상사태에 대비한 광역계획의 수립, 중앙정부와의 협력에 대한 의무 조정 등을 담당하며, 지방위기회복포럼의 상위 협의체로서 지방 권역을 기준으로 9개의 광역위기회복포럼이 운영되고 있다.

비상사태 발생 시 다부처 간 협력을 조정하기 위해 '전략적 조정그룹(Strategic Coordinating Group, SCG)'과 '광역위기대책위원회(Regional Civil Contin-gencies Committee, RCCC)'를 비상설로 운영하고 있다. 전략적 조정그룹은 정부 부처, 군, 경찰, 소방대, 병원, 민간 지역위원회 등으로 구성되는 일종의 사고 대책본부로서 중앙정부의 관할지역에 파견된 공무원들도 지역책임자의 지휘·통제를 받는다. 광역위기대책위원회는 비상사태가 광범위한 지역에서 발생하거나 지역 당국의 관할경계에서 발생하여 여러 지역 당국 간의 조정이 필요한 경우 구성되며, 구성 및 체제는 광역위기회복포럼과 유사하다.

영국의 재난대응계획은 재난대응 조직과 마찬가지로 중앙과 지방으로 구분되어 운영되고 있다. 영국 중앙단위의 재난대응계획은 '국가비상사태대처계획(National Contingency Plan, NCP)'이 기본을 이루고 있다. 또한 빈번하게 발생하는 홍수에 대비하기 위한 '홍수대응전문구조지침(Guidance for specialist flood rescue)'도 가지고 있다. 국가비상사태대처계획은 재난유형별 초동대응, 사고대응, 책임과 보상, 중앙정부의 역할 및 책임, 국제 지원 및 협력 등에 대해 서술하고 있으며, 중앙정부 재난관리계획의 밑거름이 되고 있다. 홍수대응전문구조지침은 홍수 대비 및 대응에 대한 정부의 전략적 접근방법을 제시한다. 또한 홍수 발생 시 구조활동을 위한 자원 동원에 관한 절차를 규정하고 있으며, 공공 및 민간 구조 관계자들의 역할과 책임, 그리고 행동절차를 제시하고 홍수 발생 시 즉각적인 구조활동이 이루어지도록 하고 있다.

영국의 지방단위 재난대응은 '전략비상계획(Strategic Emergency Plan, SEP)'을 통해 이루어진다. 전략비상계획은 상세한 계획을 통해 지역대응 활동방법에 대한 방향을 제시하는 것을 목적으로 하고 있으며, 협력기관별 재난대응 전략 및 표준계획을 제공한다. 이러한 계획은 지역마다 구성된 지방위기회복포럼을 통한 관리되는데, 지방위기회복포럼은 광역위기회복포럼에서 수립된 계획을 바탕으로 지역별로 보다 구체화된 계획을 수립한다.

6) 스위스

  스위스는 주정부(canton)와 지방정부(commune)에 재난관리의 권한과 책임
이 있고, 국가 차원의 위기상황이 발생했을 때 연방정부가 개입하는 것을 원칙
으로 한다. 특히 연방정부-주정부-지방정부 간의 협력, 군의 적극적인 역할, 그
리고 민방위 체계가 잘 갖추어져 있다. 스위스 재난관리 체계를 규정하는 기본
법은 「연방민방위기본법(Bundesgesetz für den Bevölkerungsschutz und den
Zivilschutz, BZG)」이다. 중앙 단위의 상시 재난관리는 연방 국방·체육·민방위
부(Eidgenössisches Departement für Verteidigung, Bevölkerungsschutz und
Sport, VBS) 산하에 있는 연방국민보호청(Bundesamt für Bevölkerungsschutz,
BABS)에서 담당하고 있다. 연방국민보호청은 재난대응을 위한 연방정부 차원
의 조직으로서 주정부와 유관기관과의 연계시스템 구축이 목적이며, 국민(시
민)보호 및 문화재 보호가 주된 업무이다. 연방국민보호청 산하에 있는 국가비
상상황실(Nationale Alarmzentrale, NAZ)은 연중 24시간 가동되어 재난에 상
시 대비하고 있다. 2007년 설치된 국가비상상황실은 방사능, 화학물질 사고, 자
연재난에 의한 제방 붕괴를 주요 재난으로 지정하여 이에 대비하고 있으며, 재
난발생 시 상황판단을 위한 주요 시설 및 유관기관 간의 연계체계를 구축하고
있다.

  한편, 지방단위 상시 재난관리 체계는 국민보호, 체육 및 군청(Amt für Bev-
ölkerungsschutz, Sport und Militär, BSM)이 담당하고 있다. 국민보호, 체육 및
군청은 총 4개의 부서로 나뉘어 있으며, 재난관리와 관련된 부서는 시민 및 국
민보호과에 포함되어 있다. 국민보호, 체육 및 군청의 책임자는 주정부의 여건
에 따라 달라진다.

  스위스 지방단위의 시민보호는 경찰, 소방, 보건 및 구급차 서비스, 기술 기관,
민방위의 5개 협력기관과의 '통합시스템(Verbundsystem)'을 기반으로 이루어
진다. 협력기관은 일차적으로 지역 차원의 비상사태에 대해 독립적으로 대처하

지만, 장기간 여러 기관의 협력이 요구되는 심각한 위기상황에서는 위기관리대책본부가 주정부와 지방정부 수준에서 구성될 수 있다.

스위스의 재난대응계획은 연방정부에서 제공하는 가이드라인을 기준으로 주정부와 지방정부에서 지역의 실정에 맞게 작성한다. 스위스 정부에서 제공하는 가이드라인에는 재난관리와 민방위의 기본 원칙, 공간적인 계획, 기술적 대책, 조직적 대책 등에 대한 내용들이 수록되어 있다. 스위스는 '자연재해위험 국가 플랫폼(National Platform for Natural Hazards, PLANAT)'을 통해 자연재해 분야의 계획 및 예방 노력을 강화하기 위한 조치를 취해 왔다. 스위스 시민보안기관의 계획은 '위험 기반 계획'과 '통합 위험 관리'에 기반을 두고 있다(Hollenstein et al., 2004; Brüundl et al. 2009). 스위스는 위험 기반 계획을 위해 3단계 표준절차로 구성된 공통지침(RIKO)을 개발하였으며, '보호목표'에 따라 우선순위를 부여하는 온라인 도구(EconoMe)를 개발하였다. 주정부와 지방정부의 공무원들이 이와 같은 방법을 적용하도록 지원하기 위해 연방국민보호청은 학습프로그램(LemRisk), 평가 소프트웨어(RiskPlan)를 비롯하여 다양한 위험의 식별·분류 및 주 대응계획 작성 지원을 위한 'KATAPLAN' 등의 도구를 개발하여 보급하였다.

7) 한국

한국 재난관리 총괄조정 부처는 2017년 설립된 행정안전부이며, 재난관리의 근간이 되는 법령은 2004년 제정된 「재난 및 안전관리 기본법(이하 「재난안전법」이라 한다)」이다. 재난대응과 관련된 조직은 상시조직과 비상시조직으로 구분할 수 있다. 상시조직으로는 재난관리책임기관, 재난관리주관기관, 긴급구조기관, 긴급구조지원기관, 의사결정 및 자문기구가 있다.

재난관리책임기관은 소관 관리대상 업무 분야에서 재난 및 사고 발생의 예방,

대비, 대응, 복구 등 단계별 임무와 역할을 수행하는 기관으로 중앙행정기관, 지방자치단체, 지방행정기관 및 공공기관과 공공단체 등으로 대통령령에 의해 규정된다.

재난관리주관기관은 재난이나 그 밖의 각종 사고에 대해 그 유형별로 예방, 대비, 대응 및 복구 업무를 주관하며 수행하도록 대통령령으로 정하는 관계 중앙행정기관을 의미한다. 예를 들어, 학교 및 학교시설에서 발생한 재난에 대해서는 교육부, 환경오염 사고의 경우는 환경부, 사업장에서 발생한 대규모 인적 사고의 경우는 고용노동부 등에서 책임지고 대응하도록 규정되어 있다. 재난유형별로 수습 책임을 맡고 있는 재난관리주관기관은 표 2-13과 같다.

표 2-13. 한국 재난유형별 재난관리주관기관(2017. 12. 기준)

주관기관	재난 및 사고 유형
행정안전부	1. 공동구(共同溝) 재난 2. 화재·위험물 사고, 내륙에서 발생한 유도선 등의 수난 사고 3. 다중밀집시설 대형 화재 4. 풍수해(조수는 제외한다)·지진·화산·낙뢰·가뭄으로 인한 재난 및 사고로서 다른 재난관리주관기관에 속하지 아니하는 재난 및 사고 5. 해양에서 발생한 유도선 등의 수난 사고 6. 정부 주요시설 사고
국토교통부	1. 국토교통부가 관장하는 공동구 재난 2. 고속철도 사고 3. 국토교통부가 관장하는 댐 사고 4. 도로터널 사고 5. 식용수(광역상수도에 한정한다) 사고 6. 육상화물운송 사고 7. 지하철 사고 8. 항공기 사고 9. 항공운송 마비 및 항행안전시설 장애 10. 다중밀집건축물 붕괴 대형 사고로서 다른 재난관리주관기관에 속하지 아니하는 재난 및 사고
산업통상자원부	1. 가스 수급 및 누출 사고 2. 원유수급 사고 3. 원자력 안전사고(파업에 따른 가동중단을 포함한다) 4. 전력 사고 5. 전력생산용 댐의 사고

주관기관	재난 및 사고 유형
환경부	1. 수질 분야 대규모 환경오염 사고 2. 식용수(지방 상수도를 포함한다) 사고 3. 유해화학물질 유출 사고 4. 조류(藻類) 대발생(녹조에 한정한다) 5. 황사
해양수산부	1. 조류 대발생(적조에 한정한다) 2. 조수(潮水) 3. 해양 분야 환경오염 사고 4. 해양 선박 사고
과학기술정보통신부	1. 우주전파 재난 2. 정보통신 사고 3. 위성항법장치(GPS) 전파혼신
농림축산식품부	1. 가축질병 2. 저수지 사고
보건복지부	1. 감염병 재난 2. 보건의료 사고
산림청	1. 산불 2. 산사태
원자력안전위원회	1. 원자력 안전사고 2. 인접국가 방사능 누출 사고
문화재청	문화재시설 사고
교육부	학교 및 학교시설에서 발생한 사고
금융위원회	금융 전산 및 시설 사고
법무부	교정시설에서 발생한 사고
문화체육관광부	경기장 및 공연장에서 발생한 사고
외교부	해외에서 발생한 재난
고용노동부	사업장에서 발생한 대규모 인적 사고
국방부	국방시설에서 발생한 사고

출처: 재난 및 안전관리 기본법 시행령

긴급구조기관은 재난이 발생할 우려가 현저하거나 재난이 발생하였을 때 국민의 생명·신체 및 재산을 보호하기 위해 인명구조, 응급처치, 그 밖에 필요한

한국 재난의 특성과 재난관리

모든 긴급한 조치활동을 수행하는 기관으로서 소방청, 소방본부 및 소방서, 해양경찰청, 지방해양경비안전본부 및 해양경비안전서 등이 포함된다.

긴급구조지원기관은 긴급구조에 필요한 인력·시설 및 장비, 운영체계 등 긴급구조능력을 보유한 기관이나 단체를 의미한다.

의사결정 및 자문기구로 중앙에는 국무총리가 위원장인 중앙안전관리위원회, 행정안전부 장관이 위원장인 안전정책조정위원회, 과학기술정보통신부 장관이 임명하는 사람이 위원장인 중앙재난방송협의회, 행정안전부 재난안전본부장과 민간대표가 위원장인 중앙민관협력위원회 등이 있으며, 지방에는 시도 지사가 위원장인 시도안전관리위원회와 지방자치단체 조례로서 위원장을 정하는 시도재난방송협의회 등이 있다.

비상대응기구로는 국무총리 또는 행정안전부 장관이 본부장인 중앙재난안전대책본부와 재난관리주관기관의 장이 본부장인 중앙사고수습본부, 소방청장이 단장인 중앙긴급구조통제단이 있다. 시도에는 시도 지사가 본부장인 시도재난안전대책본부와 소방본부장이 단장인 시도긴급구조통제단이 있다. 시군구에는 시장·군수·구청장이 본부장인 시군구재난안전대책본부와 소방서장이 단장인 시군구긴급구조통제단이 있다. 재난이 발생하거나 발생할 우려가 있는 경우 비상대응기구는 소관 분야 매뉴얼에 따라 재난대응 역할을 수행하게 된다. 특히 대규모 재난이 발생한 경우 행정안전부 장관은 중앙재난안전대책본부를 가동하고, 범정부의 재난대응 활동을 총괄·조정하게 된다. 해외재난과 방사능 재난은 예외적으로 외교부 장관과 원자력안전위원회 위원장이 각각 중앙재난안전대책본부장의 권한을 행사하게 된다. 범정부적 통합대응이 필요한 경우에는 국무총리가 중앙재난안전대책본부장을 맡게 되고, 이 경우 행정안전부 장관, 외교부 장관, 원자력안전위원회 위원장이 소관 분야 재난의 중앙재난안전대책본부 차장을 맡게 된다. 시도 지사 및 시장·군수·구청장은 관할 지역에서 재난이 발생하면 시도·시군구 재난안전대책본부를 설치하고 재난대응 및 복구를 총괄조정한다. 「재난안전법」 제15조2 및 시행령 별표3의 규정에 따라 재난관리주관기관의 장은 재난이 발생하거나 발생할 우려가 있는 경우에는 중앙사고수습본부(수습본부)를 설치·운영하고, 수습본부의 장은 해당 주관기관의 장이 된다. 또한 해당 지역에는 지역사고수습본부를 설치한다.

재난대응계획은 위기관리 표준매뉴얼, 위기대응 실무매뉴얼, 현장조치 행동매뉴얼로 구성된다. 위기관리 표준매뉴얼은 국가적 차원에서 관리가 필요한 재난에 대한 재난관리 체계와 관계기관의 임무 및 역할을 규정하고 있고, 위기대응 실무매뉴얼은 표준매뉴얼에서 규정한 기능과 역할에 따라 실제 재난대응에 필요한 조치사항 및 절차를 규정한다. 그리고 현장조치 행동매뉴얼은 재난현장에서 임무를 직접 수행하는 기관의 행동조치 절차를 구체적으로 규정한다. 위기관리 표준매뉴얼과 위기대응 실무매뉴얼은 재난관리주관기관의 장이 작성하는 것이 원칙이지만, 다수의 재난관리주관기관이 관련되는 재난에 대해서는 협의를 통해 행정안전부 장관이 표준매뉴얼을 작성할 수 있도록 규정하고 있다. 현장조치 행동매뉴얼의 경우 재난관리주관기관의 장이 지정한 현장대응을 담당하는 기관의 장이 작성하며, 시장·군수·구청장은 다수의 재난에 대한 유형별 현장조치 행동매뉴얼을 통합하여 작성할 수 있다. 2017년 12월 기준으로 33종의 위기관리 표준매뉴얼, 329종의 위기대응 실무매뉴얼, 6,844종의 현장조치 행동매뉴얼이 작성되어 활용되고 있다.

「재난안전법」 제34조의 4에 재난관리책임기관의 장은 재난관리가 효율적으로 이루어질 수 있도록 재난대응계획을 작성하여 활용하도록 규정되어 있다. 기능별 재난대응 활동계획에는 재난상황 관리, 긴급 생활안정 지원 등이 있으며, 표 2-14에 정리되어 있다. 미국 국가재난대응체계(NRF)의 긴급지원기능(ESF)과 유사하다.

이상을 종합해 보면, 한국에서 재난을 총괄 조정하는 행정부처는 행정안전부이고, 각 부처별로 소관 분야 재난이 발생할 경우 책임 대응한다. 그리고 시도 및 시군구는 관할구역에 발생하는 재난에 대해 책임 대응한다. 긴급구조를 담당하는 기구는 육상은 소방청 및 시도 소방본부와 소방서이고, 해상은 해양경찰청

한국 재난의 특성과 재난관리

표 2-14. 기능별 재난대응 활동계획

기능	주요 내용
① 재난상황 관리	다수기관 재난관리 활동 총괄·조정
② 긴급 생활안정 지원	재난발생 지역 이재민 구호, 세제·금융지원 등 생활안정 지원
③ 긴급통신 지원	재난현장 구조·수습기관 간 정보통신체계 운영
④ 시설 응급복구	피해시설 응급복구
⑤ 에너지 기능 복구	가스·전기·유류 등 에너지 공급시설 기능회복 지원
⑥ 재난자원 지원	재난대응을 위한 재난자원 지원 총괄·조정
⑦ 교통대책	재난발생 지역 교통소통대책
⑧ 의료 및 방역 서비스	재난대응을 위한 공중보건 및 전염병 방역 서비스 지원 등
⑨ 재난현장 환경정비	재난현장 쓰레기·환경오염물질 처리 등
⑩ 자원봉사 관리	자원봉사자 동원 및 배정, 기술인력 지원 등
⑪ 사회질서 유지	교통 통제, 현장 통제, 피해지역 치안 유지 등
⑫ 수색, 구조, 구급	인명구조, 응급처치, 응급운송, 사망·실종자 수색 등
⑬ 재난수습 홍보	재난관련 언론·대국민 홍보 등 재난공보체계 운영

이다. 비상대응기구에는 중앙재난안전대책본부, 중앙사고수습본부, 시도/시군구 재난안전대책본부, 지역사고수습본부, 긴급구조통제단 등이 있다.

한국의 재난대응계획은 각 재난유형별로 작성되는 위기관리 표준매뉴얼, 위기대응 실무매뉴얼, 현장조치 행동매뉴얼에 재난대응 기관들의 역할과 임무, 구체적 행동절차, 기관 간 협업기능이 규정되어 있다. 그리고 기능별 재난대응 활동계획에 따라 재난대응 활동이 이루어진다.

표 2-15는 앞서 살펴본 6개 선진국과 한국의 재난관리 체계 및 재난 관련 법령을 정리한 것이다.

표 2-15. 7개국 재난관리 체계 및 법령 비교표

분류	재난대응조직				재난 관련 법률
	중앙정부		지방정부		
	평시	비상시	평시	비상시	
미국	국토안보부 (DHS) 연방재난관리청(FEMA)	합동현장사무소 (JFO)	주정부 재난관리국 지방정부 재난관리과	비상운영센터 (EOC)	스태퍼드 재난구호 및 긴급지원법
일본	내각부 총무성 소방청 (심의기구) 중앙방재회의	비상재해대책본부 긴급재해대책본부	총무·기획부(국) 총무과의 방재담당 부서 지방방재회의	지방재해대책본부	재해대책기본법
영국	내각사무처 시민안전 비상대비사무처 (CCS)	중앙위기관리센터 (COBR)/시민안전 비상대비위원회(CCC)	지방위기회복포럼 (RRF)	지방위기대책위원회(RCCC) 전략적조정그룹(SCG)	시민긴급사태대처법 (CCA)
호주	호주재난관리본부(EMA)	호주위기관리조정센터 (CCC)	재난관리그룹 (DMG)	재난조정센터 (DCC)	재난관리법
독일	시민보호 및 재난지원청 (BBK) 위기관리센터 (GMLZ)	위기관리본부(Krisenstab)	주정부 내무부의 재난관리국	위험보호국 (Gefahren-abwehr)	연방시민 보호 및 재난지원법 (ZSKG)
스위스	스위스 연방 국민보호청 (BABS) 국가경보센터 (NAZ)	국가경보센터(NAZ)	국민보호, 체육 및 군청(BSM)	없음	연방 국민 보호 및 시민보호법 (BZG)
한국	행정안전부 (심의기구) 중앙안전관리위원회	중앙재난안전대책본부 중앙사고수습본부	시도 재난안전실 시군구 재난안전과 시도/시군구 안전관리위원회	시도/시군구 재난안전대책본부	재난 및 안전관리 기본법 자연재해대책법 등

한국 재난의 특성과 재난관리

4. 재난대응 제도 발전을 위한 시사점

현대사회는 새로운 기술의 발명과 더불어 복잡한 시스템이 지속적으로 구축되고 있다. 이와 함께, 새로운 기술의 적용에 따른 새로운 위험요소들이 계속해서 생겨나고 있으며, 예측이 어려운 불확실성이 증가하고 있다. 또한 정보통신기술의 발달로 인해 상호의존성이 증가하여 위험요소가 전파되거나 연쇄성이 증가하는 등 그 종류와 범위가 확대되었다(오윤경, 2013).

재난과 관련한 현대사회의 특징은 기후변화 등 자연환경의 변화, 고령화·도시화·양극화 등 사회·경제적 환경의 변화, IT의 발달, SNS, 빅데이터 등 기술적 환경의 변화, 세계 각 나라의 네트워크화 등 국제적 환경의 변화, 창발현상(emergence), 자기조직화(self-organization), 적응(adaptation)의 성격을 보이는 복잡계의 등장 등이다.

이러한 환경의 변화로 인해 현대사회는 자연재난과 인적 재난이 함께 발생하는 복합재난의 증가, 미세한 기술적 결함만으로도 대형 사고가 발생할 수 있는 정상사고의 증가, 에볼라·메르스와 같은 신종 감염병으로 대표되는 신종 재난의 증가 등 이전 시대보다 훨씬 어려운 재난안전 환경에 직면하고 있다.

많은 선진국들은 이처럼 다양화되고 복잡해진 재난에 대응하기 위한 시스템을 구축해 나가고 있다. 이를 정리하면 다음과 같다.

첫째, 많은 국가들이 자연재난과 사회재난을 모두 고려하는 통합된 조직을 지향하고 있다. 미국은 연방재난관리청 설립을 통해 통합적 재난관리 체계 구축을 시도해 왔으며, 9·11테러를 계기로 국토안보부를 신설하여 재난과 테러를 통합관리하고 있다. 이러한 물리적 통합의 실효성을 거두기 위해 허리케인 카트리나의 교훈을 바탕으로 국가재난 대비 목표를 설정하고 연방정부의 모든 부처, 주정부와 지방정부, 민간 분야에 이르기까지 종합적인 역량강화를 시도하고 있다. 일본과 영국은 총리 직속으로 재난관리와 위기관리를 총괄하는 조직을 두고 있다. 영국의 시민안전 비상대비사무처와 일본의 내각관방대신 모두 규모는 작지만 정책의 총괄조정 권한이 매우 높은 것이 특징이다. 위만(Wyman, 2009)이 제안한 재난관리 부처 개편의 유형으로 본다면, 미국의 경우는 첫 번째 유형인 '거대부처'에 해당하고, 일본과 영국은 두 번째 유형인 '행정부 수반 직속기관 설치'에 해당한다. 재난대응계획 역시 모든 위험관리(Waugh, 2000)를 지향하면서 재난을 통합관리하는 방향으로 수립하되, 중앙정부와 지방정부의 상호연결성을 강조한다.

둘째, 일반 시민과 민간단체의 적극적인 참여를 권장하고 있다. 미국은 재난관리에서 정부, 국민, 지방자치단체 및 다양한 민간단체들이 종합적으로 참여하는 재난관리 체계를 구축하였다. 호주와 영국의 경우, 재난이 발생했을 때 시민단체의 역할, 다양한 활동에 대한 권한 등을 포함한 표준행동절차를 마련하였다. 또한 재난이 발생하지 않았을 때도 '직무카드제' 등을 활용하여 재난발생에 대비하고 있다. 일본의 경우, 전 국민이 재난대응에 관한 훈련과 재난대비 교육 등을 받도록 재난관리 체계와 계획을 통해 체계적으로 관리하고 있다.

셋째, 중앙과 지방의 연계성 강화, 각 주체들의 책임성 강화에 중점을 두고 있다. 미국, 일본, 호주, 독일 등 많은 국가들이 지방정부에 권한과 책임을 주고, 국가 차원의 위기상황 발생 시 중앙정부가 개입하는 체계를 갖추고 있다. 또한 중앙과 지방 계획 간의 연계성 강화에 중점을 두었다. 미국은 중앙의 재난대응계획인 국가재난대응 프레임워크와 국가사고관리체계가 지역별 재난대응계획과 서로 연결되도록 하고 있다. 호주의 경우, 법무부에서 국가 안전, 위기관리 자연재해 구호 체계를 유지하고 발전시키기 위해 전략적인 목표들을 설정해 두고 있으며, 이를 통해 종합적인 재난관리가 이루어진다.

선진국의 재난대응 조직과 법률 분석이 주는 중요한 시사점은 대부분의 선진국들이 기존의 하향식, 분산형, 위험요인 중심의 재난관리에서 상향식, 통합형, 인간 중심의 재난관리로 발전해 나가고 있다는 것이다. 또한 멱함수의 꼬리 부분에 위치하는 '저빈도-고위험' 재난들에 대해 특별한 주의를 기울이면서 사회 전체의 리질리언스를 높이기 위해 노력하고 있다는 점도 눈여겨볼 만하다.

참고문헌

김영규·임송태, 1995, "효율적인 재해구조계획 수립요건에 관한 연구: 삼풍백화점붕괴사고를 중심으로", 『지방행정연구』 10(3), pp.3087-3119.

김용균·장효선·최윤조·손홍규, 2015, "최적 재난대응을 위한 재난유형 구분", 『한국방재학회논문집』 15(6), pp.179-188.

박동균·조기웅, 2013, "미국 재난관리에 있어 군의 역할 및 한국적 함의", 『한국위기관리논집』 9(7), pp.35-55.

박재묵, 2011, 우리나라 위험관리시스템 구축의 과제: 원자력발전과 해상유류수송을 중심으로, 한국형사정책연구원 제3회 초청강연회 발표자료.

오윤경, 2013, 『Natech 재난관리방안 연구』, 한국행정연구원.

이연, 2003, 『위기관리와 커뮤니케이션』, 학문사.

이장국, 2007, "안전에 대한 용어적 및 어원적 연구", 『한국안전학회지』 22(2), pp.28-35.

이재열, 2005, 『한국사회의 위험구조 변화』, 정보통신정책연구원.

이재열·홍찬숙·이현정·강원택·박종희·신혜란, 2017, 『세월호가 묻고 사회과학이 답하다』, 도서출판 오름.

이재준·심재현·김지태·오금호, 2016, 『방재학개론』, 동화기술.

이재호, 2011, "태국 대홍수의 피해 현황과 한국 기업에 대한 시사점", 『지역경제포커스』 5(45), pp.1-10.

이종수·윤영진·곽채기·이재원 외, 2014, 『새 행정학 2.0』, 대영문화사.

이종열·박광국·조경호·김옥일, 2004, "국가위기관리 통합적 체계구축에 관한 연구", 『한국사회와 행정연구』 15(2), pp.347-367.

일본 내각부, 2017, 평성29년판 방재백서.

일본 내각부 홈페이지, 2017, www.cao.go.jp

정지범, 2009, 『위기관리의 협력적 거버넌스 구축』, 법문사.

조석현, 2015, 『재난관리론』, 박문각.

한국지방자치학회, 2008, 『주요 선진국의 재난 및 안전관리체계 비교연구』.

행정안전부, 2017, 위기관리 표준매뉴얼.

Alexander, D., 2006, Symbolic and Practical Interpretations of the Hurricane Katrina Disaster in New Orleans, SSRC.

Anna K. S., Katherine E., and Brower, D. J., 2006, *Hazard mitigation and preparedness*,

Wiley.

BABS, 2013, Leitfaden KATAPLAN: Kantonale Gefährdungsanalyse und Vorsorge.

BfU and BABS, 2017, Pragmatisches Risikomanagement mit RiskPlan online.

Beck, U., 1986, Risikogesellchaft: Auf dem weg in eine andere moderne, Frankfurt am Main: Suhrkamp.

Beck, U., 1999, *World risk society*, Cambridge UK Polity.

Bründl, M., Romang, H.E. Bischof, N., and Rheinberger, C.M., 2009, The risk concept and its application in natural hazard risk management in Switzerland, *Natural Hazards and Earth System Sciences*, 9 (3), pp.801-813.

Cabinet Office, 2013a, Emergency Response and Recovery: Non statutory guidance accompanying the Civil Contingencies Act 2004.

Cabinet Office, 2013b, Responding to Emergencies the Uk Central Government Response Concept of Operations.

CRED, 2008, Disaster Data: A Balanced Perspective, CRED CRUNCH, Issue No.13.

CRED and Munich RE, 2009, Disaster category classification and peril terminology for operational purposes, working paper

McLoughlin, D., 1985, A framework for integrated emergency management, *Public Administration Review*, 45(Special Issue, Jan.), pp.165-172.

DHS, 2008, National incident management system.

DHS, 2013, Threat and Hazard Identification and Risk Assessment Guide: Comprehensive Preparedness Guide(CGP) 201.

Dombrowsky, W. R., 1998, Again and again: Is a disaster what we call a "Disaster?", In: Quarantelli, E. L., ed. What Is A Disaster? Perspectives on the Question, London and NY: Routledge, pp.19-30.

Drabek, T. E. and McEntire, D. A., 2003, Emergent phenomena and the sociology of disaster: Lessons, trends, and opportunities from the research literature, *Disaster Prevention and Management*, 12(2), pp.97-112.

Emergency Management, 2007, Principles of Emergency Management Supplement.

Emergency Management Australia(EMA), 2004, Emergency management in Australia: concepts and principles.

Etkin, D., 2015, *Disaster theory: An interdisciplinary approach to concepts and causes*, Butterworth-Heinemann.

FEMA, 2013, Robert T. Stafford Disaster Relief and Emergency Assistance Act, as amended, and Related Authorities.

FEMA, 2016, National Response Framework: Third Edition.

Fritz, C. E., 1961, *Disaster and community theory*, Washington, DC: National Research Council, National Academy of Science.

Gruening, G., 2001, Origin and theoretical basis of new public management, *International Public Management Journal*, 4, pp.1-25.

Haddow, G., Bullock, J., and Coppola, D., 2014, *Introduction to emergency management*, fifth edition, Butterworth-Heinemann.

HBKG(n.d.). Hessisches Gesetz über den Brandschutz, die Allgemeine Hilfe und den Katastrophenschutz, Available at: http://www.rv.hessenrecht.hessen.de/lexsoft/ default/hessenrecht_rv.html?doc.hl=1&doc.id=jlr-Brand_KatSchGHE2014rahm en&documentnumber=13&numberofresults=219&showdoccase=1&doc.part=X &paramfromHL=true#default:0, [Accessed 06 Jan. 2016].

Heinrich, H. W., 1950, *Industrial accident prevention: A scientific approach*, McGraw-Hill, New York.

Hollenstein, K., Merz, H., and Bahler, F., 2004, Methoden des risikobasierten Planens und Handelns bei Naturgefahrenabwehr. Zurich: Swiss Federal Institute of Technology? Forest Engineering.

Hollnagel, E., 2004, *Barriers and accident prevention*. Aldershot, UK: Ashgate.

Hollnagel, E., 2012, *FRAM: the Functional Resonance Analysis Method: Modelling Complex Socio-technical Systems*. Ashgate, Farnham.

Kee, D., Jun, G., Waterson, P., Haslam, R., 2017 A systemic analysis of South Korea Sewol ferry accident e Striking a balance between learning and accountability, *Applied Ergonomics*, 59, pp.504-516.

Kim, T., Nazir, S., Øvergård, K., 2015, A STAMP-based causal analysis of the Korean Sewol ferry accident, *Safety Science*, 83, pp.93-101.

Leveson, N., 2004,. A new accident model for engineering safer systems, *Safety Science*, 42, pp.237-270.

Ministry of Security and Public Administration, 2008, Research on disaster response manual and operation guidebook.

Moynihan, D. P., 2009, The Network Governance of Crisis Response: Case Studies of Incident Command System, *Journal of Public Administration Research and Theory*, 19(4), pp.895-915.

Munich RE, 2011, NatCatSERVICE: Natural catastrophe know-how for risk management and research.

NIBS, 2005, Natural hazard mitigation saves: an independent study to assess the future savings from mitigation activities.

Pelling, M., 2003, *Natural disaster and development in a globalizing world*, Routledge.

Petak, W. J., 1985, Emergency management: A challenge for public administration, *Public Administration Review(special issue)*, 45, pp.3.

Perrow, C., 1984, *Normal accidents: Living with high risk technologies*, Princeton University Press, Princeton, NJ.

Perrow, C., 1999, Organizing to Reduce the Vulnerabilities of Complexity, *Journal of Contingencies and Crisis Management*, 7(3), pp.150-155.

Quarantelli, E. L., 1985, What is a disaster? The need for clarification in definition and conceptualization in research, in S. Solomon(ed.), Disaster and Mental Health: Selected Contemporary Perspectives, Washington DC: U.S. Government Printing Office, pp.41-73.

Quarantelli, E. L., 1993, Technological and Natural Disasters and Ecological Problems: Similarities and Differences in Planning for and Managing Them. Paper Presented at the Colloquium on Challenges of Technological and Ecological Disasters, May 11, Mexico City, Mexico.

Quarantelli, E. L., 1998, *What is a disaster? Perspectives on the questions*, Routledge.

Queensland Floods Commission of Inquiry, 2012, Queensland Floods Commission of Inquiry - Final Report.

Queensland Government, 2015, Queensland disaster management arrangements, Available at: http://www.disaster.qld.gov.au/About_Disaster_Management/DM_arrangments.html, [Accessed 06 Jan. 2016].

Rasmussen, J., 1997. Risk management in a dynamic society: a modelling problem. *Safety Science*, 27, pp.183-213.

Rasmussen, J., Svedung, I., 2000. *Proactive Risk Management in a Dynamic Society*. Swedish Rescue Services Agency, Karlstad.

Rosenbloom, D. and Goldman, D., 1998, *Public administration: Understanding management, politics, and law in the public sector*, 4th ed. New York: McGraw-Hill.

Svedung, I. and Rasmussen, J., 2002, Graphic representation of accident scenarios: Mapping system structure and the causation of accidents, *Safety Science*, 40(5), pp.397-417.

UNDP, 2004, Reduced Disaster Risk: A Challenge for Development. A Global Report.

UNISDR, 2013, Towards the Post-2015 framework for disaster risk reduction a prospective retrospective: Considerations on, and lessons learned from, the international frameworks for disaster risk reduction.

UNISDR, 2016, Report of the open-ended intergovernmental expert working group on indicators and terminology relating to disaster risk reduction.

Victorian Bushfire Reconstruction and Recovery Authority, 2009, VictorianBushfire Reconstructionand RecoveryAuthority100 Day Report.

Waterson, P., Jenkins, D., Salmon, P., Underwood, P., 2017, Remixing Rasmussen: The evolution of Accimaps within systemic accident analysis, *Applied Ergonomics*, 59, Part B, pp.483-503.

Waugh, W. L., 2000, *Living with Hazards, Dealing with Disasters: An Introduction to Emergency Management*, Routledge.

Waugh, W. L. and Streib, G., 2006, Collaboration and leadership for effective emergency management, *Public Admin Rev.*, 66, pp.131-140.

Webster's Online Dictionary, 2015, Available at: http://www.websters-online-dictionary. org/, [Accessed 25 Apr. 2016].

Wyman, O., 2009, OECD Studies in Risk Management: Innovation in country risk management, OECD, Paris.

제3장

한국 재난의 역함수적 특성과
사회적 충격사건: 1948~2015년

요약문 대한민국은 1948년 정부 수립 이후 대형 태풍·홍수 등 자연재난과 산업재난, 건축물 붕괴, 전염병 등 다양한 사회재난을 겪었다. 한국 정부와 국민들은 이러한 재난에 좌절하지 않고 이를 극복해 나가면서 재난관리 체계를 발전시켜 왔고, 이러한 과정을 잘 기록하였다. 이 장에서는 재난으로 인한 피해와 발생빈도에 관한 통계 분석을 통해 한국 재난의 멱함수적 특성을 분석한다. 재난발생 자체에 대해서는 삼국시대부터 거의 2,000년간의 기록이 남아 있지만, 재난발생 빈도와 피해 규모의 관계가 멱함수 법칙을 따르는지 확인하기 위한 분석에서는 정량화된 기록이 남아 있는 1948년부터 2015년 사이에 발생한 재난에 집중한다.

멱함수의 긴 꼬리 부분에 위치한 사건은 재난대응 제도의 발전을 유발할 가능성이 높은 '잠재적 충격사건(Potential Focusing Event)'이다. '잠재적 충격사건'이 대중의 관심, 정치권의 의지 등과 결합하여 재난대응 정책의 변화를 가져오게 될 '사회적 충격사건(Focusing Event)'이라고 명명할 수 있다. 사회적 충격사건이 발생하면 일반 시민, 정부, 언론 등 사회 각 분야에서 많은 관심이 갑작스럽게 발생하고, 그동안 관행으로 여겨져 왔던 잘못된 행태에 대한 반성과 함께 개선대책이 만들어진다. 사회적 충격사건은 빈번하게 발생하지는 않지만 일단 발생하면 큰 변화를 유발하는데, 삼풍백화점 붕괴, 태풍 루사·매미, 대구 지하철 화재, 세월호 사고 등이 이에 해당한다고 볼 수 있다. 사회적 충격사건은 엄청난 인명과 재산 피해를 발생시킨다는 점에서 매우 불행한 일이지만, 이를 통해 재난대응 제도가 발전할 수 있는 계기가 되기도 한다.

핵심 용어 한국의 대규모 재난, 멱함수 분포, 통계 분석, 사회적 충격사건, 잠재적 충격사건, 버클랜드, 킹던, 정책변화

1.
한국의 주요 재난

이 절에서는 1948년 대한민국 정부 수립 이후부터 메르스가 발생했던 2015년까지 우리나라에서 일어난 주요 재난을 다룬다. 분석대상은 태풍·붕괴 등 인명·재산 피해가 많아 사회적으로 이슈가 되었던 재난을 중심으로 하며, 가뭄·황사와 같이 피해를 집계하기 어려운 재난은 분석대상에서 제외한다.

연구에 사용된 데이터의 대부분은 한국 정부에서 발간한 『재해연보(the Yearbook of Natural Disaster, YND)』(1979~2015), 『재난연감(the Yearbook of Social Disaster, YSD)』(1995~2015), 『재난관리 60년사』(소방방재청, 2009)의 자료를 사용한다.

(1) 낙동강 유역 집중호우(1957)

1957년 8월 21일, 제주에서 남해안으로 북상한 태풍으로 인해 낙동강 일대가 크게 범람하였다. 집중호우는 40일간 계속되었고, 이로 인해 낙동강이 23년 만에 범람하여 247명이 사망하고, 6만여 명의 이재민이 발생했으며, 총 542억 원

그림 3-1. 집중호우로 집을 잃은 이재민(1957. 8. 6.)

그림 3-2. 태풍이 휩쓸고 간 지역의 이재민들(1957. 8. 6.)

의 재산피해가 발생하였다(소방방재청, 2009; 문화체육관광부, n.d.).

(2) 태풍 그레이스(1958)

1958년 8월 29일 오전 9시경 미국 괌섬 남쪽 약 350km 해상에서 발생한 태풍 그레이스는 최대 중심기압이 905hPa이었으며, 순간 최대풍속은 85m/s에 이르렀다. 9월 4~6일 제주를 거쳐 동해로 통과하면서 이재민 13,477명, 263억 원의 재산피해를 발생시켰으며, 특히 영남과 호남 지방에 많은 피해를 입혔다(소방방재청, 2009).

(3) 태풍 사라(1959)

태풍 '사라'는 1959년 9월 11일 사이판 부근에서 약한 열대성 저기압(Tropical Depression, TD)으로 발생하여, 13일 중심기압 965hpa의 태풍으로 발달하였다. 9월 15일 제주도로 북상, 17일 오전 9시경 여수 남쪽 약 120km 해상까지 접근 후 북동진하여 충무에 상륙하였다. 이후 포항을 거쳐 울릉도 남쪽 해상으로 북동진하였고, 18일 동해 중심부를 지나 홋카이도 북단을 거쳐 오호츠크해로 진행하였다. 태풍 사라로 인해 15~18일까지 제주도와 영동·남부 지방에 사망자 750명, 부상자 2,533명의 인명피해가 발생하였고, 선박 9,329척, 주택 12,366동, 그 밖에 도로, 교량 등이 파손되었으며, 농경지 216,325ha가 유실 또는 매몰되는 등 총 662억 원의 재산피해가 발생하였다(소방방재청, 2009).

(4) 전북 남원, 경북 영주 일대 수해(1961)

1961년 7월 11일 새벽 4시부터 4시간 동안 영주군 일대에 215mm의 집중호우가 내렸다. 오전 5시를 전후하여 영주 서천 제방이 무너져 내리면서 영주 시가지 2/3가 침수되어 많은 피해가 발생하였다. 그리고 같은 날 저녁 8시 전북 남원에서도 전국적으로 계속되었던 장마에 18만 톤 규모의 효기저수지 제방이 붕괴되는 사고가 발생하였다. 전북 남원과 경북 영주 일대의 수해로 총 252명의 인명피해와 약 174억 원의 재산피해가 발생하였다(소방방재청, 2009).

(5) 순천 수해(1962)

1962년 8월 27일 오후 5시경부터 내리기 시작한 폭우는 28일 새벽 1시를 전
후하여 195mm가 내렸고, 그 결과 순천 북방 6km 지점인 서면 사전저수지 등
의 둑이 터지는 사고가 발생하였다. 둑 붕괴로 인해 홍수가 삽시간에 순천시 동
외동 일대를 휩쓸고 시가지로 밀려들어 순천시내 3분의 2가 물에 잠겼다. 이로
인해 242명의 사망자와 48명의 실종자가 발생하였으며, 16,297명의 이재민이
발생하였다(소방방재청, 2009). 그리고 약 1억 6000만 원의 재산피해가 발생하
였다(동아일보, 1962).

그림 3-3. 홍수로 인한 순천지역 피해 전경(1962. 8. 28.)

(6) 태풍 셜리(1963)

1963년 6월 13일 오후 3시경 필리핀 동쪽 동경 131° 부근 해상에서 태풍 셜

한국 재난의 특성과 재난관리

리가 발생하였다. 태풍 셜리는 평년보다 강하게 발달하였던 북태평양 고기압의 가장자리를 따라 한반도를 향해 빠르게 북상하였으며, 가장 낮은 중심기압은 935hPa이었고 순간 최대풍속은 70m/s이었다. 태풍 셜리로 인해 6월 19~22일 동안 경상도, 전라도, 부산시 일대에서 사망·실종 100명, 이재민 38,587명과 23억 원의 재산피해가 발생하였다(경향신문, 1963).

(7) 1964년 9월 중부지방 집중호우(1964)

1964년 8월 2일 제주도를 거쳐 남해안과 전남 서남부를 통과한 태풍 제11호 헬렌(HELEN), 8월 8일 청주를 중심으로 발생한 충북지방 집중폭우, 8월 11~12일 북한강 상류 일대를 중심으로 발생한 강원·경기 지방 폭우, 9월 13일에 내린 서울·경기·강원 지방의 이례적인 집중호우 등이 계속적으로 발생하였다. 특히 9월 13~14일 서울에 강풍을 동반한 시간당 116mm의 호우가 내려 사망·실종 420명, 부상 260명, 이재민 28,219명의 피해가 발생하였다(동아일보, 1964).

(8) 1965년 1월 폭풍설(1965)

1965년 1월 11~12일에는 휘몰아친 한파와 폭풍으로 전국 해상에서 선박 52척이 침몰되거나 유실되었고, 어부 1명이 사망하고 28명이 실종되었다. 1965년 1월 14일을 기준으로 33척의 선박, 215명의 선원이 귀환하지 못하였다가, 같은 해 1월 18일 일본 해상보안청 소속 순시선들이 동해 해상에서 폭풍으로 파손되어 표류 중인 우리나라 어선 14척에서 112명의 어부를 구출하였다(동아일보, 1965; 경향신문, 1965).

(9) 1965년 7월 중부지방 집중호우(1965)

1965년 7월 16일부터 20일까지 우리나라 중부와 남부 전 지역에 집중호우가 발생하였다. 7월 상순 북한까지 북상하였던 강우전선이 14일부터 남하하기 시작해서 16일에는 우리나라 중부지방에 머물면서 집중호우가 내렸다. 북한강 유역에는 600mm 내외, 그 외 지방에는 100~200mm의 집중호우가 계속되었고, 그 결과 한강 연안 일대에는 1925년 이래 최대 홍수가 발생하였다. 낙동강, 금강 하류, 섬진강이 범람하여 292명의 인명피해와 함께 22만 명의 이재민이 발생하였고, 총 109억 원의 재산피해가 발생하였다(소방방재청, 2009).

(10) 1969년 7월 호우(1969)

1969년 7월 12~25일에는 중부 및 호남 지방에 집중호우가 내려 금강, 섬진 강, 동진강 등이 범람하였다. 같은 해 7월 30일부터 8월 10일까지 중부 및 충청 지방에 호우가 내렸다. 특히 장촌에 일 최대강우량 235mm의 폭우가 내려 한 강에 대홍수가 발생하였다. 1969년 7월 한 달 동안 집중호우로 인해 사망·실종 215명, 이재민 12,089명, 6억 원의 재산피해가 발생하였다(소방방재청, 2009).

(11) 1969년 9월 남부지방 집중호우(1969)

1969년 9월 14~16일에는 여수·부산·울산 지방에 일 최대강우량 177.0~ 315.8mm의 호우가 내려 측후소 창설 이래 최고값을 기록하였다. 특히 엄청난 강우량 분포를 보인 영남과 호남 지방 곳곳에서는 제방과 둑이 무너져 농경지 가 침수되고 교통이 두절되는 등 막대한 피해가 발생하였고, 해일과 산사태까 지 겹쳐 심각한 피해를 입었다. 이로 인해 사망·실종 408명, 이재민 107,000여 명이 발생하였고, 재산피해는 50억 원에 달하였다(소방방재청, 2009; 동아일보,

1969).

(12) 와우아파트 붕괴사고(1970)

1970년 4월 8일 오전 6시 30분경 서울시 마포구 창전동2 산2에 위치한 와우아파트 15동이 붕괴되는 사고가 발생하였다. 1969년 12월 준공된 와우시민아파트는 부실시공의 대표적인 사례 중 하나이다. 지나치게 낮게 책정된 공사비, 현장상황을 고려하지 않은 건설방식, 기초공사 단계에서 설계보다 적게 사용된 철근과 시멘트, 6개월이라는 짧은 공사기간 등 다양한 문제점이 있었다. 또한 정부의 대응·수습 과정에서도 문제가 많았다. 마포구청과 경찰은 사고가 발생하기 한 달 전에 주민으로부터 붕괴위험 신고를 받고도 제대로 대책을 세우지 않았다(국가기록원, 1970). 그 결과 아파트 준공 5개월 만에 붕괴되는 사고가 발생하여 33명이 사망하고 40명이 중경상을 입었다(소방방재청, 2009).

(13) 태풍 올가(1970)

태풍 '올가'는 1970년 6월 29일 오후 3시경 필리핀 동쪽 먼바다에서 발생하였는데, 6월 발생한 태풍으로는 드물게 중심기압 905hPa에 달하는 매우 강한 세력을 형성하였다. 같은 해 5월과 6월에 중부지방에 내린 집중호우로 피해가 발생하고 지반이 약화된 상황에서 태풍 올가가 내습하여 사망·실종 56명, 이재민 5,591명, 재산피해 12억 원이라는 많은 피해가 발생하였다(동아일보, 1970).

(14) 남영호 침몰사고(1970)

서귀포에서 성산포를 거쳐 부산으로 운항하던 '남영호'가 1970년 12월 15일 오전 1시 25분경 전라남도 상일동 동남쪽 28마일 해상에서 침몰하는 사고가 발생하였다. 화물의 과적으로 인해 선체 중심이 높아지고, 이로 인해 복원력이 약해져 전복한 것이 사고의 원인이었다. 당시 남영호의 정원은 302명이었으나 총 승선원은 338명이었고, 화물 적재 정량은 130톤이었으나 실제 적재량은 540톤에 이르렀다. 그리고 남영호의 구조 요청에 정부가 느리게 대처했던 것도 큰 피해가 발생한 원인 중 하나였다. 그 결과 326명이 사망 또는 실종하였고, 재산피해는 선체와 화물가격을 포함하여 총 1억 700만 원이었다(소방방재청, 2009).

(15) 1971년 7월 집중호우(1971)

1971년 7월 7~8일 기압골의 접근과 랴오둥반도에 위치한 저기압의 영향을 받아 전국적으로 비가 왔으며, 중부지방(16~17일), 전남지방(22일), 호남지방(25~26일), 충남지방(27일)에 많은 호우가 내려 한강, 낙동강, 금강 등이 범람하고 많은 피해가 발생하였다. 특히 부여에 4시간 동안 200mm의 호우가 내리고, 충무·목포·광주 지방은 238.0~527.3mm의 월 강수량을 기록하였다. 7월 한 달 동안 집중호우로 인해 사망·실종 69명, 부상 59명, 이재민 84,192명이 발생하였고, 총 66억 3900만 원의 재산피해가 발생하였다(건설부, 1972)

(16) 서울 대연각호텔 화재사고(1971)

1971년 12월 25일 10시경 충무로 소재 대연각호텔에서 대형 화재가 발생하였다. 호텔 1층 커피숍 주방에 있던 프로판가스통의 낡은 호스에서 가스가 누출되어 폭발하였는데, 이로 인해 나일론 주단의 카펫과 건물 내부 목조시설물에 불이 붙어서, 가연성 내장재를 사용한 건물 전체로 순식간에 화재가 확산되었다. 이 화재로 사망자 163명, 부상자 63명의 인명피해가 있었고, 재산피해는 총 약 8억 3820만 원이었다(소방방재청, 2009).

(17) 1972년 8월 중부지방 집중호우(1972)

1972년 8월 18~20일 저기압과 태풍 제14호 베티의 영향을 받아 전국적으로 77.5~470.1mm의 비가 내렸다. 18일 오전 5시부터 내리기 시작한 비는 8시간 뒤에 집중호우로 변하여 서울(452.4mm)과 수원(461.8mm)에 사상 최대의 강우가 내렸다. 산사태와 축대 붕괴, 침수로 인해 사망·실종자 550명, 이재민 586,696명, 침수면적 90,528ha, 건물 76,545동, 264억 7800만 원의 재산피해가 발생하였다(소방방재청, 2009).

(18) 1972년 9월 집중호우(1972)

1972년 9월 14~19일에는 이동성 고기압과 태풍의 영향으로 부산을 비롯한 영남지방에 일 강수량 456mm의 폭우가 내렸다. 이로 인해 부산시 구덕저수지 제방이 붕괴되고 12개 하천이 모두 범람하여 사망·실종자 235명, 부상자 64명, 이재민 13,731명, 그리고 1억 9000만 원의 재산피해가 발생하였다(소방방재청, 2009; 경향신문, 1972).

(19) 1976년 10월 동해 폭풍과 어선 조난사고(1976)

1976년 10월 28일부터 31일까지 동해에 불어닥친 폭풍으로 인해 10여 척의 대한민국 어선들이 침몰하거나 실종되었고, 사망하거나 실종된 사람이 317명에 달하였다. 사고를 당한 곳은 울릉도에서 멀리 떨어진(8노트로 30시간 거리) 대화퇴(大和堆)어장이었다. 낡고 오래된 소형 어선이 먼바다에서 조업한 점, 정확하지 못한 일기예보, 정부의 구조능력 미흡 등이 문제점으로 제기되었다(매일경제신문, 1976).

(20) 1977년 7월 중부지방 집중호우(1977)

1977년 7월 5~9일에는 서울과 경기 지역에 많은 비가 내렸다. 특히 시흥·안양천 일대에 시간당 35.8mm의 비가 내려 구로공단 등에 많은 피해가 발생하였다. 바로 이어서 7월 8~10일에는 서울·경기 일원에 3시간 동안 200~400mm의 강우가 쏟아져 산사태 등으로 277명이 사망하거나 실종되었다(건설부, 1978; 경향신문, 1977).

(21) 익산 이리역 폭발사고(1977)

1977년 11월 11일 오후 9시 15분경 화약 30톤(다이너마이트 등)을 적재한 화차가 이리역에 정차하고 있을 때, 호송원이 화기를 잘못 취급하여 대규모 폭발사고가 발생하였다. 호송원이 화차 속에서 양초에 불을 붙이고 잠든 사이 화약상자에 양초의 불이 착화하여 사고가 발생하였다. 화약류 등 위험물은 역 구내에 대기시키지 않고 곧바로 목적지로 통과시켜야 하는 직송원칙을 무시한 채 수송을 지연시켰던 철도청과 호송원의 허술한 안전의식이 사고의 또 다른 원인이었다. 이 사고로 사망자 59명, 중상자 185명, 경상자 1,158명의 인명피해가 발생하였고, 7,591동의 건물이 파손되었다. 그리고 1,674세대 7,873명의 이재민이 발생하였으며, 철도시설 10억 8800만 원, 차량피해 10억 5700만 원, 전기피해 8100만 원, 기계피해 6800만 원, 화물피해 1억 1453만 원이 발생하였다(소방방재청, 2009).

(22) 1979년 8월 호우, 태풍 어빙(1979)

1979년 8월 1~5일에는 장마전선과 기압골의 영향으로 강원·충청·전북·수도권 지방에 내린 집중호우로 피해가 컸다. 같은 해 8월 15~17일 제10호 태풍 어빙이 내습하여 전국에 걸쳐 피해가 발생하였으며, 특히 제주도와 남해안 지방이 큰 피해를 입었다. 8월 호우와 태풍 어빙으로 인해 사망·실종 157명, 부상 61명, 이재민 19,432명이 발생하였고, 812억 1700만 원의 재산피해가 발생하였다(건설부, 1980; 매일경제신문, 1979).

(23) 1980년 7월 중부지방 집중호우(1980)

1980년 7월 21~22일에는 충북 내륙지방에 내린 집중호우로 인해 보청천이 범람하여 보은읍이 침수되고 괴산댐이 월류하였다. 또한 경북 내륙에도 집중호우가 내려 준용하천인 영강이 범람하여 문경지방을 침수시키는 등 많은 피해가 발생하였다. 강원·경기·충청 지역에도 집중호우가 내려 180명이 사망하거나 실종되고, 이재민 36,734명과 1255억 원의 재산피해가 발생하였다. 연속적으로 내린 호우로 각 저수지 및 소류지가 가득 찬 상태에서 집중호우가 내려 많은 피해가 발생하였다(소방방재청, 2009).

(24) 태풍 애그니스(1981)

1981년 8월 25일 괌 남동쪽 600km 해상에서 발생한 태풍 '애그니스'가 북상하여 8월 31일부터 9월 4일까지 우리나라 전남과 경남을 비롯한 모든 시도에 많은 피해를 입혔다. 특히 목포·장흥·고흥·해남 지역은 강우량 200~400mm의 호우가 내릴 때 만조위가 유출시간과 겹쳐 침수범람이 가중되었다. 태풍 애그니스로 인해 사망자 114명, 실종자 25명, 이재민 14,346명이 발생하였다. 이 중 가장 큰 피해를 입은 전남지방의 인명피해는 사망·실종자 60명, 부상자 13명이었다. 그리고 재산피해는 총 982억 800만 원이었다(건설부, 1982).

그림 3-4. 태풍으로 침몰한 화물선(1981. 9. 1.)

(25) 1984년 대홍수(1984)

1984년 8월 31일부터 9월 3일까지 전국에 집중호우가 내렸다. 특히 서울을 비롯한 한강수계 지역에서 큰 피해가 발생하였는데, 한강 수위가 11.3m까지 상승하면서 망원동 배수펌프장이 유실되어 6개 동 전체가 대피하기도 하였다. 이 집중호우로 사망자 164명, 실종자 25명, 부상자 150명, 이재민 355,216명이 발생하였다. 그리고 총 1643억 700만 원에 이르는 재산피해가 발생하였다(건설부, 1985).

(26) 태풍 셀마(1987)

1987년 7월 15일 태풍 '셀마'가 순천만에 상륙하고 강릉 부근을 경유해서, 7월 16일 동해 북부 해상으로 진출하였다. 태풍 셀마로 인해 강원도와 남부 지역에 많은 비가 내렸다. 태풍이 야간에 상륙한 데다 정전까지 겹쳐 신속한 대처가 어

한국 재난의 특성과 재난관리

그림 3-5. 태풍으로 대피하는 부여지역 주민들(1987. 7.)

려워졌고 이로 인해 피해가 더욱 가중되었다. 이 기간 동안 345명이 사망하거나 실종되었고, 이재민 99,516명과 3912억 9800만 원의 재산피해가 발생하였다. 특히 태풍이 만조위에 가까운 시간에 상륙하여 해일이 발생하였고, 연간 선박 피해를 훨씬 상회하는 3,116척의 선박이 피해를 입었다(소방방재청, 2009)

(27) 태풍 버넌, 태풍 앨릭스(1987)

1987년 7월 21~23일에는 북상한 태풍 '버넌' 때문에 열대기류가 유입되어 충청·경기·전북 지방에 집중호우가 내렸다. 특히 부여에는 517.6mm의 비가 내려 많은 피해가 발생하였다. 태풍 '앨릭스'는 1987년 7월 26~27일에 걸쳐 중국 동해안을 따라 북상하면서 수도권과 강원지방에 집중호우를 발생시켜 많은 피해를 준 태풍이다. 1987년 7월 한 달 동안 태풍과 집중호우로 167명이 사망하거나 실종되고, 50,472명의 이재민과 3295억 원의 재산피해가 발생하였다(소방방재청, 2009)

(28) 1989년 7월 호우(1989)

1989년 7월 24~27일에는 전국적으로 20~460mm의 강우량 분포를 보였고, 호남과 충청 지방에는 300~460mm의 강우가 내렸다. 특히 이날 광주지방은 일 강우량 335.6mm를 기록하여 광주에서 기상관측이 시작된 이래 가장 많은 비가 왔다. 이로 인해 사망·실종 128명, 이재민 54,041명의 인명피해와 주택 전·반파 2,605동, 침수 8,959동, 농경지 유실·매몰 3,657ha 등 총 2943억 3900만 원의 재산피해가 발생했다(소방방재청, 2009).

(29) 태풍 주디(1989)

1989년 7월 24일 오키나와 동쪽 약 250km 떨어진 북태평양 해상에서 발생한 태풍 '주디'는 7월 28일 부산 거제, 마산, 충무, 남해, 마산 등에 큰 피해를 입혔다. 태풍 주디의 경우 호우집중 시간대와 만조 시간이 겹치는 바람에 내수배재가 지연되면서 피해가 가중되었다. 이로 인해 사망자 20명, 부상자 16명의 인명피해가 발생하였고, 총 1191억여 원의 재산피해가 발생하였다(건설부, 1990).

(30) 일산 제방 붕괴(1990)

1990년 9월 12일 행주대교 하류 1km 지점인 경기도 고양군 지도읍 신평리에 위치한 한강제방이 집중호우로 인해 붕괴되면서 인근 지역에 많은 피해를 발생시켰다. 만주 부근에 중심을 둔 한랭건조한 대륙기단과 일본 남쪽 해상의 고온다습한 해양기단이 우리나라 중부지방에서 만나 강우전선을 형성하였고, 이 전선이 9월 9일부터 12일까지 중부지방에 정체하면서 많은 비가 집중적으로 내려 제방이 붕괴되는 사고가 발생하였다(소방방재청, 2009). 이로 인해 사망자 126명, 실종자 37명, 이재민 187,265명의 인명피해와 5203억 1200만 원의 재산피

한국 재난의 특성과 재난관리

그림 3-6. 일산 제방 붕괴로 한강물이 유입되는 고양군 모습(1990. 9.)

해가 발생하였다(건설부, 1991).

(31) 태풍 글래디스(1991)

태풍 '글래디스'는 1991년 8월 23일 여수반도에 상륙하여 변산반도 앞바다로 매우 느리게 진행하였다. 한반도 대부분이 태풍 오른쪽에 위치하였고, 경남 지역에 강우가 집중적으로 내려 수영강이 범람하는 피해를 입었다. 특히 호우 집중 시간대와 만조 시간이 겹치면서 내수배제 시간이 지연되어 수영강, 형산강, 태화강 유역의 저지대에 침수피해가 발생하였다. 이로 인해 103명이 사망하거나 실종되고 9개 시도에서 총 2357억 원의 재산피해가 발생하였다(소방방재청, 2009).

(32) 부산 구포역 열차전복사고(1993)

1993년 3월 28일 오후 5시 30분경 부산시 북구 덕천2동 덕천천 교량 200여m 앞에서 철로 지반이 침하되면서, 서울발 부산행 제117호 무궁화호 열차가 전복되는 사고가 발생하였다. 주변 지하 굴착공사를 위한 발파작업을 하는 과정에서 지반 강화 조치가 이루어지지 않아 주변의 연약한 토사가 대량 유출되었다. 토사유출이 연약한 지반 침하로 이어지면서 철로가 5m가량 내려앉아, 선로 위를 운행하던 열차가 전복되었다. 이 사고로 사망자 78명, 부상자 198명의 인명피해와 함께 총 37시간 30분 동안 열차운행이 지연되는 피해가 발생하였다(소방방재청, 2009).

(33) 목포 운거산 아시아나항공기 추락(1993)

1993년 7월 26일 오후 3시 39분경 전라남도 목포 화원면 마산리 뒷산인 운거산 근처에서 아시아나 보잉 737기가 추락하는 사고가 발생하였다. 폭우와 짙은 안개 등 시계불량과 악천후에도 불구하고 무리하게 착륙을 시도하던 조종사가 해발 1,063피트 높이인 운거산을 넘은 것으로 착각, 비행고도를 700피트로 낮추는 바람에 산중턱에 추락하게 되었다. 이 사고로 사망자 66명, 부상자 44명의 인명피해가 발생하였다(소방방재청, 2009).

(34) 서해훼리호 침몰사고(1993)

1993년 10월 10일 오전 10시 10분경 전북 부안군 위도 앞바다에서 정기여객선 '서해훼리호'가 침몰되는 사고가 발생하였다. 사고 당시 기상악화로 회항하던 과정에서 스크루에 폐 어구가 걸려 기관이 정상 작동하지 못하였고, 이때 심한 파도에 선체가 기울어지면서 배가 침몰하였다. 하지만 침몰의 보다 근본적인 원인은 221명 정원이었던 여객선에 362명의 승객이 승선하였고, 수하물 또한 과적되었기 때문이다. 침몰사고로 배에 승선했던 362명 중 292명이 사망하고, 70명이 부상을 당하였다(소방방재청, 2009).

그림 3-7. 침몰된 서해훼리호(1993. 10. 10.)

(35) 성수대교 붕괴사고(1994)

1994년 10월 21일 오전 7시 38분경 서울시 성동구 성수동과 강남구 압구정동을 연결하는 교량인 성수대교 중 교각 5번과 6번 사이 상판 48m가량이 붕괴되었다. 사고원인은 수직재의 용접불량, 제작결함 등 부실시공, 점검·진단·보수

그림 3-8. 성수대교 상판붕괴 전경(1994. 10. 21.)

등 유지관리 미흡, 중차량 통행과 가로보의 부적절한 보수행위 등으로 밝혀졌다. 이 사고로 총 49명의 인명피해(사망자 32명, 부상자 17명)가 발생하였다(소방방재청, 2009).

(36) 대구 도시가스 폭발사고(1995)

1995년 4월 28일 오전 7시 52분경 대구 달서구 상인동 상인네거리에 위치한 대구백화점 신축공사장에서 도시가스가 폭발하였다. 백화점 신축공사장에서 그라우팅 공사를 하던 도중 그 부근을 지나던 도시가스관을 파손하였고, 가스관으로부터 새어 나온 가스가 약 77m 떨어진 지하철 공사장에 유입되면서 원인 불명의 화인으로 가스폭발사고가 발생하였다. 가스관 파손 후 30분이 지나서야 신고한 공사업체, 신고를 받고도 즉시 조치를 취하지 않은 대구도시가스 측의

그림 3-9. 대구 도시가스 폭발 현장(1995. 4. 28.)

한국 재난의 특성과 재난관리

부실한 대응 등이 피해를 키운 원인이 되었다. 이 사고로 101명의 사망자와 202명의 부상자가 발생하였고, 약 540억 원의 재산피해가 발생하였다(소방방재청, 2009).

(37) 삼풍백화점 붕괴사고(1995)

1995년 6월 29일 오후 5시 55분경 서울시 서초구 서초동 소재 삼풍백화점이 붕괴되었다. 이 사고의 직접적인 원인은 잦은 설계 변경, 부실시공, 준공 후 무리한 증·개축, 감독관청의 감독 소홀 등으로 밝혀졌으며, 종업원의 안전교육 미준수 등이 피해를 더욱 크게 만든 원인이 되었다. 이 사고로 총 1,445명의 인명피해(사망자 502명, 실종자 6명, 부상자 937명)와 약 2700억 원의 재산피해가 발생하였다.

그림 3-10. 삼풍백화점 붕괴사고 현장(1995. 6. 29.)

(38) 태풍 재니스(1995)

1995년 8월 19일부터 30일까지 충남·전북·경북 지방을 포함, 전국적으로 14 개 시도 및 142개 시군구에서 태풍 재니스와 집중호우로 인해 산사태와 하천 범 람이 일어났다. 그 결과 사망·실종자 65명, 이재민 5,164세대 24,146명이 발생 하고, 총 4563억 원의 재산피해가 발생하였다(내무부, 1996).

(39) KAL기 괌 추락사고(1997)

1997년 8월 6일 한국 시간 새벽 12시 42분(괌 현지 시각 오전 1시 42분경) 괌 아가나공항 인근 5km 산중턱에서 대한항공 801편 B-747기가 착륙을 시도 하던 중 추락하는 사고가 발생하였다. 접근관제소의 최저안전고도 경보장치 (Minimum Safe Altitude Warning, MSAW)가 사고 당시 소프트웨어 장애로 작 동하지 않아 사고가 발생하였다. 이 사고로 228명이 사망(한국인 213명, 외국인 15명)하고, 26명이 부상을 당하였다(소방방재청, 2009).

(40) 1998년 집중호우(1998)

1998년 집중호우는 7월 31일부터 8월 18일까지 지리산 일원, 서울·경기, 충 청 중남부 등에 내린 10차례의 집중호우를 의미한다. 특히 심야시간에 내린 집 중호우로 인한 야영객 피해, 산사태로 인한 가옥 붕괴 등으로 많은 인명피해가 발생하였다. 이 시기 산사태로 89명, 하천 및 계곡 급류로 189명, 건축물 붕괴로 24명, 기타 22명 총 324명의 인명피해와 함께 경기도 13,358명, 서울 2,287명 등 전국적으로 총 24,531명의 이재민이 발생하였다. 그리고 총 1조 2478억 원의 재 산피해가 발생하였다(행정자치부, 1999).

(41) 화성 씨랜드 청소년수련원 화재사고(1999)

1999년 6월 30일 오전 1시 30분경 경기도 화성군 서신면에 위치한 화성 씨랜드 청소년수련원에서 모기향불이 가연성 물질에 접촉되면서 발화하여 화재가 발생하였다. 수련원 건물이 스티로폼, 목재 등 인화성이 강하고 열전도율이 높은 철골 구조물로 건축되어 있어 매우 많은 피해가 발생하였다. 입소한 유치원생과 교사 등 23명이 사망하고 6명이 부상을 입었으며, 조립식 경량철골조 1동 3층 534평이 전소되고 집기류를 태워 7200만 원의 피해가 발생하였다(소방방재청, 2009).

그림 3-11. 화재로 전소된 화성 씨랜드 청소년수련원 화재현장(1999. 6. 30.)

(42) 1999년 7월 23일~8월 3일 호우, 태풍 올가(1999)

1999년 7월 하순 우리나라는 북태평양 고기압의 가장자리에 들어 대기가 불안정한 상태에서 열대 저기압의 영향을 받아 국지적으로 집중호우가 많이 내렸다. 이 기간에 거제 387.5mm, 마산 268.0mm의 일 강수량을 기록하였다. 같은 해 7월 30일 발생한 제7호 태풍 올가는 8월 3일 우리나라를 통과하였고 남해안과 동해안 지방에 많은 비를 내리면서 최대풍속 극값을 갱신하는 등 강한 바람을 동반하였다. 이 기간 호우와 태풍 올가로 인해 사망·실종 67명, 이재민 25,327명의 인명피해와 1조 490억 원의 재산피해가 발생하였다(소방방재청, 2009)

(43) 김해 에어차이나항공기 추락사고(2002)

2002년 4월 15일 한국 시간 오전 11시 23분경 베이징발 중국 에어차이나 CCA-129편 보잉 767 항공기가 김해공항 인근 경남 김해시 대동면 수안리 돗대산(해발 380m) 산기슭에 추락하였다. 여객기는 상기 장소에서 기상악화와 안개로 인해 추락하였는데 당시 사고상황에 따르면 사고 항공기는 착륙을 위해 고도를 낮춰 저공비행을 하다 추락과 동시에 기체가 폭발했던 것으로 알려졌다. 여객기 추락사고로 인해 166명(사망자 129명, 부상자 37명)의 인명피해가 발생하였고, 재산피해는 임야 6,000평 훼손(6680만 원)과 보잉 767(CA129) 전파 등이었다(소방방재청, 2009)

(44) 태풍 루사(2002)

2002년 제15호 태풍 '루사'가 8월 23일 오전 9시경 괌 부근 해상에서 발생하여, 중심기압 950hPa, 최대순간풍속 56.7m/s을 기록한 대형 태풍으로 발달하였다. 태풍 루사는 1959년 태풍 '사라' 이후 우리나라에 가장 큰 피해를 준 태풍이다. 8월 31일 오후 6시경 전남 고흥지역에 상륙해서, 충북 보은, 강원 인제 지역을 통과하였고, 9월 1일 오후 3시경 속초 해상 130km 부근에서 소멸되었다. 1904년 한반도에서 기상관측을 시작한 이래 가장 많은 1일 강수량을 기록한 태풍으로, 8월 31일 강원도 강릉에서 870.5mm를 기록하였다. 태풍 중심기압은 967hPa이었고, 최대풍속은 제주지점 순간최대 60.0m/s를 기록하였다. 태풍 루

그림 3-12. 태풍으로 붕괴된 강릉 영동선 철교 및 장현저수지 여수로(2002. 8. 30.~9. 1.)

사로 피해를 입은 지역은 총 16개 시도, 203개 시군구이고, 인명피해는 사망자 209명, 실종자 37명이었으며, 총 21,318세대 63,085명의 이재민이 발생하였다. 주택 침수 27,562세대, 농경지피해 31,280ha 등 재산피해는 총 5조 1479억 원 이었고, 복구비용은 총 7조 1452억 원이었다(행정자치부, 2003).

(45) 대구 지하철 화재사고(2003)

2003년 2월 18일 오전 9시 53분경 대구광역시 중구 남일동 대구 지하철 1호 선 중앙로역 내 전동차에서 방화로 인한 화재가 발생하였다. 이 사고는 1079호

그림 3-13. 화재로 피해를 입은 대구 지하철 객차 내부(2003. 2. 18.)

열차가 중앙로역에 들어설 무렵, 전동차 내에 탑승하고 있던 중증장애 2급 장애인이 사회에 대한 불만으로 휘발유가 든 페트병에 불을 붙여 화염이 시트에 인화되면서 급격히 차 내부로 연소되고, 삽시간에 큰불로 번지면서 발생하였다. 또한 화재 발생 후 맞은편 승강장에 정차한 1080호 열차에 불이 옮겨붙어 인명피해가 확산되었다. 이 사고로 인한 인명피해는 사망자 192명, 부상자 151명으로 총 343명이었다. 재산피해는 지하철 324억, 중앙로역 246억, 인근 상가 물품피해 51억여 원으로, 총 621억여 원이었다(소방방재청, 2009).

(46) 태풍 매미(2003)

2003년 9월 6일 괌섬 북서쪽 부근에서 제14호 태풍 '매미'가 발생하였다. 태풍 매미는 12일 오후 8시 경남 사천시 부근 해안에 상륙한 후, 13일 새벽 2시 울진 동해상으로 빠져나가 14일 일본 삿포로 북동쪽 해상에서 소멸되었다. 태풍의 중심기압은 950hPa로 우리나라 기상관측 이래 최저를 기록하였고, 최대풍속은 9월 12일 오후 4시 10분 제주도 북제주군 한경면 고산 수월봉기상대와 2시간 뒤인 오후 6시 11분 제주 기상대의 풍속계 기준 순간최대 60.0m/s를 기록

그림 3-14. 낙동강 범람으로 유실된 지방도(2003. 9. 12.~9. 13.)

한국 재난의 특성과 재난관리

하였다. 최고강우량은 남해 453mm이었고, 최대시우량은 9월 12일 오후 8시에서 9시 사이에 남해에 내린 79mm이었다. 태풍 매미에 의한 피해지역은 총 14개 시도, 156개 시군구, 1,657개 읍면동이며, 인명피해는 실종자 12명, 사망자 119명으로, 이 가운데 63명의 인명피해가 경남지역에서 발생하였다. 이재민은 19,851세대 61,844명이었으며, 재산피해는 사유시설 1조 2828억 원, 공공시설 2조 9397억 원 등 총 4조 2225억 원이 발생하였다(소방방재청, 2004).

(47) 2006년 7월 호우, 태풍 에위니아(2006)

2006년 7월 1일 미국 괌 남서쪽 약 1,010km 부근 해상에서 발생한 태풍 '애위니아'는 중심기압 985hPa, 최대풍속 31m/s의 강한 중형급 태풍으로 발달하여 경남·전남 등 남부지역에 강한 바람과 집중호우를 동반하였다. 같은 해 7월 중순 북한에 머물던 장마전선이 중부지방을 오르내리는 가운데 중국에 상륙한 제4호 태풍 빌리스의 영향으로 수증기가 대량으로 발생하여 산악지인 강원 영서지역에, 500~900mm의 많은 비를 내리고, 장마전선이 경기 남부지방까지 내려가면서 국지성 집중호우가 발생하였다. 7월 11~13일 서울·경기·강원 북부지역에 7월 14~20일 경기 북부와 강원 영서지역에 집중호우가 내렸다. 7월 11~20일 횡성 921mm, 평창 870mm의 강우량을 기록하였고 7월 25~29일 또다시 경기 안성과 충북 단양 등 중부지역을 중심으로 집중호우가 내렸다. 이로 인해 사망·실종 62명, 이재민 2,790명의 인명피해와 함께 농경지 18,643ha, 가축 106만 2,514두 등 1조 8344억 원의 재산피해가 발생했다(소방방재청, 2007).

(48) 신종플루(2009)

2009년 4월, 북아메리카 지역에서 시작된 신종 인플루엔자는 전 세계로 급격히 전파되었다. 국내에서는 멕시코에 다녀온 50대 여성이 신종 인플루엔자 감염 환자로 2009년 5월 1일 처음 확진을 받았다. 7월 한 달 동안 감염자 수가 급속하게 늘어나 2,000명을 돌파하더니 급기야 2009년 8월 15일 한국에서 첫 사망자가 발생하고, 이후 감염자와 사망자 수가 계속 늘어났다. 2010년 8월 기준으로 국내 감염자는 약 76만 명, 사망자는 총 270명이 발생하였다(최원석 외, 2010).

(49) 2011년 7월 집중호우 및 우면산 산사태(2011)

2011년 7월 26일부터 29일까지 북태평양 고기압과 대기 중·하층 건조한 공기 사이에 대기 불안정으로 인해 강한 비구름대가 발달하였다. 우리나라 북동쪽에 자리잡은 고기압으로 인해 비구름대가 이동하지 않고 정체되면서 중부지방에 강한 집중호우가 내렸다. 7월 26일부터 28일까지 동두천 449.5mm, 서울 301.5mm, 인제 211.0mm, 부산 246mm 등 일 최대강수량을 경신하는 많은 비가 내리면서 사망자 61명, 실종자 6명의 인명피해가 발생하였다. 또한 이재민 63,885명과 함께 도로, 하천, 소하천, 산사태 등 공공시설 피해와 주택 파손·침수 등 376억 8000만 원의 재산피해가 발생하였다(소방방재청, 2012).

특히 7월 27일 오전 7시 40분부터 8시 40분 사이에 서울 서초구 우면동 우면산에서 일어난 산사태는 사회에 큰 충격을 안겨 주었다. 선행 강우로 지반이 약화된 상태에서 시간당 87mm의 집중호우가 내려 12개 지역(69만m²)에서 사면붕괴 150개소, 토석류 33개소가 발생하였다. 이로 인해 인명피해 67명(사망자 16명, 부상자 51명), 주택피해 11세대(전파 1, 반파 10), 자동차 76대, 침수피해(주택 2,103세대, 공장·상가 1,583개소)가 발생하였다(서울특별시, 2014).

(50) 태풍 볼라벤과 태풍 덴빈(2012)

2012년 8월 25일부터 30일까지 제15호 태풍 '볼라벤'과 제14호 태풍 '덴빈'의 영향으로 서해상에 위치한 시군구를 중심으로 많은 피해가 발생하였다. 제14호 태풍 덴빈은 제15호 태풍 볼라벤이 옹진반도 부근에 상륙한 지 43시간 만에 남해안에 상륙하였다. 강한 강풍과 많은 강우량을 동반한 이 태풍들로 인해 사망자 15명, 부상자 33명, 이재민 1,458세대 2,902명, 재산피해 6366억 원(사유시설 3,665, 공공시설 2,701)이 발생하였다(소방방재청, 2013). 특히 전남과 전북 지역에서 많은 피해가 발생되었다.

(51) 구미 불산 누출사고(2012)

2012년 9월 27일 오후 3시 43분경 구미 제4국가산업단지에서 불산 누출사고가 발생하였다. 산업단지 내에 위치한 주식회사 휴브글로벌(경북 구미시 산동면 봉산리 324) 공장에서 이송탱크 내 불화수소(Hydrogen Fluoride, HF)를 공장시설물로 옮기는 작업 도중 이송탱크의 저장밸브가 열리면서 불산이 기화하여 가스가 누출되었다. 누출밸브가 열린 시각이 9월 27일 오후 3시 43분이었

그림 3-15. 구미 불산 누출사고 현장(2012. 9. 27.)

고, 밸브가 차단된 것이 당일 오후 11시 40분으로 밸브가 개방된 8시간 동안 탱크 내부에 있던 8~12톤가량의 불화수소가 대기 중으로 방출되었다(주현수 외, 2013). 이 사고로 5명 사망, 18명 부상, 212ha 농작물피해, 3,944두의 가축피해 등이 발생하였다(구미시, 2013).

(52) 경주 마우나오션리조트 체육관 붕괴사고(2014)

2014년 2월 17일 오후 9시 5분경 경주에 위치한 마우나오션리조트가 붕괴되는 사고가 발생하였다. 비교적 눈이 적게 오는 경주지역에 75cm의 대설이 쌓이면서 1,205m²의 체육관 지붕이 붕괴되었다. 체육관을 부실하게 설계·시공 및 감리한 과실, 체육관 관리업체가 지붕 위에 많은 눈이 쌓인 상태에서 제설작업을 전혀 하지 않은 과실이 복합적으로 작용하여 발생한 사고로, 오리엔테이션 행사에 참석하고 있던 대학생 등 10명이 사망하고 105명이 부상을 당하였다(대구지방검찰청 보도자료, 2014).

(53) 세월호 사고(2014)

2014년 4월 16일 여객선 세월호(6,825톤)가 진도군 병풍도 북동 3.1마일 해상에서 침몰하였다. 이 사고로 295명이 사망하고, 9명이 실종되었다. 감사원에서는 세월호 사고에 대한 전방위적 감사를 통해 승객의 '안전'보다 '이익'을 우선한 선사의 무리한 선박운항, 승객을 선내에 방치하고 탈출한 선장과 선원들의 무책임, 선박검사 및 운항관리 부실, 사고 초기 대응기관들의 초동대응 미숙 등이 복합적으로 작용하여 많은 인명피해가 발생하였다고 밝혔다(감사원, 2014).

그림 3-16. 침몰하는 세월호(2014. 4. 16.)

(54) 메르스(2015)

2015년 5월 4일 중동지역을 방문한 여행자가 메르스 바이러스에 감염되어 국내에 입국하면서 메르스 사태가 시작되었다. 이 환자는 5월 20일 최초 확진자로 판명될 때까지 4곳의 병원시설을 이용하였고, 환자와 접촉하였던 의료진, 보호자, 입원환자 등 약 30명이 2차로 감염되면서 급속하게 확산되었다. 메르스 발생 초기 확진자 경유병원에 대한 정보공개 지연, 부실한 국가방역체계, 감염병 특성에 맞는 대응매뉴얼 부재 등의 문제점이 노출되었으며, 메르스 첫 확진부터 사태 종료까지 총 186명의 환자가 발생하여 38명이 사망하였다. 메르스는 2015년 12월 23일 공식적으로 종식되었다(보건복지부, 2016).

이상에서 살펴본 바와 같이, 1948년 대한민국 정부 수립 이후 대규모 자연재난과 사회재난이 무수히 많이 발생하였다. 다음 절에서 자세히 설명하겠지만, 이러한 재난들은 재난대응 정책의 변화를 가져올 가능성이 높은 사건들이다. 즉, 대규모 재난 이후 국민적 관심, 대통령 의지, 행정부 활동 등이 적절하게 이루어졌을 때 재난대응 체계의 개선이 이루어진다. 다음 절에서는 이러한 재난들의 발생빈도와 피해규모 사이의 통계적 특성과 함께 어떤 재난이 재난대응 정책의 변화를 가져왔는지에 대해 살펴본다.[*]

---

[*] 그림 3-1에서 그림 3-16까지 사진 출처: 소방방재청, 2009

한국 재난의 특성과 재난관리

2.
멱함수 법칙

가우스(Gauss)가 가우스 분포(Gauss distribution)라는 이름으로 제시한 확률분포 모형인 정규분포(Normal distribution)는 이후 가장 기본적인 확률모형으로 다양한 분야에서 활용되어 왔다. 정규분포는 식 (3-1)과 같이 평균과 표준편차에 의해 결정되는 확률모형으로, 평균 근처에 가장 많은 사건이 집중되어 있으며 평균에서 멀어질수록 발생확률이 낮아지는 종 모양의 분포이다. 사람들의 키와 체중, 학생들의 성적분포 등 다양한 현상들이 정규분포를 따르는 것으로 알려져 있으며, 측량학, 사회과학, 인문학, 의학 등 다양한 분야에서 정규분포가 활용되고 있다.

$$f(x) = \frac{1}{\sqrt{2\pi}} e^{-(x-\mu)^2/2\sigma^2} \qquad\qquad 식 (3-1)$$

그러나 자연계나 인간사회에서 발생하는 모든 현상이 정규분포와 같이 중심에서 최대빈도를 가지고, 평균 근처에서 대부분의 사건이 발생하는 것은 아니다. 사회적인 재산의 분포, 도시규모 등은 규모의 편차가 매우 크고, 규모가 작은 현상들이 매우 높은 확률을 가지며, 규모가 매우 큰 사건들이 낮은 확률로 발생하는 특징을 가지고 있다. 이탈리아의 경제학자인 파레토(Pareto, 1896)는 사회적인 재산의 분포에 대한 연구를 통해 재산의 규모와 빈도수가 이와 같은 관계를 가진다는 것을 밝힌 바 있으며, 아우어바흐(Auerbach, 1913)는 도시의 인구수와 빈도수가 로그-로그(log-log) 스케일에서 선형적인 관계를 가진다는 사실을 밝혀내었다. 로그-로그 스케일에서 선형적인 관계를 갖는 두 개의 변수는 식 (3-2)와 같이 나타낼 수 있으며, 선형식에서 로그를 제거하면 식 (3-3)과 같은 멱함수관계로 표현할 수 있다.

$$\ln p(x) = -\alpha \ln x + C \qquad\qquad\qquad\qquad \text{식 (3-2)}$$

$$p(x) = C \cdot x^{-\alpha} \qquad\qquad\qquad\qquad\qquad \text{식 (3-3)}$$

여기서, $C = e^{C}$이며, $-$부호가 없이 표현할 수 있으나 일반적으로 그래프가 감소하는 형태를 가지는 것을 명확히 표현하기 위해 $-$부호를 사용한다.

이후 지프(Zipf, 1949)에 의해 문서나 책에서 단어가 사용되는 빈도와 순위 사이에서도 동일한 현상이 나타나는 것이 확인되었으며, 멱함수 분포는 선구적인 연구업적을 남긴 두 사람의 이름을 따서 '파레토 분포' 혹은 '지프의 법칙'이라고도 불린다.

파레토는 또한 사회 전체 소득의 80%는 상위 20%의 부자들에게 집중되어 있

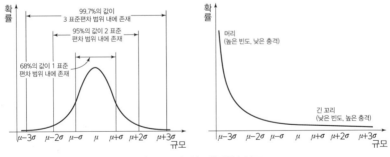

그림 3-17. 정규분포와 멱함수 분포

다는 사실을 밝혀내었으며(파레토 법칙 혹은 2080 법칙), 이는 평균값으로 대표되는 정규분포와 달리, 멱함수 분포에서 빈도는 낮으나 큰 규모를 가지는 긴 꼬리 부분에 위치한 값들이 분포의 특성에 더 큰 영향을 미친다는 것을 의미한다.

복잡계에서 발생하는 현상들이 멱함수 분포를 통해 설명될 수 있다는 사실이 여러 학자들에 의해 밝혀졌다. 예를 들어, 주식시장(Gabaix et al., 2003), 인터넷 네트워크(Faloutsos et al., 1999), 항성의 크기(Peebles, 1974), 컴퓨터 파일의 크기(Crovella and Bestavros, 1996), 논문의 인용 빈도(Price, 1965), 생물의 종수(Willis and Yule, 1922), 웹 페이지의 방문자 수(Adamic and Huberman, 2000) 등 다양한 현상들이 멱함수 분포를 따르는 것으로 밝혀졌다.

비선형 동적 시스템인 생태계를 수학적으로 설명하고 이해를 돕기 위해 생물학자들은 복잡계 이론을 사용하고 있다. 이러한 복잡계는 종 모양의 정규분포가 아닌 멱함수 분포를 따르는 것으로 알려져 있으며, 복잡계에서 발생하는 재난역시 '긴 꼬리'를 가지는 멱함수 분포를 따른다(Farber, 2003; Etkin, 2015).

그림 3-17은 평균값 근처에 가장 높은 빈도로 사건이 발생하는 정규분포와 최소값 근처에서 가장 높은 빈도로 사건이 발생하는 멱함수 분포를 각각 나타내고 있다. 예를 들어 큰 규모의 지진이 발생할 확률은 작은 규모의 지진이 발생할 확률보다 작으며, 지진의 발생빈도와 지진 규모 사이의 관계를 측정해 보면 멱함수 분포와 일치하게 된다. 도시의 인구, 지진의 강도 그리고 정전의 규모 또한 멱함수 분포를 따르는 것으로 알려져 있다(Faber, 2003). 이와 같이 평균값, 즉 일반적인 값에 의해 특징지어지지 않는 것이 멱함수를 따르는 현상들의 특징이라고 할 수 있다(Clauset et al., 2009).

일반적으로 멱함수 법칙을 따르는 사건들의 발생 확률은 규모에 독립적이거나 비선형적이다. 멱함수 분포에는 작은 규모의 많은 사건들, 규모가 조금 큰 여러 사건들, 대규모 피해를 유발하는 몇몇 사건들이 공존하고 있다(Faber, 2003). 위험 분석의 측면에서는 자주 발생하는 소규모 사건들보다 발생빈도는 낮지만 심각한 피해를 발생시키는 대규모 재난이 보다 위협적이며, 따라서 멱함수 법칙의 긴 꼬리에 위치하는 사건들에 주목해야 한다(Etkin, 2015).

재난은 다양한 원인에 의해 발생해 왔으며, 그 양상이 더욱 복잡해짐에 따라 복잡계 이론을 바탕으로 재난에 대해 살펴본 연구들이 다수 수행되었다. 바턴 외(Barton et al., 1994), 베세라 외(Becerra et al., 2006), 장크주라·웨론(Janczura and Weron, 2012), 조항현·고유일(Jo and Ko, 2014)의 연구들을 통해 지진, 허리케인, 홍수와 같은 재난의 빈도와 규모가 멱함수를 따른다는 것이 밝혀졌다. 에트킨(Etkin, 2015)은 멱함수 법칙이 긴 꼬리를 갖는 분포를 통해 재난의 특성을 보다 잘 설명할 수 있기 때문에 이에 대한 연구가 보다 많이 수행되어야 한다고 주장하였다.

한국 재난의 특성과 재난관리

3.
한국의 재난발생과 빈도와의 관계

1. 사용된 데이터

한국에서 발생한 재난의 통계적 특성을 밝히기 위해 「재난 및 안전관리 기본법」 제3조에서 규정하고 있는 자연재난과 사회재난을 분석대상으로 한다. 분석에 사용된 데이터는 한국 정부에서 발간한 『재해연보』(1979~2015), 『재난연감』(1995~2015), 『재난관리 60년사』(소방방재청, 2009)를 기준으로 한다. 자연재난의 경우 한국 정부에서는 복구계획에 따라 『재해연보』에 기록되어 있는 재난을 자연재난으로 정의하고 있어 비교적 정확한 자료를 구할 수 있다. 하지만 사회재난의 경우 「재난 및 안전관리 기본법」에서 재난의 정의를 "대통령령으로 정하는 일정 규모 이상의 사고"로 규정하고 있으나, 26종의 유형별로 재난과 사고를 명확하게 구분하고 있지 않고, 유형별 재난관리 주관기관에서도 공식화된 데이터를 구축하고 있지 않다. 1995년부터 2004년까지 해마다 발간된 『재난연감』 역시 작은 규모의 사고와 일정 규모 이상의 재난을 구분하지 않고 총괄하여 주요 사고로 수록하고 있다. 다만, 2014년에 국민안전처에서 발간된『재난연감』에 2005년부터 2014년까지 중앙 또는 지역 재난안전대책본부가 구성된 사고를 재난으로 규정하여 수록하고 있다. 따라서 이 책에서는 사회재난의 경우 국민안전처에서 공식적으로 인정하여『재난연감』에 수록한 재난과 소방방재청에서 2009년에 발간한『재난관리 60년사』에 기록된 재난을 주된 분석대상으로 한다. 이와 같은 방식으로 수집된 재난 데이터는 자연재난의 경우 851건, 사회재난의 경우 172건에 해당한다. 사망자와 재산피해를 기준으로 하기 때문에, 가뭄·황사 등 사망자가 발생하지 않거나 재산피해가 공식적으로 집계되지 않은 재난은 비록 사회적인 이슈가 되었다 하더라도 이번 연구의 분석대상에서는 제외한다.

재난으로 인한 피해를 특정 시점의 가치로 표준화하기 위해 한국은행에서 발표한 2015년 물가지수를 기준으로 환산하여 사용한다. 환산을 위한 식은 식 (3-4)와 같다.

금액환산지수=기준년도 물가지수/해당년도 물가지수
환산금액=금액환산지수×원 금액   식 (3-4)

모든 경제적 손실액은 2015년 물가지수를 기준으로 변환한다.

2. 분석 방법

본 연구에서 재난의 발생확률과 재난 규모 사이의 관계를 추정하기 위한 모델은 베세라 외(Becerra et al., 2006)의 방법을 사용한다. 분석에 사용된 데이터는 앞 절에 자세히 설명되어 있다. 재난의 발생확률은 규모에 대한 확률함수로 식

한국 재난의 특성과 재난관리

(3-5)와 같이 나타낼 수 있다.

$$p(x)=1-\frac{n(X\le x)}{N}=\frac{n(X>x)}{N}$$ 식 (3-5)

여기서 X는 재난의 확률변수이고, x는 해당 재난의 피해 규모, $n(X>x)$는 재난의 규모가 x를 초과하는 재난의 횟수, N은 총 재난 횟수이다. 식 (3-5)에서 사용된 재난의 발생확률 함수는 특정 규모의 재난에 대한 발생 확률이 아니라, 특정 규모 이상의 재난이 발생할 확률로서 해당 규모 이상의 재난이 발생할 확률을 누적하여 계산하는 누적확률함수이다. 본 연구에서는 식 (3-5)를 통해 계산된 재난 발생확률과 규모 사이의 관계는 멱함수 분포로 가정하였으며, 따라서 식 (3-5)의 확률밀도 함수는 식 (3-6)과 같은 멱함수를 이용하여 관계식을 추정할 수 있다.

$$p(x)=Cx^{-\alpha}$$ 식 (3-6)

여기서, $p(x)$는 x가 증가함에 따라 감소하게 되며, α는 감소하는 정도를 나타내는 계수이다. 또한 C는 누적확률함수의 최대값을 1로 만들기 위한 상수이다. α는 사용하는 자료가 연속적인 자료인 경우와 불연속적인 자료인 경우에 따라 식 (3-7)과 같이 다르게 계산된다.

$$C=(\alpha-1)x_{\min}^{\alpha-1} \qquad \text{(연속)}$$
$$=1/\zeta(\alpha,x_{\min})=1/\sum_{n=0}^{\infty}(n+x_{\min})^{-\alpha} \quad \text{(이산)}$$ 식 (3-7)

식 (3-7)에서 추정하고자 하는 값은 $x_{\min}$과 α로서 각각 멱함수를 따르기 시작하는 구간의 최소값과 감소하는 정도를 나타낸다. $x_{\min}$과 α를 동시에 추정하기 위해 $x_{\min}$의 값을 순차적으로 증가시키며 α를 추정하고, 추정된 $x_{\min}$과 α의 적합성은 콜모고로프-스미르노프(Kolmogorov-Smirnov) 통계량을 사용하여 검정한다.

재난의 규모를 나타내는 사망자 수와 피해액의 최소값 및 최대값의 범위가 매우 넓기 때문에, 그래프로 나타낼 때 로그를 취하여 표시한다. 이때 재난 발생확률 역시 로그를 취함으로써 식 (3-6)은 식 (3-8)과 같이 선형식으로 변환할 수 있으며, 멱함수를 따르는 두 변수는 로그-로그 그래프상에서 선형적인 관계를 나타내게 된다.

$$\log p(x) = c - \alpha \log x \qquad\qquad \text{식 (3-8)}$$

3. 재난의 멱함수 분포

이 절에서는 우리나라에서 발생한 자연재난과 사회재난의 사망자 수·피해액과 발생빈도의 관계를 멱함수를 이용해 분석한다. 이를 위해 1948년부터 2015년까지 발생한 재난을 자연재난과 사회재난으로 구분하고, 각 재난의 규모를 인명피해와 2015년 기준 환산 재산피해액으로 정리한다. 다만, 사회재난으로 인한 재산피해는 산정되어 있지 않은 사례가 너무 많아 분석에서 제외한다.

재난규모에 따른 발생확률은 재난을 규모에 따라 정렬하고, 식 (3-9)와 같이 각 재난규모를 초과하는 재난의 수를 전체 재난의 수로 나누어 구한다. 재난의 규모와 발생확률 사이의 관계는 식 (3-10)과 같은 멱함수의 관계를 따를 것으로 가정하고 $x_{\min}$과 α 값을 추정한다. 이때 인명피해의 경우 정수로 값이 떨어지는 불연속적 자료이고, 재산피해는 소수점이 존재하는 연속적인 자료이므로 식 (3-11)의 식을 각각 적용하여 보정상수 C를 구한다.

$$p(x) = 1 - \frac{n(X \leq x)}{N} = \frac{n(X > x)}{N} \qquad\qquad \text{식 (3-9)}$$

$$p(x) = Cx^{-e} \qquad\qquad \text{식 (3-10)}$$

한국 재난의 특성과 재난관리

$$C=(\alpha-1)x_{\min}^{\alpha-1} \qquad \text{(연속)}$$

$$=1/\zeta(\alpha, x_{\min})=1/\sum_{n=0}^{\infty}(n+x_{\min})^{-\alpha} \quad \text{(이산)} \qquad \qquad \text{식 (3-11)}$$

위 과정을 통해 재난규모와 재난 발생확률 사이의 관계를 멱함수를 이용하여 추정한 결과는 표 3-1 및 그림 3-18과 같다. 표 3-1은 추정을 통해 구한 $x_{\min}$, α 및 C의 값을 나타내며, 그림 3-18은 추정된 변수를 이용하여 실제 재난의 발생확률과 추정된 발생확률을 나타낸 그래프이다. 그림 3-18의 원은 실제 재난의 발생확률, 점선은 멱함수를 이용하여 추정한 값을 나타낸다. 그림 3-18의 (a)와 (b)는 각각 자연재난에 의한 재산피해와 인명피해(사망자 수)가 발생할 확률을 규모에 대해 표현한 것이며, (c)는 사회재난에 의한 인명피해(사망자 수)가 발생할 확률을 규모에 대해 표현한 것이다. 대부분의 경우에서 추정치와 실제 재난 발생확률이 유사하게 나타나 멱함수의 법칙을 따르고 있는 것을 확인할 수 있다. 예외적으로 자연재난으로 인한 재산피해의 경우 재난규모가 큰 사건에서는 실제 발생확률에 비해 추정확률이 과추정되는 경향이 나타났으나, 과추정된 사건들의 집합이 로그-로그 그래프에서 선형적인 관계를 보여 2개의 구간에서 멱함수 법칙을 따르는 이중 멱함수 분포(double power law distribution)를 따르는 것으로 확인되었다.

추정된 멱함수의 α값은 재난의 규모에 따른 발생확률이 줄어드는 정도를 나타낸다. α값이 큰 경우 재난 규모에 비해 발생확률이 빠르게 줄어들며, α값이 작은 경우 재난 규모에 비해 발생확률이 완만히 줄어들어 상대적으로 재난에 취약한 상태를 나타낸다고 할 수 있다. 한국의 경우 자연재난으로 인한 피해자 수와 발생확률 사이의 α값은 1.95이다. 동일한 분석방법으로 각 대륙에 대해 분석한 베세라 외(Becerra et al., 2006)의 연구 결과(세계평균: 1.73, 북아메리카: 2.13, 남아메리카: 1.68, 아시아-오세아니아: 1.69, 아프리카: 1.66, EU: 1.73)보다 높은 값을 내어, 인명피해를 기준으로 할 때 한국의 자연재난에 대한 대비 수준이 상대적으로 높다는 것을 알 수 있다.

표 3-1. 한국 재난 멱함수 분포의 계수

	자연재난			사회재난		
	x_{min}	α	C	x_{min}	α	C
사망자 수	19	1,950	−621.74	10	2,040	−567.85
재산피해	6193070	1,518	$−4.85\times10^3$			

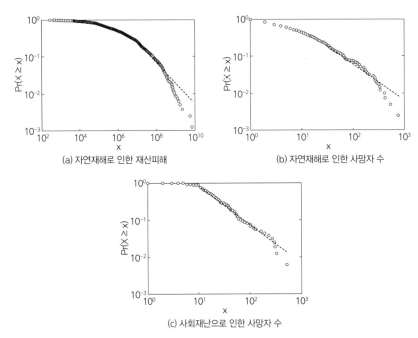

(a) 자연재해로 인한 재산피해   (b) 자연재해로 인한 사망자 수

(c) 사회재난으로 인한 사망자 수

그림 3-18. 한국 자연재난과 사회재난의 멱함수 분포

베세라 외가 연구한 대부분 지역의 α값은 1.6과 1.75 사이에 놓여 있다. 특이한 것은 북아메리카의 α값이 2.13으로 다른 지역에 비해 높은데, 이는 상대적으로 적은 관측자료 수, 고소득, 낮은 인구밀도 등에 기인한 것으로 추정된다 (Becerra et al., 2006). 표 3-1에서 알 수 있는 것처럼, 한국의 자연재난으로 인한 사망자 수를 나타내는 α값은 1.97로 베세라 외가 연구한 지역보다 높은 편이다.

4.
사회적 충격사건과 잠재적 충격사건

1. 정책변동 인자로서의 사회적 충격사건

사회적 충격사건(focusing event)은 정책결정이나 정책변동을 유발하는 중요한 요인으로서 학계에서 많은 관심을 받고 있다. 이러한 사건들은 빈번하게 발생하지는 않지만, 일단 발생하면 사회에 중대한 영향을 미칠 수 있다. 일반적으로 사회적 충격사건은 갑작스럽게 발생하며, 정부와 일반 시민들이 거의 동시에 인지한다. 이러한 점에서 일상 범죄와 같은 사건에 비해 사회적 충격사건은 정책입안자와 대중의 관심을 보다 많이 끌게 된다(Birkland, 1998). 재난관리 분야에서 사회적 충격사건은 주로 갑작스럽게 발생하는 대규모 재난, 테러 등을 의미하며, 미국에서 발생한 9.11 테러, 허리케인 카트리나, 한국에서 발생한 대구지하철 화재사고, 세월호 사고 등이 이에 해당한다.

사회적 충격사건이 발생한 후 정책방향을 어떻게 설정하느냐에 따라 그 이후의 결과에 많은 차이가 발생한다(Birkland, 1997). 정책결정자들은 언론이나 외부 관계자의 강력한 요구가 있을 때 정책결정이나 변화에 주의를 기울이는 경우가 많은데, 위기나 재난과 같은 사회적 충격사건은 정책결정자들의 행동 변화를 촉구하는 요인으로 작용할 수 있다(Kingdon, 2010). 사회적 충격사건은 언론, 국회, 이해관계자, 정부 관련자들의 이목을 집중시킴으로써 정책변동을 위한 기회의 창(window of opportunity)을 제공한다(Kingdon, 1995).

사회적 충격사건에 대한 학자들의 관점을 살펴보면, 먼저 워롤(Worrall, 1999)은 공공정책에서 테러의 영향을 분석하기 위한 연구에서 테러리즘과 관련된 사회적 충격사건을 "의도적인 범죄이고, 일반 사고인지 범죄인지 구분하기가 어려우며, 예측이 매우 어렵고, 과거에 전례가 없었던 사고"의 4가지 특성으로 정의하였다. 거버(Gerber, 2007)는 사회적 충격사건이 시스템의 결함을 드러내는 역할을 하며, 이로 인해 동일한 조건에서 보다 극단적인 사건이 발생할수록 정책적인 학습과 변화가 즉각적으로 일어난다고 언급하였다. 노스테드(Nohrstedt, 2008)는 공공정책 학자들이 중요한 정책변동을 설명하기 위해 사회적 충격사건과 기회의 창을 자주 인용하며, 사회적 충격사건에 대한 그들의 공통된 견해는 이러한 사건들이 관료사회의 타성을 종식시켜 중요한 정책변동이 일어날 수 있는 환경을 조성한다는 것에 동의한다고 강조하였다.

버클랜드(Birkland)는 재난 및 사고의 개념을 사회적 충격사건에 적용하였으며, 대규모 재난이나 테러가 발생하면 대중과 정치 엘리트들의 정책문제에 대한 관심이 상당히 증가한다는 것을 발견하였다. 또한 이 사건들은 드물고, 유해하고, 갑작스럽게 발생하며, 의제 설정(agenda setting)에 영향을 미친다고 주장하였다(Birkland, 2006). 그는 정치 리더, 정책결정자, 그리고 이해관계자들이 사회적 충격사건이 의제 설정에 미치는 영향을 이해해야 하는 이유를 다음의 3가지로 제시하였다. 첫째, 사회적 충격사건은 직관적으로 인지할 수 있다. 개인이나 사회로 하여금 이러한 문제가 이전에는 왜 고려되지 않았고, 개선을 위해 무엇을 해야 하는지를 자각할 수 있도록 해 준다. 사회적 충격사건이 정책변동과 항상 동시에 발생하는 것은 아니지만, 특정 상황에서 중요한 선도자(precursor)

로서의 역할을 할 수 있다.

둘째, 사회적 충격사건은 의제 설정과 정책결정(policy making) 사이의 격차를 줄일 수 있다. 이러한 사건들은 정책학 연구자들에 의해 중요한 사례로 사용되고 있으나, 어떻게 그리고 왜 이러한 사건들이 중요한지에 대한 체계적인 연구는 여전히 부족한 상태이다. 사회적 충격사건이 의제 설정과 정책결정 과정에서 어떻게 정치 엘리트, 정책결정자, 대중의 관심을 끄는지에 대한 연구는 매우 중요하게 다루어져야 할 부분이다.

셋째, 의제 설정과 정책결정 과정에서 여러 요인들이 어떻게 상호작용하는지에 관한 연구는 방대한 양의 데이터와 정보를 필요로 하며, 전 과정을 종합적으로 분석하는 것은 매우 어려운 일이다. 사회적 충격사건이 발생한 특정 시점에 주목하여 의제 설정 및 정책결정 과정을 분석해 보는 것은 상대적으로 쉬우며, 연구할 만한 가치가 있다.

버클랜드(Birkland, 2006)는 대형 재난이라는 정책 실패 이후에 발생하는 정책학습에 대한 연구에서 사회적 충격사건을 중요하게 다루었다. 그는 사회적 충격사건의 발생, 정책의제에 대한 사회적 관심 증가, 이해관계 집단의 동원, 의제로 발전 가능한 아이디어에 대한 논의, 새로운 정책의 적응, 사회적 학습으로 순차적으로 구성되는 사건관련 정책학습 모형(Event-Related Policy Learning Model, ERPL Model)을 제안하고, 9·11테러, 허리케인 카트리나 등에 대한 연구에 적용하였다. 또한 모든 재난들이 사회적 충격사건으로 작용하는 것은 아니며, 잠재적 충격사건(Potential Focusing Event) 중에서 여러 정책변동 조건들이 충족될 때 실제 정책변동이 일어난다고 주장하였다.

버클랜드의 사건관련 정책학습 모형은 자연재난이나 테러와 같은 극단적이고 대중의 관심이 집중되는 재난상황에서 발생하는 정책변동의 과정을 설명하는 모형으로서 중요한 의미를 갖는다(권기헌, 2014). 버클랜드 모형은 대규모 재난 이후 발생하는 정책변동 과정을 분석하는 틀로서 의미가 있지만, 여러 요소들이 정책변동에 미치는 영향을 너무 단선적으로 나열하고 있어 여러 요소의 역동적 상호작용을 설명하는 데는 한계가 있다. 따라서 이 책에서는 킹던과 버클랜드의 모형을 결합한 수정모형을 사용하여, 한국에서 대규모 재난 이후 정책변동 과정이 어떻게 일어났는지에 관해 분석한다. 이에 대해서는 제4장에서 자세히 설명한다.

2. 잠재적 충격사건

1948년부터 2015년까지 발생한 재난 중 사회적 충격사건으로 작용할 가능성이 있는 재난들을 발견하기 위해 재난의 통계적 분포로부터 규모의 임계값을 결정한다. 즉, 여러 재난 중 피해규모가 크고 이상치(outlier)의 특징을 갖는 재난들이 사회적 충격사건으로 작용할 가능성이 높다고 가정한다.

자료가 정규분포를 따르는 경우 평균과 표준편차를 이용하여 이상치를 판단할 수 있다. 앞서 살펴본 바와 같이 재난의 규모와 빈도 사이의 관계는 멱함수 분포를 따르고 있으며, 규모에 로그를 취했을 때는 선형적인 특성을 보였다. 따라서 이 책에서는 로그 스케일로 계산된 재난규모의 평균과 표준편차를 이용하여 임계값을 결정한다. 일반적으로 평균으로부터 $\pm 2\sigma$ 이상 떨어진 값들을 이상치로 판단하지만, 사회적 충격사건의 경우 재난의 규모 외에 정치적인 관심 집중 등에 의해서도 영향을 받을 수 있다. 저자는 잠재적 충격사건의 기준을 $+1\sigma$ 이상의 값을 가지는 재난으로 정한다. 그 이유는 다음과 같다.

표 3-2는 2σ와 1σ를 기준으로 할 때 잠재적 충격사건을 정의하기 위한 임계값을 나타낸다. 통계분석에서 일반적으로 $\pm 2\sigma$ 밖에 위치하는 사건들은 평균을 따르지 않는 예외적인 사건으로 취급된다. 하지만 2σ 밖에 위치한 사건들을 분석한 결과, 사망자 수는 적지만 사회적으로 큰 영향을 미친 다수의 사건들이 누

표 3-2. 표준편차 기준 사망자 수

	자연재난(피해액, 단위 10억)	자연재난(명)	사회재난(명)
신뢰구간 68%($\mu + \sigma$)	383.4	103	107
신뢰구간 95%($\mu + 2\sigma$)	716.7	177	176

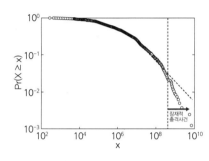

	연도별 잠재적 충격사건 빈도	평균 피해규모 (단위: 억 원)
1951~1960	0	0
1961~1970	0	0
1971~1980	0	0
1981~1990	4	740.6
1991~2000	5	947.9
2001~2010	8	2253.3
2011~2015	1	600.7

그림 3-19. 자연재난 빈도-재산피해를 기준으로 한 잠재적 충격사건

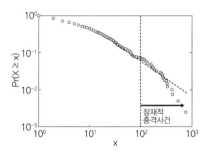

	연도별 잠재적 충격사건 빈도	평균 사망자 수 (단위: 명)
1951~1960	3	386.0
1961~1970	8	268.1
1971~1980	7	246.5
1981~1990	6	188.4
1991~2000	2	213.5
2001~2010	2	188.5
2011~2015	0	0

그림 3-20. 자연재난 빈도-사망자 수를 기준으로 한 잠재적 충격사건

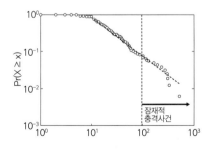

	연도별 잠재적 충격사건 빈도	평균 사망자 수 (단위: 명)
1951~1960	0	0
1961~1970	1	326.0
1971~1980	2	240.0
1981~1990	0	0
1991~2000	3	342.7
2001~2010	3	197.0
2011~2015	1	304.0

그림 3-21. 사회재난 빈도-사망자 수를 기준으로 한 잠재적 충격사건

표 3-3. 한국 잠재적 충격사건의 수(1948~2015)

구분	총 재난 수	잠재적 충격사건 수	
자연재난	848	사망자 기준	28
		재산피해 기준	18
사회재난	171	10	

락되는 것으로 확인되었다. 따라서 1σ를 기준으로 잠재적 충격사건을 정한다. 1σ를 기준으로 선정된 잠재적 충격사건들은 그림 3-19, 3-20, 3-21에 제시되어 있다.

1σ에 해당하는 사망자 102명 또는 3834억 원 이상의 재산피해를 발생시킨 자연재난과, 107명 이상의 사망자를 발생시킨 사회재난을 기준으로 잠재적 충격사건의 수를 파악해 본 결과, 표 3-3과 같이 사망자 기준 자연재난은 28건, 재산피해 기준 자연재난은 18건, 사망자 기준 사회재난은 10건이 잠재적 충격사건으로 분류될 수 있다.

한국 재난의 특성과 재난관리

5.
사회적 충격사건:
멱함수 특징과 정책변화의 교차점

앞 절에서 분석한 바와 같이 1948년부터 2015년까지 한국에서 발생한 재난의 빈도와 규모의 관계는 멱함수 분포를 따른다. 이 멱함수 분포에서 재난대응 제도의 변화를 가져올 가능성이 있는 사건들은 멱함수의 긴 꼬리(long-tailed) 부분에 분포하고 있는 사건들이다. 저자는 이러한 사건을 '잠재적 충격사건'으로 분류한다. 이 절에서는 이처럼 재난대응 제도의 변화를 가져올 가능성이 있는 잠재적 충격사건 중 재난대응 조직과 법률의 변화와 직간접적인 관계가 있는 사건들에 대해 알아본다.

재난대응 조직의 변화를 살펴보기 위한 지수는 자연·사회 재난 분야를 담당하는 중앙재난안전대책본부를 운영하는 과·국 또는 기관의 신설·폐지나 이관, 긴급구조를 담당하는 과·국 또는 기관의 신설·폐지나 이관을 의미한다. 그 이유는 33종의 표준 재난유형별로 대부분의 정부부처가 재난관리에 관련되어 있어, 간접적으로 관련되는 조직의 변화까지 포함할 경우 연구 수행의 범위가 너무 넓어지기 때문이다. 재난대응 조직의 변화는 조직의 부처 간 이동이나 부처의 신설에 해당하는 대규모 변화와 재난관리국 또는 재난관리과 신설 등 중규모 변화에 대해 살펴본다. 간접 관련되는 조직의 변화는 소방학교 신설, 수해복구 사무소 설치, 하천관리과 신설 등 재난대응을 지원하거나 협력하는 조직의 과·국 또는 기관의 신설, 폐지, 변경 등을 의미한다. 이러한 변화는 향후 다른 연구에 활용될 수 있도록 하기 위해 문헌상에 나타나 있는 자료들을 가능한 한 많이 수록하되, 연구의 핵심 내용인 사회적 충격사건의 분류, 재난대응 정책변화 등을 위한 분석에는 포함하지 않는다.

재난대응 조직과 법률의 변화에 대한 기술은 멱함수 분석에 활용된 재난자료와 동일하게 1948년부터 2015년까지로 한다. 다만, 2017년에 새롭게 출범한 행정안전부에 대해서는 독자의 이해를 위해 간략하게 서술한다.

1. 중앙대책본부 운영 조직과 관련 법률의 변화

1) 내무부에 재해대책을 담당하는 건설국 신설(1948. 11. 4.)

1948년 7월 27일 「정부조직법」이 제정(법률 제1호)되어, 내무부 등 11개 부처를 설치하고 내무부가 지방자치단체의 감독·치안·소방 및 토목에 관한 사무를 담당하도록 하였다. 같은 해 11월 4일 대통령령 제18호로 내무부 직제가 제정·공포·시행되었다. 각종 재해로부터 국토를 보전하고 국민의 생명과 재산을 수호하기 위한 재해대책 기능은 내무부 장관 소속으로 건설국을 신설하고, 그 밑에 서무과, 자재과, 도시계획과, 건축과, 도로과, 이수과 및 항만과를 설치하였으며 재해대책 업무는 이수과에서 관장하도록 하였다.

1960년 4·19혁명으로 정부조직이 내각책임제로 바뀌었다. 그다음 해인 1961년에는 국무총리를 내각의 중심으로 하는 「정부조직법」이 법률 제660호로 개정·공포 및 시행(1961. 7. 22.)되었다. 이 법에서 국민경제 부흥을 위한 '경제기획원'을 신설하고, 건설부를 폐지하는 대신 '국토건설청'을 경제기획원 산하에 설치하여 국토개발과 재해대책 업무를 맡도록 하였다.

1961년 8월 21일 각령 제104호로 수해복구와 재건에 관한 사무를 관장하게 하기 위해 국토건설청 산하에 '임시 영주 수해복구사무소'와 '임시 남원 수해복구사무소'를 설치하였는데, 이것이 근대적 재난관리 업무의 시작이라고 할 수 있다.

2) 내무부 토목국을 국토건설청으로 이관(1961. 10. 2.)

같은 해 10월 2일 「신정부조직법」을 법률 제734호로 제정·공포하고 '국토건설청 직제'를 전부개정(각령 제159호, 1961년 10월 2일 공포·시행)하여 내무부 토목국, 서울·부산· 이리 지방건설국, 국토건설연구소, 상공부 해무청 시설국 등을 국토건설청으로 이관하였다. 또한 계획국과 관리국을 국토계획국, 국토보전국, 수자원국, 관리국으로 증국하고, 태백산 지역건설국을 신설하여 국토 및 자연자원의 보전·개발 및 개조와 항만, 교량, 하천, 수도, 주택에 이르기까지 국토건설에 관한 사업 일체를 국토건설청이 관장하게 되었다.

같은 해 12월 30일에는 「하천법」이 제정·공포(법률 제892호)되었다. 이에 따라 다목적댐 건설, 농업기반 개발사업, 하천개수사업 등 대규모 치수사업의 계획·조사·시공 등이 본격적으로 시행되었다.

1962년 3월 20일, 「재해구호법」을 제정(법률 제1034호)하여 구호업무상 필요한 경우 타인의 소유에 속하는 토지 건물을 사용할 수 있도록 하고, 의료, 토목, 건축 또는 운송업 관계자에게 구호에 관한 협력을 요구할 수 있게 하는 등 재해구호 지원을 위한 법률적 기반을 마련하였다.

3) 건설부 신설(1962. 6. 29.) 및 건설부에 방재과 신설(1963. 10. 23.)

1962년 6월 29일 「정부조직법」이 개정(법률 제1092호)되어 국토건설청이 '건설부'로 확대 개편되었다. 1963년 10월 23일, 각령 제1610호로 건설부 직제를 개정하여 수자원국에 '방재과'를 두면서 방재라는 용어가 직제에 처음으로 등장하게 되었다. 이때 신설된 방재과는 1990년 발생한 일산 제방 붕괴사고를 계기로 재해대책 업무가 건설부에서 내무부로 이관된 1991년 4월까지 유지되었다.

1967년 2월 「풍수해대책법」이 제정(법률 제1894호)되었다. 이 법은 국토와 국민의 생명·신체 및 재산을 재해로부터 보호하기 위해 방재계획 수립, 재해예방, 재해응급대책, 재해복구 등에 관한 사항을 규정하기 위해 제정되었으며, 재해대책을 제도적으로 규정한 최초의 법률로서 중요한 의미가 있다. 「풍수해대책법」에 따라 우리나라 최초의 방재기본계획이 1968년에 수립되었다. 이 법은 1995년 12월 6일 「자연재해대책법」이 제정되면서 폐지되었다.

1972년에 발생한 홍수를 계기로 1974년 7월 3일 '한강홍수통제소'가 신설되었다. 이후 낙동강홍수통제소(1987. 3. 28.), 섬진강홍수통제소(1990. 3. 12.), 금강홍수통제소(1990. 8. 28.), 영산강홍수통제소(1991. 10. 25.)를 개소하여, 2017년 7월을 기준으로 한강, 낙동강, 금강, 영산강 등 10개 홍수통제소가 운영되고 있다.

1975년 7월 25일 제정된 「민방위기본법」(법률 제2776호)은 재난대처에 대한 국가의 책무를 규정했다는 점에서 의미가 있다. 이 법에 따라 국가와 지방자치단체는 국가의 안녕을 위태롭게 할 재난 및 각종 사태에 대비하여 국민의 생명과 재산을 보호하기 위한 계획을 수립 및 시행하여 재난발생 시 정부와 함께 인명구조와 피해확산 방지에 노력하였다.

1977년 12월 30일 대통령령 제8793호로 국토와 국민의 생명 및 재산을 보호하고 방재기본계획의 수립 및 조사연구를 전담하도록 하기 위해 수자원국장 밑에 방재계획관직을 신설하였다.

1987년 12월 15일 대통령령 제12313호로 수자원국 방재과를 방재계획과로 개편하고 방재시설과를 신설하여 방재행정 기능을 강화하였다. 하지만 1988년부터 1989년까지 재난이 발생하지 않자, 1990년 3월 26일에 대통령령 제12959호로 방재계획과 및 방재시설과를 방재과로 통합·축소하였다. 이는 너무나도 근시안적인 행정이었다.

4) 건설부에서 내무부로 재해대책 업무 이관(1991. 4. 23.)

1990년 12월 27일 법률 제4268호로 「정부조직법」을 개정하면서 부칙조항으로 「풍수해대책법」을 개정하였다. 개정된 「정부조직법」에 따라 1991년 4월 23일 내무부와 그 소속기관 직제를 개정하여 건설부 방재과를 폐지하고, 내무부 산하 민방위국에 방재계획관을 두고 기획과, 편성운영과, 교육훈련과, 방재과 등 4개 과를 설치하여 재해대책 업무를 건설부에서 내무부로 이관하였다.

1990년대에는 '사회적 충격사건'으로 분류될 수 있는 사회재난이 연이어 발생하면서 이에 대비하기 위해 정부조직과 법률에 많은 변화가 발생하였다.

부산 구포역 열차전복사고(1993. 3. 28.)를 계기로 '사고로 인한 재해수습에 관한 훈령'(국무총리훈령 제275호)이 1993년 4월 26일 제정되었다. 이 훈령은 대형 사고의 교훈을 통해 재난대응 체계를 개선하기 위한 결과물이라 볼 수 있다.

성수대교 붕괴사고(1994. 10. 21.)를 계기로 각종 시설물의 체계적인 안전관리를 위해 「시설물의 안전관리에 관한 특별법」(법률 제4922호)이 1995년 1월 5일 제정되었다.

1995년 7월 18일 인적 재난의 대응·수습에 관한 내용을 규정한 「재난관리법」이 제정되었다. 「재난관리법」에 따라 같은 해 10월 19일 내무부의 민방위본부가 민방위재난통제본부로 확대 개편되면서 재난관리국(재난총괄과, 재난관리과, 안전지도과)이 신설되고, 지방에 재난관리 기구가 신설되어 인적 재난을 체계적으로 관리하기 시작하였다. 국무총리실(안전관리심의관실), 통상산업부 (가스안전심의관실), 건설교통부(건설안전심의관실) 등에도 인적 재난을 담당하는 부서가 신설되었다. 같은 해 12월에는 시도 민방위국을 민방위재난관리국으로, 시군구 민방위과를 민방위재난관리과로 확대하였으며, 모든 시도에 안전점검기동단을 신설하여 지방자치단체의 재난관리 능력을 향상시키고자 하였다.

1995년 12월 6일에는 「풍수해대책법」을 「자연재해대책법」으로 개정(법률 제4993호)하여 자연재해의 범위에 지진·가뭄을 추가하고, 내무부 장관 산하에 재해대책 심의기구인 재해대책위원회를 설치하였으며, 중앙재해대책본부 및 지방재해대책본부를 설치·운영하도록 하였다.

5) 총무처와 내무부를 통합하여 행정자치부 신설(1998. 2. 28.)

1998년에 국민의 정부가 출범하면서 「정부조직법」을 개정하고, 총무처와 내무부를 합쳐 '행정자치부'를 신설하였다. 재난관리 측면에서 행정자치부 신설은 그동안 각 부처에서 개별적으로 수행하던 재난관리를 총괄 조정하는 기능이 강화되었다는 것을 의미한다. 하지만 이 시기 정부조직 축소의 영향으로 재난관리 조직 역시 일부 축소되었다. 1999년 5월 24일 재난관리국이 다시 민방위국에 흡수되어 민방위재난관리국으로 통합되었다. 그 후 공공부문의 구조조정이 가속화되면서 다시 방재국이 방재관으로 축소되었다.

재난관리 조직은 축소되었지만, 정부의 재해대책 강화를 위한 노력은 계속되었다. 1999년 8월 10일 김대중 대통령은 국무회의에서 국민이 신뢰할 수 있는 항구적인 수해방지 대책을 수립하도록 지시하였다. 아울러 광복절 경축사를 통해 "수행방지 등 재해에 대한 근원적인 대책을 강화하여 인명피해와 경제적 손실이 되풀이되는 일이 없도록 하겠습니다."라고 수해방지에 대한 강력한 의지를 표명하였으며, 이에 따라 '수해방지대책기획단'(단장 연세대학교 조원철 교수)이 대통령 비서실 직속으로 발족되었다.

화성 씨랜드 청소년수련원 화재사고(1999. 6. 30.) 발생을 계기로 범정부적인 안전관리 개선을 위해 국무총리실에 '안전관리개선기획단'이 설치되었다.

2000년에는 수해방지대책기획단에서 그간의 수해대책을 분석평가하고 각계의 의견을 수렴하여 향후 10년간에 걸쳐 추진할 종합대책을 발표하였다. 종합대책에는 방재조직의 전문화와 연구기능 강화를 위한 내용이 포함되었다. 이를 추진하기 위해 민방위방재국장 밑에 두던 방재관을 민방위재난통제본부장 직속으로 조정하여 자연재해 업무를 관장하도록 하고, 민방위방재국의 명칭을 민방위재난관리국으로 변경하도록 '행정자치부 직제'를 개정(대통령령 제16832호, 2000. 6. 7.)하였다. 이에 대한 후속조치로서 민방위재난통제본부의 민방위재난관리국장 및 방재관 밑에 두는 과와 담당관의 기구 설치 및 분장사무를 조정하는 시행규칙(행정자치부령 제98호)을 개정하였다.

2002년 태풍 루사로 인해 전국에 걸쳐 대규모 피해가 발생함에 따라 「자연재해대책법」을 개정(법률 제6735호)하여, 제62조 2항에 특별재해지역을 신설하고 신속한 복구 및 지원이 이루어질 수 있도록 하였다.

6) 최초의 재난관리 전담기구인 소방방재청 출범(2004. 6. 1.)

2003년 2월 25일에 열린 취임식에서 노무현 대통령은 "안전한 사회 실현을 위해 국가 재난관리 체계를 획기적으로 개선하겠다."라고 발표하였다. 이에 따라 행정자치부에 국가재난관리시스템 기획단이 설치되어 활동하였으며, 2004년 3월 11일 「정부조직법」 개정(법률 제7186호)과 「재난 및 안전관리 기본법」 제정(법률 제7188호)을 통해 한국 최초의 재난관리 전담기구인 '소방방재청' 신설이 결정되었다. 「재난 및 안전관리 기본법」은 소방방재청 신설 외에도 「자연재해대책법」과 「재난관리법」으로 나누어져 관리되던 법적 시스템을 통합하고, 재난의 개념에 국가기반체계 마비와 같은 사회적 재난의 개념을 추가하였다는 점에서 의의를 갖는다. 2004년 6월 1일, '소방방재청과 그 소속기관 직제'(대통령령 제18390호, 2004. 5. 24., 제정)를 시행하여 소방방재청이 출범하였다.

2005년에는 「자연재해대책법」을 전부개정하여 사전재해영향성검토 협의, 풍수해저감종합계획 수립, 내풍설계기준 도입 등 예방 위주의 제도를 대폭 도입하였다.

2006년 3월 24일에는 법률 제7906호로 「다중이용업소의 안전관리에 관한 특별법」을 제정하여 다중이용업주와 종업원에 대한 소방안전교육을 의무화하고, 재난안내도 비치 및 피난안내에 관한 영상물 상영을 의무화하였다.

같은 해 9월 22일에는 「민방위기본법」 일부개정(법률 제7980호)을 통해 민방위에 관한 총괄·조정 및 보좌기능을 행정자치부에서 소방방재청으로 이관하였다.

2007년 7월 19일에는 「재해경감을 위한 기업의 자율활동 지원에 관한 법률」을 제정(법률 제8530호)하여 국가 및 지방자치단체가 기업의 재해경감활동을 지원하도록 책무를 부여하고, 재해경감 우수기업 인증제도 및 기업의 재해경감활동에 대한 표준을 마련하였다.

같은 해 7월 27일에는 「급경사지 재해예방에 관한 법률」을 제정(법률 제8551호)하여 급경사지에 대한 안전점검을 의무화하고, 붕괴 위험지역을 지정토록 하였으며, 붕괴 위험지역에서의 공사 등 행위를 협의 후 시행하도록 정하였다. 9월 14일에는 소방방재청과 그 소속기관 직제 및 시행규칙 개정을 통해 소방방재청에 방재기준팀을 신설하였다.

2008년에는 이명박 정부 출범과 동시에 중앙인사의 통합적 운영과 국가 차원의 재난과 안전관리를 총괄하기 위해 「정부조직법」 전부개정(법률 제8852호)을 통해 '행정자치부'가 '행정안전부(Ministry of Public Administration and Security, MoPAS)'로 개편되었다. 「정부조직법」 개정에 따라 「민방위기본법」

(법률 제8855호) 및 '소방방재청과 그 소속기관 직제'(대통령령 제20693호)가 개정되었으며, 행정자치부에서 담당하던 정부의 안전관리정책 및 비상대비·민방위·재난관리 제도에 관한 사무를 행정안전부에서 계속 수행하도록 하고, 민방위에 관한 총괄·조정 및 국무총리 보좌 기능이 소방방재청에서 행정안전부로 이관되었다.

같은 해 3월 28일에는 「지진·화산재해대책법」을 제정(법률 제9001호)하여 지진재해경감을 위한 국가재난관리 책임기관의 책무 근거를 마련하고, 지진 및 지진해일 관측시설을 설치하는 한편, 기존 시설물에 대한 내진보강 기본계획을 수립토록 하였다.

2008년 12월 31일에는 「자연재해대책법」(법률 제9298호)과 「재난 및 안전관리 기본법」(법률 제9299호)이 개정되어 낙뢰가 자연재해의 대상에 포함되었다.

2010년 2월 4일에는 안전문화 업무의 일원화를 위해 소방방재청에서 행정안전부로 안전문화 관련 기능을 이관하였다.

2011년 3월 8일에는 「초고층 및 지하연계 복합건축물 재난관리에 관한 특별법」이 제정되어 초고층건축물 등에 대한 사전재난영향성검토협의를 실시하도록 하고, 재난예방 및 피해경감계획 수립·시행과 통합 안전점검이 의무화되었다.

같은 해 10월 15일에는 '소방방재청과 그 소속기관 직제 개정'(대통령령 제23239호)을 통해 방재연구소가 소방방재청에서 행정안전부로 이관되었다.

7) 안전행정부 출범(2013. 3. 23.)과 자연·사회 재난관리 이원화

2013년에는 박근혜 정부가 출범하고, 행정안전부의 안전기능을 강화하기 위해 「정부조직법」 전부개정(법률 제11690호)을 통해 행정안전부의 명칭을 '안전행정부(Ministry of Security and Public Administration, MoSPA)'로 변경하고 조직을 개편하였다.

같은 해 8월 6일에는 「재난 및 안전관리 기본법」이 일부개정(법률 제11994호)되어 인적 재난과 사회적 재난을 사회재난으로 통합, 그동안 자연재난, 인적재난, 사회적 재난으로 구분되던 재난을 자연재난과 사회재난의 두 가지 범주로 분류하게 되었다. 사회재난 통합관리를 위해 2014년 4월 2일 소방방재청 인적재난관리업무가 안전행정부로 이관되었다.

구미 불산 누출사고 대처 과정에서 문제점으로 지적되었던 화학사고 대응역량을 강화하기 위해 정부는 2013년 11월 25일 화학재난 합동방재센터를 6개 산업단지에 각각 설치하였다.

2014년 5월 21일에는 「연안사고 예방에 관한 법률」이 제정(법률 제12657호)되어 연안사고 안전관리 규정을 마련하고, 연안사고 예방 기본계획을 수립하여 시행하도록 하였다.

8) 최초의 장관급 재난관리 전담부처인 국민안전처 출범(2014. 11. 19.)

2014년 4월 16일 발생한 세월호 사고 이후 박근혜 정부는 재난관리 시스템 혁신에 대한 국민적 열망을 반영하여 2014년 11월 19일 「정부조직법」을 개정(법률 제12844호)하였다. 이를 통해 재난안전관리 전담부처로서 국민안전처를 신설하고, 안전행정부는 행정자치부로 개편하였다. 국민안전처는 자연재난, 사회재난, 비상대비에 대한 통합관리는 물론, 긴급구조 대응기관인 소방과 해경까지 포함시켜 통합적 재난·안전관리 체계를 구축하였다는 의미가 있다. 하지만 총리실 소속처로서 동급의 다른 부처를 총괄 조정하기에는 권한과 조직기능에 한계가 있었으며, 33종에 달하는 모든 재난유형에 대한 전문성을 갖기에는 인적구성에 한계가 있었다. 국민안전처는 2016년 경주 지진, 2017년 강릉 산불 등에 효과적으로 대응하지 못했다는 비판을 받았으며, 2017년 7월 26일 행정자치부와 통합되었다.

한국 재난의 특성과 재난관리

2015년 7월 24일 「소규모 공공시설 안전관리 등에 관한 법률」이 제정(법률 제 13437호)되어 소규모 공공시설에 대한 정기점검 의무화, 위험시설의 지정관리 등 소규모 공공시설의 재해방지를 위한 제도들이 도입되었다. 마을안길, 농로, 소교량 등 소규모 공공시설은 관리주체가 불분명하여 체계적인 관리 및 정비가 이루어지지 않고 매년 피해가 반복적으로 발생하였는데, 이를 개선하기 위함이었다.

2015년 발발한 메르스 사태로 다수의 사망자가 발생하여 국가 감염병 관리 시스템에 대한 국민의 불안이 높아졌으며, 이를 개선하기 위해 2016년 1월 1일 「정부조직법」을 개정(법률 제13593호)하여 질병관리본부를 차관급으로 격상하였다.

9) 국민안전처와 행정자치부를 통합하여 행정안전부 신설(2017. 7. 26.)

2017년 새로 출범한 문재인 정부는 7월 26일 「정부조직법」을 개정(법률 제 14839호)하여 재난·안전과 지방자치단체 관련 업무를 연계하고 재난대응 역량을 강화하기 위해 국민안전처와 행정자치부를 통합한 '행정안전부'를 신설하였다. 또한 점차 대형화되고 복합화되는 재난에 대한 현장의 구조대응 기능 강화를 위해 소방청과 해양경찰청을 신설하고, 소방청은 행정안전부 산하에, 해양경찰청은 해양수산부 산하에 두었다.

2. 긴급구조 조직과 관련 법률의 변화

1) 내무부 치안국 소방과(1948. 11. 4.)~소방청(2017. 7. 26.)

1948년 9월 내무부는 중앙소방위원회를 인수하였고, 같은 해 11월 4일 내무부 직제를 확정(대통령령 제18호)하여 소방행정을 경찰행정 체제로 흡수하였다. 이에 따라 중앙의 소방업무는 치안국 소방과에서 담당하고, 지방의 소방업무는 각도의 지방경찰국 산하(서울은 소방국, 청주는 소방과)에서 담당하도록 개편하였다. 이를 통해 미 군정 시대의 소방청과 자치 소방기구는 경찰기구에 인수되어 소방행정은 다시 경찰행정 체제 속에 흡수되었다. 1950년 3월 31일 대통령령 제304호 내무부직제 개정을 통해 소방과를 보안과 내 소방계로 축소하였으며, 1953년 7월 6일 내무부직제 개정에 따라 보안과 내 소방계를 경비과 내 방호계에 합병하였다.

1958년 3월 11일에는 근무 또는 거주에 이용되는 건축물, 선박 등에 대한 화재의 예방·경계·진압으로 생명과 자산을 보호하기 위해 「소방법」이 제정되었다.

1961년 10월 2일 각령 제166호로 신 내무부직제를 제정하여 치안국에 소방과를 설치하였다.

1970년 8월 30일에 정부는 「정부조직법」을 개정(법률 제2210호)하여 소방기능을 지방자치단체로 이양하였다. 소방기능이 법적으로는 지방자치단체로 이관되었지만, 경찰국 내에서 소방사무를 취급하였기 때문에 소방업무에 대한 체계적 관리가 어려웠다. 이에 따라 1972년 6월 서울과 부산에 소방본부가 설치되어 소방사무를 관장하게 되었고, 이후 단계적으로 시도에 확대되어 1992년 전 시도에 소방본부가 설치되었다.

1973년 2월 8일에는 「지방소방공무원법」이 제정(법률 제3042호)되어 소방공무원 신분이 국가공무원은 경찰공무원 소방직으로, 지방공무원은 지방소방공무원으로 이원화되었다. 지방소방공무원 제도 신설은 지방자치단체에서 소방업무를 본격적으로 수행하는 계기가 되었다. 1973년 2월 6일에는 법률 제2482호 「화재로 인한 재해보상과 보험가입에 관한 법률」 제정을 통해 화재로 인한 피해를 예방하고 신속한 복구와 적절한 보상을 수행하고자 하였다. 1974년 12월 31일 대통령령 제7505호 내무부직제 개정에 의해 치안국을 치안본부로 개편하였으며, 치안본부 제2부 내 소방과에서 소방업무를 담당하게 되었다.

1975년 7월 23일 「정부조직법」 개편(법률 제2772호), 7월 25일 「민방위기본법」 제정(법률 제2776호), 8월 26일 내무부직제 개정을 통해 민방위본부를 설치하고 치안국 소방과를 민방위본부 내 소방국으로 확대 개편하였다.

1978년 7월에 소방학교가 설치되어 체계적인 재난관리를 위한 소방교육이 시작되었다. 1991년 4월 23일에는 내무부와 그 소속기관 직제가 개정되어 소방국에 소방과·방호과·예방과 3개 과가 설치되었다.

1991년 12월에는 '시·군 소방직서제'와 '소방시설 설치에 관한 규정'을 통폐합하여 대통령령 제13561호로 '소방기관 설치 및 정원에 관한 규정'을 제정하고, 소방기관 설치규정을 제정하였다. 이와 더불어 지방소방공무원의 임용권자가 지방자치단체의 장(특별시장, 직할시장, 시장·군수)에서 시·도지사로 변경되면서 광역자치 소방체제로 전환되었다. 또한 「지방세법」 및 동 시행령을 개정하여 시군세인 소방공동시설세를 도세로 전환하고 모든 소방재산은 시장·군수가 도지사에게 무상 대여하여 도지사가 관리하게 하는 등 광역자치소방의 기틀이 마련되었다. 1992년 4월 8일에는 9개 도에 소방본부를 설치하여 소방사무를 16개 시·도지사 책임으로 하는 체계를 이루었다.

1993년 4월 26일 '사고로 인한 재해수습에 관한 훈령'을 제정(국무총리훈령 제275호)하여 대형 사고 발생 시에 민·관·군의 인력과 장비를 동원할 수 있도록 하였다.

1995년 6월 29일 발생한 삼풍백화점 붕괴사고를 계기로 1995년 7월 18일 「재난관리법」이 제정되었다. 이 「재난관리법」에는 응급단계의 응급구조 및 구난 기능의 지휘통제권을 소방관서장에게 부여하는 내용을 포함하였다. 이를 통해 소방조직이 정부의 긴급구조 기능을 주도적으로 수행할 수 있는 법적 장치가 마련된 것이다. 또한 1995년 10월 19일 중앙119구조대가 신설되어 국내외 대형 사고 현장에 직접 구조인력이 출동하여 인명을 구조하는 업무를 실질적으로 수행하게 되었다. 같은 해 11월 내무부 민방위본부가 민방위재난통제본부로 확대 개편되면서 소방국에 장비통신과가 신설되었다.

또한 1995년 12월 6일에는 소방총감(현 소방정감) 계급을 신설하였다. 1996년 12월 21일 내무부와 그 소속기관 직제를 개정하고, 소방국장의 직급을 소방총감(현 소방정감) 또는 소방정감(현 소방감)으로 상향 조정하였다.

1997년 5월 27일 내무부와 그 소속기관 직제 개정을 통해 중앙119구조대를 내무부 직속기관으로 변경하였으며, 2003년 5월 29일에는 법률 제6893호 「소방기본법」을 제정하여 국제구조대 편성·운영의 근거를 마련하였다. 2004년 5월 24일 대통령령 제18390호로 '소방방재청과 그 소속기관 직제'를 제정하여 소방방재청과 그 소속기관의 조직 및 직무에 필요한 사항을 규정하였다.

2006년 3월 24일 법률 제7906호 「다중이용업소의 안전관리에 관한 특별법」을 제정하여 다중이용업소의 소방안전시설 설치 및 유지와 안전관리 및 위험평가에 대해 필요한 사항을 규정하였다. 2007년 9월 14일 행정자치부령 제392호로 '소방방재청과 그 소속기관 직제 및 시행규칙'을 개정하여 중앙소방학교에 2센터를 신설하였다. 또한 2011년 1월 28일에는 중앙119구조대가 중앙119구조단으로 승격되었다. 2011년 3월 8일 「119구조·구급에 관한 법률」이 제정(법률 제10442호)되어 위급한 상황에서 119구조·구급이 효율적으로 운영되기 위해 필요한 사항을 규정하였다. 2012년 2월 22일 「소방공무원 보건안전 및 복지 기본법」이 제정(법률 제11341호)되어 소방공무원의 보건안전과 근무여건을 개선되었다. 또한 같은 해 7월 23일에는 119구조구급국이 신설되었다.

2014년 1월 28일 법률 제12344호로 「의용소방대 설치 및 운영에 관한 법률」

이 제정되어 재난발생 현장에서의 화재 진압, 구급 및 구조활동, 화재예방활동
업무 등을 지원하기 위한 의용소방대의 설치 및 운영 체계가 갖추어졌다.

2014년 11월 19일 소방방재청이 국민안전처에 흡수 통합되면서 국가 소방과
긴급구조 기능은 국민안전처 소방본부(본부장 차관급)에서 맡도록 하였다.

2017년 7월 26일 소방청이 행정안전부 외청으로 신설되었다.

2) 내무부 치안국 소속 해양경찰대 신설(1953. 12. 14.)~
해양경찰청 복원(2017. 7. 26.)

해상에서 조난사고를 당한 선박으로부터 인명을 구하고 재산을 보호하는 역
할은 정부의 중요한 임무 중 하나였다. 이에 따라 정부는 1953년 10월 5일 해양
경찰대 설치계획을 수립하고, '해양경찰대 편성령(대통령령 제844호, 1953. 12.
14. 공포)'과 '해양경찰대 편성령 시행규칙(내무부훈령 제11호, 1953. 12. 16. 공
포)'을 통해 '해양경찰대'를 설치하였다.

1955년 2월 7일 「정부조직법」을 개정(법률 제354호)하여 내무부에 소속되어
있던 해양경찰대를 상공부 해무청 산하로 이전하고, 명칭을 '해양경비대'로 수
정하였다.

1961년 10월 2일에는 정부조직을 개편하여, 해무청을 해체하고 해양경비대
를 내무부 치안국 소속으로 복귀시키면서 명칭도 '해양경찰대'로 환원하였다.
같은 해 11월 1일에는 해양사고 발생 시 원활하고 효율적인 구조체계를 갖추기
위해 「수난구호법」을 제정(법률 제761호)하였다.

1962년 4월 3일에는 「해양경찰대설치법」(법률 제1048호)이 제정되어 안정적
인 해양경찰 업무 수행을 위한 법적 기반이 마련되었다.

남영호 침몰사고(1970. 12. 15.)를 계기로 화물 과적, 항해 부주의 등을 방지하
기 위한 '여객선 운항관리 제도'가 1973년 12월 15일 도입되었다. 1977년 12월

31일에는 해양 오염물질로부터 해양환경을 보존하기 위한 사항을 규정하기 위한 「해양오염방지법」이 제정되었다.

1991년 5월 31일 「경찰법」(법률 제4369호)이 제정되어 내무부 장관 소속 외청으로 경찰청이 신설되면서, 해양경찰대는 경찰청장 소속의 '해양경찰청'으로 소속과 명칭이 변경되었다.

서해훼리호 침몰사고(1993. 10. 10.)를 계기로 해상구조에 대한 일원화된 지휘체계를 정립하기 위해 1994년 12월 22일 「수난구호법」을 개정(법률 제4793호)하여, 해양경찰청장이 중앙구조조정본부장을 맡도록 하는 등 구난체계를 일원화하였다. 「수난구호법」 개정에 이어 정부는 1995년 8월 26일 'SAR협약(International Convention on Maritime Search and Rescue)' 가입서를 국제해사기구(International Maritime Organization, IMO)에 제출하고, 1995년 10월 4일 국내에서 'SAR협약'이 발효되었다. SAR협약 가입은 우리나라 해상구조 활동이 국제 공조체계의 틀에서 이루어지는 기반을 마련하였다는 데 의의가 있다.

서해훼리호 침몰사고 이후 또 다른 변화는 해상을 운항하는 유·도선 관리 업무를 해양경찰청에서 담당하게 된 것이다. 정부는 1993년 12월 27일 「유선 및 도선 사업법」을 전부개정(법률 제4610호)하여 해상을 운항하는 유·도선 관리 업무를 시장·군수에서 해양경찰청장으로 변경하였다.

1996년 8월 8일 정부는 해양관리의 효율성을 높이기 위해 「정부조직법」을 개정(법률 제5153호)하여 해양수산부를 신설하고, 해양경찰청을 해양수산부 소속의 외청으로 두었다. 해양경찰청은 이후 국토해양부 외청으로 변경(2008. 2. 29.)되었다가, 2013년 3월 23일 다시 해양수산부 외청으로 변경되었다.

세월호 사고(2014. 4. 16.) 이후 정부는 재난안전관리 체계를 혁신하기 위해 재난안전관리 총괄부처인 '국민안전처'를 신설(2014. 11. 19.)하고, 해양경찰청을 국민안전처 해양경비안전본부로 개편하였다.

2017년 7월 26일 「정부조직법」 개정과 함께 해양경찰청이 해양수산부 외청이 되면서 독립청의 지위를 되찾게 되었다.

지금까지 살펴본 우리나라 재난대응 조직과 법률의 변화를 표 3-4에 정리하였다. 표 3-4는 재난대응 조직과 법률 중 중앙대책본부 및 긴급구조와 직접 관련되는 내용을 주로 포함하고 있으며, 하천법 등 중요한 법률은 독자의 이해를 위해 함께 포함하였다.

표 3-4. 한국 재난대응 조직 및 법률의 변화(1948~2015)

날짜	재난대응 조직의 변화		관련 법률의 변화(대응조직 및 대응제도)	
	중대본 총괄 운영 및 기타 주요 재난관리	긴급구조	조직 신설·변경 및 폐지	제도 및 기능 개선
1948. 7. 17.			정부조직법 제정 (법률 제1호) 내무부 등 11개 부처를 설치, 내무부가 지방자치단체의 감독·치안·소방 및 토목에 관한 사무를 관장	
1948. 11. 4.	[내무부] 건설국 산하에 이수과 설립	[내무부] 치안국 산하에 소방과 설립	내무부직제 제정 (대통령령 제18호)	
1950. 3. 31.		[내무부] 소방과를 보안과 내 소방계로 축소	내무부직제 개정 (대통령령 제304호)	
1953. 7. 6.		[내무부] 보안과 내 소방계를 경비과 내 방호계에 합병	내무부직제 개정 (대통령령 제840호)	
1953. 12. 14.		[내무부] 치안국 소속 해양경찰대 신설	해양경찰대 편성령 공포 (대통령령 제844호)	
1955. 2. 7.		[내무부/상공부] 내무부 소속 해양경찰대를 해무청 산하로 이전	정부조직법 개정 (법률 제354호)	

날짜	조직		법령	
1958. 3. 11.				소방법 제정
1961. 7. 22.	[경제기획원] 건설부를 폐지하고 경제기획원 산하에 국토건설청을 설치하여 재해대책 업무 담당		정부조직법 개정 (법률 제660호)	
1961. 8. 21.	[경제기획원] 국토건설청 소속으로 임시 영주/남원 수해복구사무소 설치		각령 제104호 임시영주수해복구사무소및임시남원수해복구사무소설치에관한건 제정	
1961. 10. 2.	[내무부/국토건설청] 방재업무를 내무부에서 국토건설청으로 이관, 국토건설청 산하에 국토계획국, 국토보전국, 수자원국, 관리국 설치	[내무부] 치안국에 소방과 설치	신 정부조직법 제정 (법률 제734호) 국토건설청 직제 전부개정 (각령 제159호) 신 내무부직제 제정 (각령 제166호)	
1961. 11. 1.				수난구호법 제정 (법률 제761호)
1961. 12. 30.				하천법 제정 (법률 제892호)
1962. 3. 20.				재해구호법 제정 (법률 제1034호)
1962. 4. 3.			해양경찰대 설치법 제정 (법률 제1048호)	
1962. 6. 29.	[건설부] 국토건설청을 건설부로 확대 개편		정부조직법 개정 (법률 제1092호)	
1962. 6. 29.	[건설부] 국가 재해대책 기능은 수자원국 이수과에서 관장		국토건설청 직제 폐지, 건설부 직제 제정 (각령 제854호)	
1962. 9. 30	[건설부] 순천수해복구본부 설치			

한국 재난의 특성과 재난관리

날짜				
1963. 10. 23.	[건설부] 방재과 신설		건설부 직제 개정	
1967. 2. 28.				풍수해대책법 제정 (법률 제1894호)
1970. 8. 30.		[내무부/시도] 소방기능을 지방 자치단체로 이양	정부조직법 개정 (법률 제2210호, 1970. 8. 3.)	
1972. 12. 30.				해운법 개정 (법률 제2412호)
1973. 2. 6.				화재로 인한 재해보상과 보 험가입에 관한 법률 제정 (법률 제2482호)
1973. 2. 8.			지방소방공무원법 제정 (법률 제3042호)	
1973. 12. 15.				여객선 운항관리 제도 도입
1974. 12. 31.		[내무부] 치안국을 치안 본부로 개편, 치 안본부 제2부 내 소방과에서 소방 업무 담당	내무부직제 개정 (대통령령 제7505 호)	
1975. 7. 23.		[내무부] 민방위 본부 설 치, 치안국 소방 과를 민방위본부 내 소방국으로 확대 개편	정부조직법 개정 (법률 제2772호)	
1975. 7. 25.			민방위기본법 제정 (법률 제2776호)	
1975. 8. 26.			내무부직제 개정	
1977. 12. 30.	[건설부] 수자원국장 밑에 방재 계획관직 신설		대통령령 제8793호	
1977. 12. 31.				해양오염방지법 제정
1987. 12. 15.	[건설부] 방재과를 방재계획과 와 방재시설과로 확대		대통령령 제12313호	

1990. 3. 26.	[건설부] 방재계획과 및 방재시설과를 방재과로 통합		대통령령 제12959호	
1990. 12. 27.	[건설부/내무부] 재해대책 업무를 내무부로 이관		정부조직법 및 풍수해대책법 개정(법률 제4268호)	
1991. 4. 23.	[건설부] 방재과 폐지, 하천관리과 신설 [내무부] 민방위국에 방재계획관을 두고 4개과(기획과, 편성운영과, 교육훈련과, 방재과) 설치	[내무부] 소방국에 3개 과 (소방과, 방호과, 예방과) 설치	내무부와 그 소속기관 직제 개정	
1991. 5. 31.		[내무부/경찰청] 경찰청을 신설하고, 해양경찰대를 경찰청장 소속의 해양경찰청으로 개편	경찰법 제정 (법률 제4369호)	
1993. 4. 26.				사고로 인한 재해수습에 관한 훈령 제정 (국무총리훈령 제275호)
1993. 12. 27.		[내무부] 해상운항 유·도선 관리업무를 시장·군수에서 해양경찰청장으로 변경		유선 및 도선 사업법 개정 (법률 제4610호)
1994. 12. 22.		[상공부] 해양경찰청장을 중앙구조조정본부장으로 임명하여 구난체계 일원화		수난구호법 개정 (법률 제4793호)
1995. 1. 5.				시설물의 안전관리에 관한 특별법 제정 (법률 제4922호)

한국 재난의 특성과 재난관리

1995. 7. 18.	[주관기관/지방자치단체] 인적 재난 발생 시 주관기관의 장이 중앙사고대책본부 설치, 지방자치단체장이 지역사고대책본부 설치	[내무부/지자체] 내무부 및 지방자치단체에 긴급구조구난본부 설치		재난관리법 제정 (법률 제4950호)
1995. 8. 4.				도시가스사업법 개정 (법률 제4965호)
1995. 10. 19.	[내무부] 민방위본부를 민방위재난통제본부로 개칭하고 인적 재난관리국 신설	[내무부] 중앙소방학교에 중앙119구조대 창설	내무부 및 그 소속기관 직제 개정	
1995. 10. 19.	국무총리실(안전관리심의관실), 통상산업부(가스안전심의관실), 건설교통부(건설안전심의관실) 등 인적 재난 담당부서 신설			
1995. 12.	[지방자치단체] 시도의 민방위국을 민방위재난관리국으로 확대하고 재난관리과 신설, 시군구의 민방위과를 민방위재난관리과로 확대하고 재난관리계와 안전지도계 신설, 모든 시도에 안전점검기동단 신설			
1995. 12. 6.				풍수해대책법을 자연재해대책법으로 개정 (법률 제4993호)
1996. 8. 8.		[해양수산부] 해양경찰청을 해양수산부 외청으로 개편	정부조직법 개정 (법률 제5153호)	

1997. 5. 27.		[내무부] 중앙119구조대를 내무부 직속 기관으로 변경	내무부와 그 소속기관 직제 개정	
1998. 2. 28.	[내무부/행정자치부] 총무처와 내무부를 행정자치부로 통합, 내무부에서 관장하던 국가재난관리 기능을 행정자치부에서 계속 수행하기 위해 제2차관 산하에 안전정책과 신설		정부조직법 전부개정 (법률 제5529호) 행정자치부와 그 소속기관 직제 제정	
1999. 5. 24.	[행정자치부] 민방위재난관리국과 방재국을 민방위방재국으로 통합, 민방위방재국 안전지도과를 폐지하고 재난관리과로 통·폐합		행정자치부 직제 개정	
2000. 6. 7.	[행정자치부] 민방위방재국장 산하의 방재관을 민방위재난통제본부장 직속으로 조정, 민방위방재국의 명칭을 민방위재난관리국으로 변경		행정자치부 직제 개정	
2002. 9. 5.				자연재해대책법 개정 (법률 제6735호) – 제62조 2항에 특별재해지역 신설
2002. 11. 2.		수해방지대책기획단 설치(대통령 훈령 제107호)		
2003. 3. 17.		국가재난관리시스템 기획단 구성·운영		

한국 재난의 특성과 재난관리

2003. 5. 29.		국제구조대 편성 운영 근거 마련	소방기본법 제정 (법률 제6893호.)	소방시설공사업법 제정 (법률 제6894호.) 소방시설 설치유지 및 안 전관리에 관한 법률 제정 (법률 제6895호.)
2004. 3. 11.	최초의 재난관리 전담 기구인 소방방재청 설 립 결정, 중앙·지역 안전관리 위원회 설치		정부조직법 개정 (법률 제7186호.)	재난 및 안전관리 기본법 제정(법률 제7188호.) - 재난의 개념에 국가기 반체계의 마비 등 사회적 재난 포함
2004. 5. 24.			소방방재청과 그 소 속기관 직제 제정 (대통령령 제18390 호)	
2004. 6. 1.	[소방방재청] 소방방재청 설립 [행정자치부] 안전정책관 신설		소방방재청과 그 소 속기관 직제 공포· 시행	
2005. 1. 27.				자연재해대책법 전부개정 (법률 제7359호.)
2006. 3. 3.				풍수해보험법 제정 (법률 제7859호.)
2006. 3. 6.	[소방방재청] 민방위교육관 및 국립 방재연구소를 통합하 여 국립방재교육연구 원 신설		소방방재청과 그 소 속기관 직제 개정 (대통령령 제19372 호)	
2006. 3. 24.				다중이용업소의 안전관리 에 관한 특별법 제정 (법률 제7906호.)
2006. 9. 22.	[행정자치부/소방방재 청] 민방위에 관한 총괄· 조정 및 국무총리 보 좌 기능을 행정자치부 에서 소방방재청으로 이관			민방위기본법 일부개정 (법률 제7980호.)

시기				
2007. 1. 26.				재난 및 안전관리 기본법 일부개정 (법률 제8274호) 재해구호법 전부개정 (법률 제8275호)
2007. 5. 11.				민방위기본법 전부개정 (법률 제8420호)
2007. 7. 19.				재해경감을 위한 기업의 자율활동 지원에 관한 법 률 제정 (법률 제8530호)
2007. 7. 27.				급경사지 재해예방에 관 한 법률 제정 (법률 제8551호)
2007. 8. 3.				재해위험 개선사업 및 이주 대책에 관한 특별법 제정 (법률 제8585호)
2007. 9. 14.	[소방방재청] 방재기준팀 신설	[소방방재청] 중앙소방학교에 2센터 신설	소방방재청과 그 소 속기관 직제 및 시행 규칙 개정 (행정자치부령 제 392호)	
2008. 1. 17.				소방기본법 일부개정 (법률 제8844호)
2008. 2. 29.	[행정자치부/행정안전 부] 행정자치부에서 담당 하던 정부의 안전관리 정책 및 비상대비·민 방위·재난관리 제도 에 관한 사무를 행정 안전부에서 계속 수 행, 민방위에 관한 총 괄·조정 및 국무총리 보좌 기능을 소방방재 청에서 행정안전부로 이관	[국토해양부] 해양경찰청이 국 토해양부 외청으 로 개편	정부조직법 전부개정 (법률 제8852호) 민방위기본법 일부 개정 (법률 제8855호) 소방방재청과 그 소 속기관 직제 개정 (대통령령 제20693 호)	재난 및 안전관리 기본법 일부개정 (법률 제8856호)

한국 재난의 특성과 재난관리

2008. 3. 28.			지진·화산재해대책법 제정 (법률 제9001호)
2008. 12. 31.			자연재해대책법 일부개정 (법률 제9298호) – 낙뢰를 자연재해의 대 상으로 포함 재난 및 안전관리 기본법 일부개정 (법률 제9299호) – 낙뢰를 자연재해의 대 상으로 포함
2010. 2. 4.	[행정안전부/소방방재 청] 안전문화 업무를 소방 방재청에서 행정안전 부로 이관		
2011. 1. 28.		[소방방재청] 중앙119구조대 를 중앙119구조 단으로 승격	
2011. 3. 8.			119구조·구급에 관한 법 률 제정 (법률 제10442호) 초고층 및 지하연계 복합 건축물 재난관리에 관한 특별법 제정 (법률 제10444호)
2011. 10. 25.	[행정안전부/소방방재 청] 방재연구소를 소 방방재청에서 행정안 전부로 이관		소방방재청과 그 소 속기관 직제 개정 (대통령령 제23239 호)
2012. 2. 22.			보행안전 및 편의증진에 관한 법률 제정 (법률 제11339호) 소방공무원 보건안전 및 복지기본법 제정 (법률 제11341호) 해양경비법 제정 (법률 11372호)

연도				
2012. 7. 23.		[소방방재청] 119구조구급국 신설		
2013. 3. 23.	[행정안전부/안전행정 부] 행정안전부를 안전행 정부로 개편	[해양수산부] 해양경찰청이 해 양수산부 외청으 로 개편	정부조직법 전부개정 (법률 제11690호)	
2013. 8. 6.				재난 및 안전관리 기본법 일부개정 (법률 제11994호) 인적 재난과 사회적 재난 을 사회재난으로 통합
2014. 1. 28.				의용소방대 설치 및 운영 에 관한 법률 제정 (법률 제12344호)
2014. 4. 2.	[안전행정부/소방방재 청] 인적 재난관리 업무를 소방방재청에서 안전 행정부로 이관			
2014. 5. 21.				연안사고 예방에 관한 법 률 제정 (법률 제12657호)
2014. 11. 19.	[국민안전처] 자연·사회 재난관리, 비상대비, 안전관리 및 육상·해상의 긴급 구조 업무 수행	[국민안전처] 국민안전처 소방 본부와 해양경비 안전본부에서 각 각 육상과 해상의 긴급구조 담당	정부조직법 개정 (법률 제12844호)	
2014. 12. 30.	중앙재난안전대책본 부 설치 요건을 예방· 대비·대응·복구에서 대응·복구로 조정			재난 및 안전관리 기본법 개정 (법률 제12943호)
2015. 7. 24.				소규모 공공시설 안전관 리 등에 관한 법률 제정 (법률 제13437호)
2015. 12. 22.		[보건복지부] 질병관리본부를 차관급으로 격상	정부조직법 개정 (법률 제13593호)	

3. 사회적 충격사건: 긴 꼬리 위치 재난과 정책변화의 교차점

한국에서 발생했던 주요 재난들과 재난대응 조직 및 법률의 변화를 자세히 살펴보면, 선후관계 또는 상관관계를 가지고 있다는 것을 알 수 있다. 즉, 대규모 재난 이후 재난대응 체계 개선에 관한 국민들의 요구가 급증하는 가운데, 정치적 의지와 행정력이 상호결합할 때 재난대응 조직과 법률이 변화한다. 표 3-5는 1948년부터 2015년 사이에 발생한 '잠재적 충격사건' 중에서 재난대응 조직과 법률의 변화와 직간접적으로 관계가 있는 주요 재난들을 선후 관계에 따라 정리한 것이다. 재난대응 조직과 법률에 직접 관련이 있는 재난들은 진하게 표시하였으며, 이 재난들이 '사회적 충격사건'에 해당한다.

표 3-5. 한국의 사회적 충격사건과 재난대응 조직 및 법률의 변화(1948~2015)

사회적 충격사건					재난대응 조직 및 법률의 변화	
날짜	재난명	사망·실종	경제적 손실(단위: 10억 원)		날짜	변화 내용
			재난 당시 가치	2015년 기준 가치		
					1948. 11. 4.	내무부 소속 건설국 산하에 이수과, 치안국 산하에 소방과 설립
					1953. 12. 14.	내무부 치안국 소속으로 해양경찰대 신설
					1955. 2. 7.	해양경찰대를 상공부 산하 해무청 산하로 이전
1957. 8. 21.	낙동강 유역 집중호우	247	54.2	249.3		
1958. 9. 4.~9. 5.	태풍 그레이스		26.3	129.1		
1959. 9. 15.~9. 17.	태풍 사라	750	66.2	316.3		

1961. 7. 11.	전북 남원, 경북 영주 일대 수해	252	17.4	66.5	1961. 8. 21.	경제기획원 산하 국토건설청 소속하에 영주 수해 복구사무소 설치
					1961. 10. 2.	내무부에서 국토건설청으로 재난관리 업무 이전
1962. 8. 28.	순천 수해	290	0.16	5.6	1962. 9. 30.	건설부 산하에 순천수해 복구본부 설치
1963. 6. 18.~6. 22.	태풍 셜리	100	2.3	8.		
1964. 9. 12~9. 13.	9월 중부지방 집중호우	420				
1965. 1. 11.~1. 12.	1월 폭풍설	132				
1965. 7. 16.~7. 22.	중부지방 집중호우	292	10.9	212.5		
					1967. 6. 1.	풍수해대책법 제정
1969. 7. 15.~8. 15.	7월 호우	215	0.6	1.1		
1969. 9. 14.~9. 24.	9월 남부지방 집중호우	408	5	9.3		
1970. 4. 8.	와우아파트 붕괴사고	33				
1970. 7. 3.~7. 7.	태풍 올가	56	1.2	16.		
1970. 12. 15.	남영호 침몰사고	326	0.1	1.4		
1971. 7. 7.~7. 27.	7월 집중호우	69	6.6	81.7		
					1972. 12. 30.	해운법 개정
1971. 12. 25.	서울 대연각 호텔 화재사고	163	0.8	10.3	1973. 2. 6.	화재로 인한 재해보상과 보험가입에 관한 법률 제정
1972. 8. 18.~8. 20.	8월 중부지방 집중호우	550	26.5	285.8		

1972. 9. 14.~9. 19.	9월 집중호우	235	1.9	20.5		
1976. 10. 28.~ 10. 31.	동해 폭풍과 어선 조난사고	317				
1977. 7. 8.~7. 10.	7월 중부지방 집중호우	277				
1977. 11. 11.	익산 이리역 폭발사고	59	2.4	11.1		
1979. 8. 1.~8. 5., 8. 15.~ 8. 17.	8월 호우, 태풍 어빙	157	81.2	281.5		
1980. 7. 21.~7. 22.	7월 중부지방 집중호우	180	125.5	312.8		
1981. 8. 31.~9. 4.	**태풍 애그니스**	139	98.2	203.3		
1984. 9. 1.~9. 4.	대홍수	189	164.4	322.1		
1987. 7. 12.~7. 16.	**태풍 셀마**	345	391.3	768.		
1987. 7. 21.~7. 26.	태풍 버넌, 태풍 앨릭스	167	329.5	646.7	1987. 12. 15.	건설부 방재과를 방재계 획과와 방재시설과로 확 대
1989. 7. 25.~7. 27.	7월 호우	128	294.3	554.3		
1989. 7. 28.~7. 29.	태풍 주디	20	119.2	224.5		
1990. 9. 9.~9. 12.	**일산 제방 붕괴**	163	520.3	993.3	1991. 4. 23.	재해대책 업무를 건설부 에서 내무부로 이관, 내무부 민방위국에 방재 계획관을 두고 기획과, 편 성운영과·교육훈련과· 방재과로 개편, 건설부 산하 수자원국에 하천관리과를 신설하고 방재과를 폐지

1991. 8. 22.~8. 26.	태풍 글래디스	103	235.7	406.8		
1993. 3. 28.	부산 구포역 열차전복사고	78			1993. 4. 26.	사고로 인한 재해수습에 관한 훈령 제정
1993. 7. 26.	목포 운거산 아시아나항공 기 추락	66				
1993. 10. 10.	서해훼리호 침몰사고	292			1994. 12. 22.	수난구호법을 개정하여 해양경찰청장을 중앙구 조조정본부장으로 임명, 구난체계를 일원화
1994. 10. 21.	성수대교 붕괴사고	32			1995. 1. 5.	시설물의 안전관리에 관 한 특별법 제정
1995. 4. 28.	대구 도시가스 폭발사고	101	54.	83.6	1995. 8. 4.	도시가스사업법 개정
1995. 6. 29.	삼풍백화점 붕괴사고	508	270,0	417.9	1995. 10. 19.	민방위본부를 민방위재 난통재본부로 개칭하고 인적 재난관리국을 신설, 중앙소방학교에 중앙119 구조대 창설
					1995. 10. 19.	국무총리실(안전관리심 의관실), 통상산업부(가스 안전심의관실), 건설교통 부(건설안전심의관실) 등 인적 재난 담당부서 신설
					1995. 12.	모든 시도의 민방위국을 민방위재난관리국으로 확대하고 재난관리과를 신설, 모든 시군구의 민방위과 를 민방위재난관리과로 확대하고 재난관리계와 안전지도계를 신설, 모든 시도에 안전점검기 동단 신설
1995. 8. 19.~8. 30.	태풍 재니스	65	456.3	706.3	1995. 12. 6.	풍수해대책법을 자연재 해대책법으로 개정

한국 재난의 특성과 재난관리

					1997. 5. 27.	중앙119구조대를 내무부 직속기관으로 개편
1997. 8. 6.	KAL기 괌 추락사고	228				
1998. 7. 31.~8. 18.	집중호우	324	1,247.8	1,606.4		
1999. 6. 30.	화성 씨랜드 청소년수련원 화재사고	23	0.1	0.1		
1999. 7. 23.~8. 3	호우 및 태풍 올가	67	1,049.0	1,379.0		
2002. 4. 15.	김해 에어차이 나항공기 추락 사고	129				
					2000. 2. 2.	국무총리실 안전관리개 선기획단 설치
2002. 8. 30.~9. 1	태풍 루사	246	5,147.9	6,681.5	2002. 9. 2.	자연재해대책법이 개정 되어 제62조 2항의 특별 재해지역 신설
					2002. 11. 2.	수해방지대책기획단 설 치(대통령 훈령 제107호)
2003. 2. 18.	대구 지하철 화재사고	192	62.1	78.9	2003. 3. 17.	국가재난관리시스템기획 단 발족
2004. 3. 11.						재난 및 안전관리 기본법 제정
2003. 9. 12.~9. 13.	태풍 매미	131	4,222.5	5,363.4	2004. 6. 1.	한국 최초의 독립 재해대 책기구인 소방방재청 설 립, 행정자치부 내 안전정책 관 신설
					2005. 1. 27.	자연재해대책법 전부개 정
2006. 7.	7월 호우, 태 풍 에위니아	62	1,834.4	2,131.6		

2009. 5. ~2010. 8.	신종플루	270				
2011. 7. 27.	**7월 집중호우 및 우면산 산사태**	67	37.6	36.0	2011. 10. 25.	방재연구소를 소방방재청에서 행정안전부로 이관
2012. 8. 25.~8. 30	태풍 볼라벤과 태풍 덴빈	15	636.6	600.7		
2012. 9. 27.	**구미 불산 누출사고**	5			2013. 11. 25.	화학재난 합동방재센터 설치
2014. 2. 17.	경주 마우나오션리조트 체육관 붕괴사고	10				
2014. 4. 16.	**세월호 사고**	304			2014. 11. 19.	국민안전처 출범
2015. 5. ~2015. 7.	**메르스**	38			2015. 12. 22.	질병관리본부를 차관급으로 승격 결정

표 3-5에서 알 수 있듯이, 잠재적 충격사건에 포함된 모든 사건들이 재난대응 조직과 법률에 변화를 가져오는 것은 아니다. 대규모 재난으로 인해 큰 충격을 받은 시민, 정부, 정치권, 언론이 적극적인 의지를 가지고 변화를 추구할 때 실제 재난대응 조직과 법률이 개선된다. 이에 대해서는 제4장에서 자세히 다루고 있다.

표 3-6은 1948년부터 2015년까지 한국에서 발생한 재난 데이터의 총수, 잠재적 충격사건의 수, 실제 사회적 충격사건의 수를 요약한 것이다.

표 3-6. 한국 잠재적 충격사건 수(1948~2015)

구분	총 재난 수	잠재적 충격사건		사회적 충격사건	
				중규모	대규모
자연재난	848	재산피해 기준	18	8	3
		사망자 기준	28		
사회재난	171	10		6	5

한국 재난의 특성과 재난관리

그림 3-22에서 그림 3-24까지는 표 3-5에서 정리한 사회적 충격사건과 재난으로 인한 인명 및 재산 피해의 관계를 멱함수 분포에 표시한 것이다. 큰 규모와 중간 규모의 사회적 충격사건들은 각각 별표와 세모로 표시되었다. 실제 사회적 충격사건의 세부사항은 그래프 오른쪽에 위치한 표에 설명하였다.

주의 깊은 독자들은 그림 3-22에서 그림 3-24까지 분석된 결과를 통해 흥미로운 사실을 발견할 수 있을 것이다. 먼저, 부처의 신설이나 법률의 제정처럼 제도가 크게 변화하는 계기가 되는 사건들은 자연재난이 3개, 사회재난이 5개이다. 즉, 사회재난이 사회에 주는 충격은 더욱 크다는 것을 알 수 있다. 자연재난과 사회재난이 발생한 횟수를 고려해 보면 더욱 확실하게 알 수 있다. 자연재난의 경우 총 851건 중에서 대규모 3건, 중규모 8건인 반면, 사회재난은 총 172건 중에서 대규모 5건, 중규모 6건의 사회적 충격사건으로 분석되었다. 즉, 사회재난이 발생빈도에 비해 사회에 주는 충격이 훨씬 크다는 것을 확인할 수 있다. 사회재난은 잠재적 충격사건의 범주 밖에 있는 사건들도 사회적 충격사건으로 기록된 경우가 6건이나 된다. 즉, 재산피해나 인명피해는 많지 않았지만 사회에 많은 충격을 주고 제도의 변화를 가져오는 사건이 많았다는 것을 의미한다. 이러한 결과는 재난대응 조직과 법률의 발전을 위한 연구 수행에서 피해규모뿐만 아니라 사회 전반의 재난안전에 대한 인식, 안전약자에 대한 보호 등 보다 다양한 요소들이 고려되어야 한다는 시사점을 제시해 준다.

잠재적 충격사건과 사회적 충격사건이 연도별로 얼마나 많이 발생했는지에 대한 분석은 국가의 경제성장이나 사회발전 과정에서 재난이 갖는 의미를 알려 준다. 그림 3-25에서 그림 3-27까지는 잠재적 충격사건과 사회적 충격사건을 발생연도별로 표시한 것이다. 이 그림들에 대한 분석을 통해 다음과 같은 정책적 시사점을 도출해 볼 수 있다.

첫째, 자연재난과 사회재난을 비교해 보면, 잠재적 충격사건은 자연재난이 사회재난에 비해 훨씬 많지만, 실제 재난대응 조직과 법률의 변화를 유발하는 사회적 충격사건의 수는 자연재난과 사회재난이 비슷하다. 즉, 발생확률 대비 충

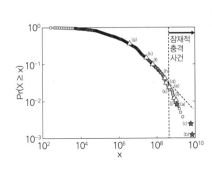

	기호	재난명	연도	재산피해 (2015년 기준 가치)
대규모 사회적 충격사건	(a)	일산 제방 붕괴	1990	993.3
	(b)	태풍 루사	2002	6681.5
	(c)	태풍 매미	2003	5363.4
중규모 사회적 충격사건	(d)	낙동강 유역 집중호우	1957	249.3
	(e)	태풍 사라	1959	316.3
	(f)	전북 남원, 경북 영주 일대 수해	1961	66.5
	(g)	순천 수해	1962	5.6
	(h)	태풍 애그니스	1981	203.3
	(i)	태풍 셀마	1987	768.0
	(j)	태풍 재니스	1995	706.3
	(k)	우면산 산사태	2011	36.0

그림 3-22. 자연재난 빈도와 재산피해를 기준으로 한 사회적 충격사건

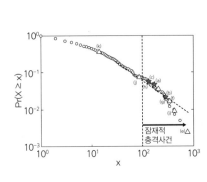

	기호	재난명	연도	사망·실종자 수
대규모 사회적 충격사건	(a)	일산 제방 붕괴	1990	163
	(b)	태풍 루사	2002	246
	(c)	태풍 매미	2003	131
중규모 사회적 충격사건	(d)	낙동강 유역 집중호우	1957	247
	(e)	태풍 사라	1959	750
	(f)	전북 남원, 경북 영주 일대 수해	1961	252
	(g)	순천 수해	1962	290
	(h)	태풍 애그니스	1981	139
	(i)	태풍 셀마	1987	345
	(j)	태풍 재니스	1995	65
	(k)	우면산 산사태	2011	67

그림 3-23. 자연재난 빈도와 사망자를 기준으로 한 사회적 충격사건

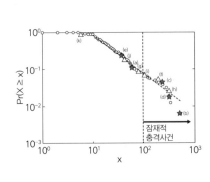

	기호	재난명	연도	사망자 수
대규모 사회적 충격사건	(a)	성수대교 붕괴사고	1994	32
	(b)	삼풍백화점 붕괴사고	1995	508
	(c)	대구 지하철 화재사고	2003	192
	(d)	세월호 사고	2014	304
	(e)	메르스	2015	38
중규모 사회적 충격사건	(f)	서울 대연각호텔 화재사고	1971	163
	(g)	부산 구포역 열차전복사고	1993	78
	(h)	서해훼리호 침몰사고	1993	292
	(i)	대구 도시가스 폭발사고	1995	101
	(j)	화성 씨랜드 청소년수련원 화재사고	1999	23
	(k)	구미 불산 누출사고	2012	5

그림 3-24. 사회재난 빈도와 사망자를 기준으로 한 사회적 충격사건

격은 사회재난이 자연재난에 비해 훨씬 크다.

둘째, 자연재난 사망자 수와 발생연도 분석 결과, 비슷한 규모의 사망자를 유발한 자연재난을 기준으로 한 사회적 충격사건의 수는 1991년 이후가 그 이전에 비해 2.5배 더 많다. 이는 안전에 대한 국민의 기대와 재난으로부터 국민 생명을 지키려는 정부의 의지가 1990년대에 들어서면서 더욱 강화되었으며, 이것이 재난대응 조직과 법률의 강화를 통해 나타났다고 볼 수 있다. 이러한 사실은 1988년 지방자치제 부활, 1991년 건설부에서 내무부로 재난대응 업무 이관, 1995년 민선 지방자치단체장 선거, 1995년 1인당 GDP 1만 달러 돌파 등과 관련되어 민주주의 강화와 경제성장이 재난대응 조직의 발달과 연관된다는 것을 간접적으로 보여 주는 지표이다.

셋째, 자연재난 재산피해와 발생연도 분석 결과, 전체 자연재난 발생횟수는 1990년대 이전에는 462건이고 1990년대 이후에는 386건으로 기록되어, 전체 자연재난 발생횟수는 줄어들었으나 잠재적 충격사건의 수는 1990년대 이후가 1990년대 이전에 비해 350% 증가(14건/4건)한 것을 알 수 있다. 이는 산업화, 도시화, 경제성장에 따른 자산가치의 상승 등으로 인해 자연재난 발생 시 재산피해의 규모가 증가하였기 때문이다.

넷째, 자연재난 발생연도−재산피해 규모 그래프와 자연재난 발생연도−사망자 규모 그래프를 비교해 보았을 때, 1990년대 이후에는 사망자를 기준으로 한 잠재적 충격사건의 수가 재산피해를 기준으로 한 잠재적 충격사건의 수에 비해 28.6% 적다(4건/14건). 이는 태풍 등 자연재난으로 대비하여 시행한 주민대피, 조기경보 강화와 같은 인명피해 저감 대책이 효과가 있었다는 것을 의미한다. 그리고 1990년대 이전에 발생한 사회적 충격사건(그림 3−22 및 3−23의 (a) 일산 제방 붕괴)에서 알 수 있듯이, 재산피해는 비록 적게 발생하였더라도 사망자가 많이 발생한 재난이 사회적 충격사건으로 받아들여짐을 알 수 있다. 이는 인명피해가 사회에 주는 충격이 재산피해가 주는 충격보다 커서, 재난대응 조직과 법률의 변화에 미치는 영향이 훨씬 크다는 것을 의미한다.

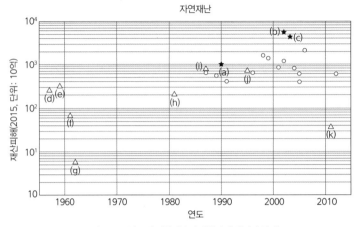

그림 3-25. 연도별 자연재난과 재산피해 사이의 관계

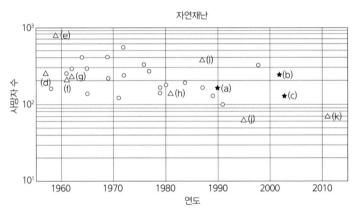

그림 3-26 연도별 자연재난과 사망자 사이의 관계

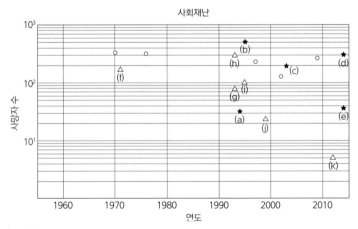

그림 3-27. 연도별 사회재난과 사망자 사이의 관계

다섯째, 사회재난 발생연도-사망자 규모 그래프를 분석해 보면, 재난대응 조직과 법률의 변화를 유발한 사회적 충격사건이 1990년대 이후에 집중된 것을 알 수 있다. 즉, 1990년대 이후에는 정부의 정책 방향이 자연재난 중심의 재난대응 정책에서 자연재난과 사회재난을 모두 고려하는 재난대응 정책으로 변화한 것이다.

참고문헌

감사원, 2003, 『자연재해 대비실태 감사결과 보고서』.

감사원, 2014, 『세월호 침몰사고 대응 및 연안여객선 안전관리·감독실태 감사결과 보고서』.

구미시, 2013, 『불산, 구미를 바꾸다: (주)휴브글로벌 불산누출사고 백서』.

대구지방검찰청 보도자료, 2014, 마우나오션리조트 체육관 붕괴사건 수사결과.

건설부, 1972, 『재해연보 1971』.

건설부, 1978, 『재해연보 1977』.

건설부, 1980, 『재해연보 1979』.

건설부, 1982, 『재해연보 1981』.

건설부, 1985, 『재해연보 1984』.

건설부, 1990, 『재해연보 1989』.

건설부, 1991, 『재해연보 1990』.

구미시, 2013, 불산, 구미를 바꾸다! (주)휴브글로벌 불산누출사고 백서.

국가기록원, 1970, 와우아파트 붕괴 현장, Available: http://theme.archives.go.kr/next/common/archWebViewer.do?bsid=200200072320&dsid=000000000003&gubun=search(2017. 2. 9.)

권기헌, 2014, 『정책학강의』, 박영사.

내무부, 1996, 『재해연보 1995』.

대구지방검찰청 보도자료, 2014, 마우나오션리조트 체육관 붕괴사건 수사결과.

문화체육관광부, n.d., 공감포토—역사속의 오늘, Available: http://photo.korea.kr/photoWeb/photoMbbs/TodayInHistoryMonth.do?themekey=todayinhistory(2017. 2. 9).

보건복지부, 2016, 『2015 메르스 백서: 메르스로부터 교훈을 얻다』.

서울특별시, 2014, 『우면산 산사태 원인 추가·보완 조사 요약보고서』.

소방방재청, 2004, 『재해연보 2003』.

소방방재청, 2007, 『재해연보 2006』.

소방방재청, 2009, 『재난관리 60년사』.

소방방재청, 2012, 『재해연보 2011』.

소방방재청, 2013, 『재해연보 2012』.

주현수·이영수·임오정·유정민, 2013, 『화학물질 누출사고의 위해성 평가를 통한 산업단지

환경영향평가 개선방안 연구』, 한국환경정책평가연구원.

최원석·김우주·정희진, 2010, "2009년 발생한 신종인플루엔자 대유행에 대한 정책적 대응 평가", 『예방의학회지』 43(2), pp.105-108.

해양수산부, 2014, 『여객선 세월호 침몰사고 수습 현황 및 향후 대책』.

행정자치부, 1997, 『재해연보 1996』.

행정자치부, 1999, 『재해연보 1998』.

행정자치부, 2003, 『재해연보 2002』.

경향신문, 1963. 6. 22., 늘어나는 셜리호 피해.

경향신문, 1965. 1. 19., 우리 어부 일서 폭풍만나 112명 구출.

경향신문, 1972. 9. 18., 영남지방의 수해상황을 보고.

경향신문, 1977. 7. 9., 사망 149·실종 83명 서울·경기 집중호우···이재민 5만여명.

동아일보, 1969. 1. 14., 1명 사망 28명 실종 미귀환동 2백 15명.

동아일보, 1962. 9. 1., 수해전국피해발표.

동아일보, 1963. 7. 2., 사망자만 130명.

동아일보, 1964. 9. 14., 폭풍우 휩쓴 서울·경기일원에 인명피해 무려 700명.

동아일보, 1965, 폭풍설 피해 어선 49척전반과 사망 29명으로 늘어나.

동아일보, 1969. 9. 17., 영호남의 수재.

동아일보, 1970, 「수해」를 「수리」로.

매일경제신문, 1970. 7. 13., 수해를 수리로 장마철과 수해방지대책.

매일경제신문, 1976. 11. 8., 모두 17척 325명 실종.

매일경제신문, 1979. 8. 7., 집중호우 피해 ··· 그 원인과 교훈 천재라기보다는 인재.

Adamic, L. A. and Huberman, B. A., 2000, Power-law distribution of the world wide web, comment, Science, Vol. 287, pp.2115.

Auerbach, F., 1913, Das gesetz der Bevölkerungskonzentration, Petermann's geographische mitteilungen, Vol. 59, pp.74-76.

Barton, C. C., Nishenko, S. P., Tebbens, S. F., and Loeb, W. A., 1994, Fractal scaling and forecasting of the size and frequency for Florida hurricanes 1886-1991 and of U.S. hurricane financial loss, Santa Fe Institute Workshop on Natural Hazards Reduction, Jan 5-9, Santa Fe, New Mexico, pp.1.

Becerra, O., Johnson, N., Meier, P., Restrepo, J., and Spagat, M., 2006, Natural disasters, casualties and power laws: a comparative analysis with armed conflict, in Proceedings of the Annual Meeting of the American Political Science Association, Loews Philadelphia, and the Pennsylvania Convention Center, Philadelphia, Pa, USA.

Birkland, T. A., 1997, *After disaster: Agenda setting, Public Policy, and Focusing Events*, Georgetown University Press, pp.3-5.

Birkland, T. A., 1998, Focusing events, mobilization, and agenda setting, *Journal of Public Policy*, 18(1), pp.53-74.

Birkland, T. A., 2006, *Lessons of disaster: Policy change after catastrophic events*, Georgetown University.

Clauset, A., Shalizi, C. R., and Newman, M. E. J., 2009, Power-law distributions in empirical data, *Society for Industrial and Applied Mathematics Review*, 51(4), pp.661-703.

Crovella, M. E. and Bestavros, A., 1996, Self-similarity in world wide web traffic: Evidence and possible causes, *ACM SIGMETRICS Performance Evaluation Review*, 24(1), pp.160-169.

Etkin, D., 2015, *Disaster theory: An interdisciplinary approach to concepts and causes*, Butterworth-Heinemann.

Faloutsos, M., Faloutsos, P., and Faloutsos, C., 1999, On power-law relationships of the internet topology, *ACM SIGCOMM Computer Communication Review*, 29(4), pp. 251-262.

Farber, D. A., 2003, Probabilities behaving badly: Complexity theory and environmental uncertainty, UC Davis L. Review 37, Retrieved from http://scholarship.law.berkeley.edu/facpubs/614.

Gabaix, X., Gopikrishnan, P., Plerou, V., and Stanley, H. E., 2003, A theory of power-law distributions in financial market fluctuations, *Nature*, 423, pp.267-270.

Gerber, B. J., 2007, Disaster management in the United States: Examining key political and policy challenges, *Policy Studies Journal*, 35(2), pp.227-238.

Janczura, J. and Weron, R., 2012, Black swans or dragon kings? A simple test for deviations from the power law, *The European Physical Journal Special Topics*, 205(1), pp.79-93.

Jo, H. H. and Ko, Y. I., 2014, *Large variance and fat tail of damage by natural disaster, Vulnerability, Uncertainty, and Risk*, pp.2744-2753.

Kingdon, J. W., 1995, *Agendas, alternatives and public policies*, Harper Collins College Publishers.

Kingdon, J. W. , 2010, *Agenda, alternatives and public policies, update edition, with an*

Epilogue on Health Care, 2nd ed., Boston, MA, Longman.

Ministry of Oceans and Fisheries, 2014, Status and Future Measures of Passenger Ship "Seowolho" Sinking Incident.

Nohrstedt, D., 2008, The politics of crisis policymaking: Chernobyl and Swedish nuclear energy policy, *Policy Studies Journal*, Vol. 36, No. 2, pp.257-278.

Pareto, V., 1896, Cours d'economie Politique. Bousquet, G.H., G. Busino, eds. Oevres Completes de Vilfredo Pareto, 1. Librairie Droz, Geneva, 1964. Originally published 1896.

Peebles, P. J. E., 1974, The gravitational-instability picture and the nature of the distribution of galaxies, *Astrophysical Journal*, Vol. 189, pp.L51-L53.

Price, D. J., 1965, Networks of scientific papers, *Science*, Vol. 149, No. 3683, pp.510–515.

Willis, J. C. and Yule, G. U., 1922, Some statistics of evolution and geographical distribution in plants and animals, and their significance, *Nature*, Vol. 109, pp.177-179.

Worrall, J. L., 1999, Focusing event characteristics and issue accompaniment: The case of domestic terrorism, *Criminal Justice Policy Review*, Vol. 10, No. 3, pp.319-341.

Zipf, G. K., 1949, *Human behavior and the principle of least effort: An introduction to human ecology*, Addison-Wesley Press.

제4장

대규모 재난 이후
재난대응 정책의 변화

요약문 사회적 충격사건, 특히 다수의 사망자와 막대한 재산피해를 야기한 대형 재난 이후에 이루어지는 재난대응 정책변화 과정에 대한 이해는 안전한국을 이루는 데 필수적이다. 1990년 일산 제방 붕괴, 1994년 성수대교 붕괴사고, 1995년 삼풍백화점 붕괴사고, 2002년 태풍 루사, 2003년 대구 지하철 화재사고, 2003년 태풍 매미 등은 우리나라 재난대응 조직과 법률의 발전을 가져온 사회적 충격사건이다. 재난유발 정책변동 모델(Disaster-Triggered Policy Change Model)을 우리나라 사례에 적용한 결과, 사회적 충격사건으로 간주되는 대규모 재난이 발생한 이후 다양한 요소들이 작용하는 경로를 따라 재난대응 조직과 법률의 변화가 이루어진다. 대규모 재난 발생 이후 언론의 관심 유도, 정치의 흐름, 정책대안의 흐름, 문제의 흐름이 상호작용하면서 정책의 창이 열릴 때 정책변동이 발생한다. 대통령의 강력한 의지가 가장 중요하며 선도력(leading power)으로 작용한다. 국회의 활동은 정부의 대책 마련을 촉구하는 힘(pushing power)으로, 행정부의 재난수습 및 개선대책 마련 활동은 추진력(driving power)으로, 감사원과 연구원 등의 재난발생 원인 분석 등 문제의 흐름은 정책변동 기반(foundation)으로 작용한다. 또한 사건 직후 급증하는 언론의 보도는 국민적 관심을 유발하면서 정책변동의 촉매제(gear)로 작용한다.

핵심 용어 재난대응 정책변화, 대규모 재난, 사회적 충격사건, 재난유발 정책변동

1.
재난 이후 정책변화를
설명하는 모델

이 절에서는 사회적 충격사건으로 볼 수 있는 대규모 재난 이후 재난대응 조직과 법률이 어떻게 변화하는지에 대해 분석한다. 이를 위해 저자는 킹던의 정책흐름 모형(Policy Stream Framework, PSF)과 버클랜드의 사건관련 정책학습 모형(Event-Related Policy Learning Model, ERPL Model)을 결합한 '재난유발 정책변동 모델(Disaster-Triggered Policy Change model, DTPC Model)'을 제안하고 분석틀로 사용한다.

1. 정책변동 모형

정책은 정부의 선택이나 합의 또는 의사결정 과정 등으로 다양하게 정의된다. 다이(Dye, 1981)는 '정책'이란 "정부 선택의 결과로서, 정부가 추진하기로 하거나 그러지 않기로 결정한 모든 것"이라고 정의하였다. 반면, 젠킨스(Jenkins, 1978)는 정책을 "특정 상황에서 어떤 목적과 그러한 목적을 실현하는 수단을 선택하기 위한 목적 달성에 대한 권한을 보유하고 있는 행위자(doer)의 일련의 상호관련 의사결정"으로 정의하였으며, 정책을 일련의 의사결정 과정으로 보았다.

양승일(2006)은 정책변동을 "정책대안을 마련한 후 정책문제와 관련한 변화를 인지하여 다시 정책의제를 수정하는 과정을 거쳐 확정한 후, 이를 집행하고 평가하는 과정"으로 정의하였다. 정책변동을 촉진하는 요인에는 정책환경의 변화, 국민 요구의 변화, 예상외의 사건 등이 있다. 반면, 정책변동을 저해하는 요인에는 심리적 저항, 변동을 반대하는 정치적 연합, 정치적 부담, 높은 비용 등이 있다.

다양한 형태의 정책변동 중에서 가장 확실한 정책변동의 형태는 헌법의 개정이나 주요한 법령의 입안 또는 전문개정이다. 보다 더 약한 형태의 정책변동은 '일선 관료들(street-level bureaucrats)'의 행태 변화나 규정의 수정 등이 포함된다(Lipsky, 1978).

대표적인 정책변동 모형에는 호퍼베르트(Hofferbert)의 정책산출 모형(Policy Output Change Framework, POCF), 사바티에(Sabatier)의 정책지지연합 모형(Advocacy Coalition Framework, ACF)[1], 킹던(Kingdon)의 정책흐름 모형(Policy Stream Framework, PSF), 홀(Hall)의 패러다임 변동 모형(Paradigm Change Framework, PCF) 등이 있다. 또한 버클랜드(Birkland)는 미국에서 9·11테러, 허리케인 카트리나 등과 같은 대규모 재난 이후 정책변화를 분석하기 위해 사건관련 정책학습 모형(ERPL Model)을 제안하였다.

호퍼베르트의 정책산출 모형은 정책변동에 관한 초기 모형으로서 원래 정책산출에 관한 모형이지만, 정책변동 모형으로도 활용되고 있다. 호퍼베르트는 역

---

1) 'Advocacy Coalition Framework'에 대해 양승일 등은 '옹호연합 모형'으로 번역하였고, 권기헌 등은 '정책지지연합 모형'으로 번역하였다. 이 책에서는 지지연합들 간의 다양한 활동과 갈등 과정을 통해 이루어지는 정책변동을 잘 설명하기 위해 '정책지지연합 모형'으로 번역한다.

한국 재난의 특성과 재난관리

사적·지리적 조건, 사회경제적 구조, 대중의 정치적 행태, 정부기관, 엘리트 행태 등을 정책산출에 영향을 미치는 요인으로 제시하면서, 이 요인들이 순차적으로 깔대기관을 통과하는 과정을 거쳐 직간접적으로 정책산출에 영향을 미친다고 보고 있다(Hofferbert, 1974). 호퍼베르트는 역사적·지리적 조건을 사회경제적 구조와 구분하여 앞에 두었는데, 그 이유는 다음과 같다. 첫째, 지리적 환경이나 보유자원 등은 비슷하지만 사회경제적 구조가 다른 국가나 주들이 많기 때문이고, 둘째, 역사적·지리적 조건은 사회경제적 구조에 비해 자주 바뀌지 않기 때문이다. 세 번째 요소인 대중의 정치적 행태는 사회경제적 구조와 관계없이 정부기관이나 엘리트의 행태에 영향을 미친다. 공식적인 정책변동이 이루어지기 전 마지막 단계는 엘리트의 행태인데, 정책변동 과정에서 등장하는 규명하기 어려운 잔차적 범주로서 엘리트 행태를 다룬다(Hofferbert, 1974).

사바티에의 정책지지연합 모형은 공공정책의 변동 문제를 다루기 위해 개발된 모형으로서, 정책변동의 주요 요인을 외적 변수(external parameters), 신뢰체계(belief system), 지지연합(advocacy coalition), 정책조정자(policy mediator), 정책학습(policy learning)으로 제시한다(Weible and Sabatier, 2007). 정책지지연합 모형에서는 정책 과정이 단계에 따라 진행되는 순차적인 과정이 아니라 정책 형성, 집행, 개선을 위한 노력(struggles)이 지속적으로 반복되는 과정으로 보고 있다(정세희·정진경, 2012). 외적 변수는 주로 정책 하위체계에 영향을 주는데, 안정적 변수(stable parameters)와 역동적 변수(dynamic parameters)가 있다. 안정적 변수는 문제영역의 기본적 특성, 자연자원의 기본 분포, 근본적인 사회문화적 가치나 사회구조, 기본적인 법률구조를 포함하고 있으며, 이러한 요인들은 자주 바뀌지 않기 때문에 정책변동을 자주 유발하지는 않는다. 역동적 변수로는 사회경제적 환경의 변화, 여론의 변화, 통치집단의 변화, 다른 정책의 영향 등이 있으며, 대부분의 정책변동은 역동적 요인에 의해 유발된다(Weible and Sabatier, 2007).

정책 형성이나 집행 과정에는 항상 정책지지연합들이 등장하는데, 이들의 활동은 정책변동에 많은 영향을 준다(정정길 외, 2017). 정책지지연합 내에서의 정책학습, 지지연합·외국 사례·과거 경험 등으로부터의 정책학습, 지지연합들 간의 대립과 갈등을 중재하는 정책조정자 등도 정책변동에 영향을 주는 요인이 다. 정책지지연합 모형은 다양한 정부관계자들, 이해관계 집단, 연구기관, 대중매체 등 지지연합 집단 간에 정책목표가 서로 다르거나 기술적인 논쟁이 있을 때 발생하는 정책변동을 설명하는 데 잘 활용될 수 있다(Weible and Sabatier, 2007).

홀은 정책변동 과정에서 정책학습의 중요성을 강조하였으며, 정책형성을 정책목표, 정책산출물, 기술·정책 환경의 세 가지 변수가 포함되는 과정으로 보았다. 홀은 정책목표를 향해 빠르게 변화하는 정책변동을 개념화하였다(이상윤, 2015). 홀의 패러다임 변동 모형에서는 정책 패러다임의 개념과 변화의 규모에 따라 정책변동을 세 단계로 분류하였다. 1차 변동은 점진적으로 발생하며, 일반적인 정책 과정에서 흔히 접하게 되는 의사결정 방법이다. 2차 변동은 새로운 정책도구의 개발을 의미한다. 3차 변동은 패러다임을 이동시키는 급격한 변화를 말한다. 1차·2차·3차 변동은 순차적으로 발생할 수도 있고, 상호 무관하게 독립적으로 발생할 수도 있다.

킹던의 정책흐름 모형은 '다중흐름 모형' 또는 '정책의 창 모형'으로도 불리며, 원래 정책의제 설정을 설명하기 위해 제시된 모형이었으나 정책변동, 정책형성, 정책집행, 정책평가에 이르기까지 다양하게 사용되고 있다(오성택, 2015).

정책흐름 모형에서는 문제의 흐름(problem stream), 정치의 흐름(political stream), 정책대안의 흐름(policy alternative stream)으로 구성된 3개의 흐름이 각각의 독립적인 역할에 따라 흐른다고 본다. 이 과정에서 극적 사건이나 정치적 사건이 발생하여 촉발장치(triggering device)의 역할을 할 때 3개의 흐름이 결합하면서 정책의 창(window of policy)이 열린다(정정길 외, 2017). 즉, 흐름들이 독립적으로 진행하다가 중요한 시점(critical junctures)에 결합하게 되면, 이 결합은 의제 변화(agenda change)를 만들어 낸다는 것이다.

3가지 흐름을 보다 구체적으로 살펴보면, 문제의 흐름은 정부 관리들이 다양한 문제에 대해 관심을 갖게 되는 것을 의미한다. 정치의 흐름은 국가적인 분위기, 대중의 의견, 선거 결과, 행정부의 교체, 의회 내 이념적인 분포, 이익집단의 압력 등으로 구성되며, 이는 새로운 의제를 설정하는 데 매우 큰 영향을 미친다. 정책대안의 흐름은 학계, 연구기관, 의회 직원, 기획·예산·평가 부서, 정책공동체 등의 활동을 통해 이루어지는 정책대안의 개발 및 설정 과정이다(Kingdon, 2010).

정책의 창은 정책의제 설정을 위한 요구사항이 만족되는 매우 짧은 기간 동안 열리며, 공공정책에서 주요한 변화는 이러한 정책의 창이 열리면서 발생한다(Kingdon, 2010). 그림 4-1에 정책흐름 모형을 도식화하여 제시하였다.

킹던의 정책흐름 모형은 쓰레기통 모형(Garbage Can Model)[2]을 발전시킨 것으로서, 동적인 정책형성 과정을 기반으로 다양한 참여자들의 이해관계에 따른 역할을 설명하는 데 유용하며, 특히 정치의 흐름과 정책촉진자(policy entrepreneurs)의 중요성을 강조하고 있다(김삼봉·이명혁, 2011).

정책변동을 설명하는 여러 이론들의 특징을 비교해 볼 때, 재난 이후 동시다발적으로 여러 요인이 상호작용하고 그 결과로 발생하는 정책변동 과정을 분석하는 틀로서는 킹던의 정책흐름 모형이 가장 적합하다. 에트킨(Etkin, 2015)은 재난 이후에 폭발적으로 증가하는 국민·언론·국회의 관심과 비판, 수많은 정책대안들, 많은 활동주체(players)의 등장, 그리고 이 과정에서 발생하는 정책변동이 쓰레기통 모형으로 가장 잘 설명될 수 있다고 하였다. 따라서 재난 이후 정책변화 과정을 분석하고자 하는 이번 연구의 분석틀로는 쓰레기통 모형에서 발전한 킹던의 다중흐름 모형을 분석의 기본틀로 하고, 이를 재난상황에 맞게 수정하여 사용한다. 이에 대해서는 다음 절에서 자세히 설명한다.

---

2) 쓰레기통 모형은 마치(J. March), 올슨(J. Olsen), 코헨(M. Cohen) 등에 의해 제시된 모형으로서, 정책결정이 일정한 규칙에 의해 이루어지는 것이 아니라 쓰레기통처럼 뒤죽박죽 움직이다가 결정된다고 주장한다. 대규모 재난이 일어나면 여러 가지 혼돈상황이 발생하고 합리적이지 않은 정책결정이 내려지는 경우가 있는데, 이러한 과정을 연구하는 데 쓰레기통 모형은 유용한 수단이 될 수 있을 것이다.

그림 4-1. 킹던의 정책흐름 모형

2. 재난유발 정책변동 모델

이 절에서는 1994년부터 2005년까지 우리나라에서 발생했던 대규모 자연·사회 재난 이후 재난대응 조직과 법률이 어떻게 변화하였는지를 분석하기 위한 모델을 제안한다. 킹던(Kingdon, 1995)은 교통 및 보건 정책 분야를 대상으로 한 연구에서 '쓰레기통 모형'을 수정한 '다중흐름 정책변동 모형'을 제시하였고, 버클랜드는 자연재해 및 테러 분야에 특화시켜 사회적 충격사건(focusing event)을 강조하고 있다(권기현, 2014). 이 연구에서는 킹던의 정책흐름 모형(PSF)과 버클랜드의 사건관련 정책학습 모형(ERPL Model)을 결합한 수정모형을 제시하고, 한국에서 대형 재난 이후 재난대응 조직과 법령이 변화하는 과정을 분석한다. 두 모형을 결합한 수정모형을 사용한 이유는 다음과 같다.

첫째, 대규모 재난 이후 많은 요인들이 동시다발적으로 작용하여 발생하는 재난대응 조직과 법령의 변화를 설명하는 모델로서는 여러 정책변동 모형 중에서 킹던의 정책흐름 모형이 가장 적합하다. 하지만 킹던의 모형은 예기치 못한 대형 재난을 문제 흐름의 한 요소로만 간주하고 있다. 따라서 대규모 재난 직후 급격하게 증가하는 국민적 관심과 요구, 그리고 뒤이어 따라오는 제도 개선을 위한 여러 어젠다가 만들어지는 과정들을 충분히 설명하지 못한다. 이런 이유로 킹던의 모형을 활용하여 대규모 재난 이후 재난대응 조직과 법령의 변화를 설명

한국 재난의 특성과 재난관리

하는 연구는 거의 없는 실정이다.

둘째, 킹턴의 모델을 재난 이후 정책변동에 적용하기 위해서는 버클랜드의 사건관련 정책학습 모형을 활용하여 킹턴의 모델을 보완하여야 한다. 버클랜드는 2001년 9·11테러 이후 미국에서 국토안보부의 신설과 항공안전 규제의 강화, 태풍 카트리나 이후 미국 재난관리 조직의 변화 등에 대한 연구를 통해 대규모 재난이 어떻게 재난대응 조직의 변화를 가져왔는지를 설명하였다. 하지만 버클랜드의 모형은 정책의제에 대한 사회적 관심 증가, 이해관계 집단의 결집, 아이디어들에 대한 논의, 새로운 정책 채택, 사회적 학습의 과정을 단선적으로 진행되는 과정으로 산정하여, 대규모 재난 이후 동시다발적으로 진행되는 여러 현상들을 설명하는 데는 한계가 있다.

따라서 이 연구에서는 킹턴의 정책흐름 모형을 근간으로 하되, 버클랜드의 사건관련 정책학습 모형 중 사회적 충격사건의 발생과 정책의제에 대한 사회적 관심 증가를 외적 변수로 받아들여 그림 4-2와 같은 수정모델을 제안하고 분석에 사용한다.

연구의 분석틀인 수정모델은 사회적 충격사건을 시작점으로 산정하고, 어젠다에 대한 관심 증대와 함께 발생하는 3가지 흐름(stream) 간의 관계를 규정하여, 3가지 흐름 중 어떤 흐름이 재난대응 조직과 법령의 변화에 가장 많은 영향을 주는지에 대해 밝힌다. 그리고 사회적 충격사건 발생 이전에 사회에 내재되어 있는 취약성(vulnerability) 요소와 자연적·기술적·사회적 위험요인(hazard)에도 주목한다. 저자는 이 모델을 '재난유발 정책변동 모델(Disaster-Triggered Policy Change Model, DTPC Model)이라 명명하고, 다음 절에서 우리나라 재난사례 분석에 적용한다.

2.
대규모 재난 이후 정책변동 유발요인

이 절에서는 1948년부터 2005년까지 우리나라에서 발생한 대규모 재난 이후 재난대응 조직과 법률이 바뀌는 과정에서 어떤 요인들이 중요한 작용을 했는지에 대해 분석한다. 대규모 재난 이후 발생하는 정책변동은 조직의 변화, 법령의 제·개정, 개선대책의 수립과 집행 등 다양한 형태로 나타날 수 있다. 정책변동 분석을 위해 립스키(Lipsky, 1978)가 가장 확실한 정책변동의 형태로 제안한 재난대응 관련 주요 법률의 제·개정과 이에 따른 재난대응 정부조직의 변화를 선택한다.

재난대응 조직은 자연·사회 재난과 관련된 부처 중 재난대응의 최종 의사결정 기구인 중앙재난안전대책본부(이하 중대본)를 운영하는 조직과 현장대응의 핵심 기능인 긴급구조를 담당하는 조직을 중심으로 살펴본다. 그 이유는 재난대응에 해당하는 상황 보고·전파, 시설 응급복구, 정보통신, 긴급구조 등 각 기능에 따라 대부분의 중앙부처와 모든 시도 및 시군구가 고유한 대응업무를 담당하고 있는데, 이처럼 모든 기관을 포함할 경우 관련 자료를 확보하기가 거의 불가능하기 때문이다. 따라서 본 연구에서는 중대본 담당 부처나 국의 신설 및 기능

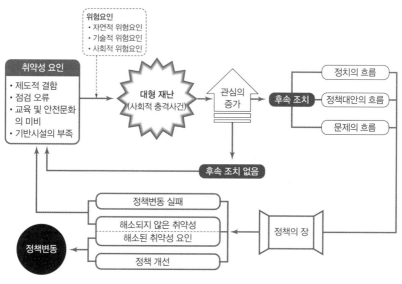

위험요인
• 자연적 위험요인
• 기술적 위험요인
• 사회적 위험요인

취약성 요인
• 제도적 결함
• 점검 오류
• 교육 및 안전문화의 미비
• 기반시설의 부족

대형 재난
(사회적 충격사건)

관심의 증가

후속 조치

정치의 흐름

정책대안의 흐름

문제의 흐름

후속 조치 없음

정책변동 실패

해소되지 않은 취약성

해소된 취약성 요인

정책 개선

정책변동

정책의 장

그림 4-2. 재난유발 정책변동 모델

의 부처 이관 등 조직에서 핵심적인 변화요인만을 조직의 변화로 정의한다.

대규모 재난이 발생하면 언론보도의 증가, 정치의 흐름, 정책대안의 흐름, 문제의 흐름이라는 4가지 활동이 발생한다. 언론보도의 증가는 대규모 재난 이후 국민의 관심이 증가하는 것을 의미한다. 이러한 증가는 네이버 등 웹 포털에서 제공되는 뉴스 라이브러리를 통해 확인한다. 정치의 흐름은 대통령과 국회의 활동으로 대변된다. 대통령은 재난발생 이후 특별 담화문, 연설문, 국무회의에서의 특별지시 등을 통해 재난의 신속한 수습과 개선대책의 마련을 지시한다. 또한 국회에서는 국회 본회의에서의 사안 규명이나 개선대책의 촉구, 사건관련 특별위원회 설치 등을 통해 제도 개선을 추구하게 된다. 따라서 정치의 흐름은 '대통령'과 '국회'의 활동에 초점을 맞춘다. 반면, 정책대안의 흐름은 주로 행정부의 활동을 통해 나타난다. 국무총리의 활동이나 지시, 관계부처 장관의 국무회의 보고, 정부의 개선대책 대국민 발표 등을 통해 정책대안의 흐름을 형성한다. 문제의 흐름은 재난발생의 원인을 발견하기 위한 활동들로 구성된다. 감사원의 감사보고서, 재난안전 연구원이나 학계의 사고원인 조사보고서 등을 통해 문제의 흐름을 확인할 수 있다.

1. 대규모 재난 이후 관심의 증가: 언론의 집중 조명

1) 낙동강 유역 집중호우(1957)

1957년 8월 낙동강 일대가 크게 범람해 전국적으로 많은 사망자와 이재민이 발생했다는 기사가 보도되었다. 또한 이승만 대통령이 수해를 당한 이재민들을 위로하고 관민일심으로 재난을 극복하자고 담화한 내용도 언론에 보도되었다.

2) 태풍 사라(1959)

태풍 사라가 한반도에 상륙하여 피해를 입힌 1959년 9월 17일과 18일 언론 보도는 대부분 태풍 사라의 경로와 태풍의 위력 및 피해상황 중심이었고, 태풍이 지나간 9월 19일부터 11월 4일까지는 재해복구와 관련된 내용이 대부분이었다. 9월 18일자 동아일보 3면 사회면 기사를 보면, "추석날 노두(路頭)에 이만 수재민 전국의 폭풍우피해 심대"라는 제목으로 우리나라 최대 명절인 추석연휴에 발생한 태풍으로 피해가 컸음을 알 수 있다. 그리고 태풍 사라로 공전(空前)의 피해를 입은 이재민들의 구호를 위해 미국, 호주, 영국, 프랑스, 서독, 이탈리아 등 각국 적십자사에 도움을 요청하고 국무회의에서 의연금수집책을 심의하는 등 재해복구를 위한 정부의 다양한 노력이 동아일보에 보도되었다.

한국 재난의 특성과 재난관리

3) 전북 남원, 경북 영주 일대 수해(1961)

1961년 7월 전국적으로 계속된 장마로 이와 관련된 내용들이 언론에 보도되었고, 7월 11일 영주와 남원에서 제방이 붕괴됨에 따라 수해지역의 피해상황과 복구에 대한 기사들이 보도되었다.

4) 순천 수해(1962)

순천지역에 수해가 발생한 1962년 8월 28일부터 한 달 후인 9월 27일까지 동아일보와 경향신문에 보도된 기사는 총 120여 건이고, 다음 해인 1963년 4월까지 약 30여 건의 기사가 보도되었다. 대부분 순천 수해 이후 발생한 피해현황과 이재민 상황, 그리고 복구와 관련된 내용이다.

5) 서울 대연각호텔 화재사고(1971)

1971년 12월 25일 서울 대연각호텔 화재사고는 TV 생중계로 보도되었으며, 동아일보·경향신문·매일경제에 총 343건이 보도되었다. 화재가 성탄절 오전 10시에 발생했음에도 화재 발생 직후 21건의 기사가 보도되어 국민적 관심이 매우 높았음을 알 수 있다. 그리고 사고일로부터 5일 뒤인 12월 30일까지 총 160여 건의 기사가 보도되었으며, 사고원인에 대한 분석도 다수 포함되었다. 이러한 언론보도들은 서울 시내 대형 건물의 소방시설을 점검하고 안전관리 대책을 마련하는 데 기여하였다.

6) 태풍 애그니스(1981)

139명의 인명피해와 14,346명의 이재민을 발생시킨 태풍 애그니스 관련 기사는 동아일보·경향신문·매일경제에서 총 184건이 보도되었다. 이 가운데 104건이 태풍의 피해가 가장 컸던 9월 1일부터 소멸된 4일까지 집중 보도되었다. 이 시기에는 태풍의 경로와 예상 피해규모 및 피해를 최소화하기 위한 방법과 피해지역 상황 보도가 주요 기사 내용이었고, 태풍이 소멸된 이후에는 대부분 피해정도와 복구에 관한 내용이었다.

7) 일산 제방 붕괴(1990)

1990년 9월 중부지방에 계속해서 내린 호우로 제방이 붕괴되어 경기도 고양군 일대에 큰 피해를 입힌 일산 제방 붕괴와 관련된 기사는 동아일보·경향신문·매일경제·한겨레에서 총 54건이 보도되었다. 붕괴사고 당일에 붕괴 경위와 붕괴에 따른 피해상황을 보도하였고, 사건 발생 일주일 동안 총 31건의 관련 기사가 보도되었다.

8) 부산 구포역 열차전복사고(1993)

철로 지반의 침하로 열차가 전복된 구포역 사고는 사고 당일인 3월 28일이 일요일이었기 때문에 월요일인 29일부터 기사화되었다. 동아일보·경향신문·매일경제·한겨레에 보도된 기사는 총 140건이며, 그 가운데 절반인 70건의 기사가 사건 발생 일주일 사이에 보도되었다. 초반 기사는 사건보도와 원인분석 중심이었으며, 후반 기사는 복구상황, 피해자와 유족들에 대한 보상금, 책임자 처별 등과 관련된 내용이다.

9) 서해훼리호 침몰사고(1993)

서해훼리호 침몰사고와 관련된 기사는 동아일보·경향신문·매일경제·한겨레에서 총 41건이 보도되었다. 인양된 서해훼리호가 다시 침몰하여 그해 12월까지 지속적으로 보도되었으며, 유족들의 배상금이나 인양과 관련된 기사는 1998년 6월까지도 찾아볼 수 있다.

10) 성수대교 붕괴사고(1994)

성수대교 붕괴사고는 강북과 강남을 연결하는 한강의 교량이 붕괴되었다는 점, 출근과 등교 시간대에 발생했다는 점 등 국민들에게 충격을 줄 수 있는 요소가 많았다. 즉, 재난이 남의 일이 아니라 자신이나 가족의 출근길에서 갑자기 발생할 수 있다는 시민들의 우려를 반영하듯, 성수대교 붕괴와 관련한 초기 언론 보도는 사고를 당한 개인과 그 가족에 초점이 집중되어 있었다. 당시 언론은 충격적인 장면을 생생하게 전달하여 국민의 알 권리 신장에는 기여하였으나, 사고원인을 근본적으로 해결하고자 하는 노력은 별로 보이지 않았다. 주로 서울시 관계자나 건축시공자, 관리자 등 관계 책임자 처벌에 집중하여 문제 해결의 본질에는 그다지 접근하지 못하였다. 예를 들어, 10월 21일자 동아일보와 경향신문에서는 1면 사회기사로 성수대교 붕괴를 대서특필하였고, 10월 22일자 경향신문에서는 "택시기사들도 꺼리던 다리, 생일날 시신이 된 아들 안고 통곡" 등 자극적인 내용들을 보도하였다. 또한 방송의 경우에도 피해자 가족이 관계당국에 분통을 터뜨리거나 시신 앞에서 처절하게 절규하는 장면들만을 집중적으로

보도하였다. 일본이나 미국의 경우 대규모 재난이 발생하면 구조상황 등을 강조
하면서 인명보호에 중점을 둔 반면, 당시 우리 언론은 시공자나 책임자 처벌만
지나치게 강조하여 사안의 본질을 흐리는 경우도 많았다(한국언론재단·한국기
자협회, 2003). 최근에는 재난에 대한 언론의 보도방식도 많이 바뀌어 보다 근원
적인 대책을 제시하는 경우도 많아졌다. 앞으로 더욱 발전되어야 할 부분이다.

11) 대구 도시가스 폭발사고(1995)

대구 도시가스 폭발과 관련된 신문기사는 동아일보·경향신문·매일경제·한
겨레에서 총 762건이 보도되었다. 이 사고는 1년 전인 1994년 성수대교 붕괴사
고처럼 아침 출근길에 일어난 사고로서, 무려 101명이 사망하여 국민들에게 큰
충격을 주었다. 사고 발생 3일 동안 총 217건의 기사가 보도되었고, 일주일 후인
5월 4일까지 454건의 기사가 보도되었다.

12) 삼풍백화점 붕괴사고(1995)

삼풍백화점 붕괴사고는 한국의 부촌으로 불리는 강남에서 부의 아이콘이라
여기는 백화점이 붕괴되었기 때문에 큰 충격을 주었다. '부'라고 함은 경제적인
여유로움을 이야기하는 동시에, 편안한 삶을 생각하기 마련이다. 즉, 한국에서
가장 잘사는 지역에서의 붕괴사고는 국민들로 하여금 어느 지역, 어떤 건물도
붕괴될 수 있다는 불안감을 주는 요인으로 작용함으로써 국민의 안전인식 재고
에 영향을 미쳤다.

삼풍백화점 붕괴사고는 사고가 발생한 직후부터 사고원인을 조사하는 기간
내내 언론보도의 중심이 되었다. 삼풍백화점 사고 후 두 달간 중앙일간지인 조

선일보는 442건, 한겨레는 376건의 기사를 게재하였다. 신문기사 분야별로 살펴보면, 조선일보의 경우 사회면에 가장 많은 170건의 기사를 게재하였다. 이는 전체 기사 중 39%에 해당하는 것이며, 다음으로는 정치·해설·오피니언 면에 145건, 종합면에 87건, 경제면에 19건, 기타 21건의 분포를 보였다. 한겨레의 경우 사회면에 가장 많은 195건의 기사를 게재했고, 이는 전체 기사 건수 중 52%를 차지한다. 다음으로는 정치·해설·오피니언 면에 65건, 종합면에 59건, 경제면에 32건, 기타 면에 23건의 순이었다. 신문 분야별 기사 건수를 통해 사회에 영향을 준 재난은 정치·경제 등 국가 주요 영역에도 영향을 미친다는 것을 알 수 있다.

13) 태풍 재니스(1995)

태풍 재니스와 관련된 기사는 동아일보·경향신문·매일경제·한겨레에서 총 127건이 보도되었다. 8월 28일 태풍 재니스가 북상함에 따라 기사가 보도되기 시작했고, 위력이 약해지면서 우리나라를 빠져나간 28일까지 태풍 경로와 기상예보, 피해상황 등과 관련된 기사가 총 115건 보도되었다. 그리고 그 이후에는 수재민과 태풍으로 피해를 입은 상황 및 복구와 관련된 내용들이 보도되었다.

14) 태풍 루사(2002)

2002년 8월 29일부터 10월 1일에 걸쳐 35일 동안 보도된 태풍 루사 관련 뉴스는 TV 197건, 신문 135건이다. 시기로 구분해 보면, 재난발생 이전 단계는 7건, 재난 단계는 26건, 재난 이후 단계는 299건으로 90%에 해당하는 뉴스가 재난발생 이후에 등장하였다. 내용을 살펴보면, 피해보도(약 50%), 성금보도(약 20%),

복구 관련 기사(16%), 정책 관련 기사(7.9%), 정보제공(3.6%), 날씨(3.4%)로 구분할 수 있다. 예를 들어, 2002년 9월 13일자 문화일보에 "어민 '태풍쓰레기' 시름"이라는 제목으로 태풍 '루사'로 강원도 영동지역 백사장 등에 쌓인 쓰레기 120,916톤 중 4,750톤밖에 수거하지 못하여 각종 어구와 그물이 훼손되고 있다는 기사가 실렸다. 9월 11일자 동아일보에는 "'마지막 고립지역' 양양 법수치리 난민생활 11일째"라는 제목과 함께 최후 고립지역인 법수치리는 육군 헬기를 통해 쌀과 식수를 공급받고 있고, 보일러를 가동할 수 없어 65명의 주민이 추위로 잠을 설치고 있다는 내용으로, 재난 이후 피해 및 복구와 관련된 내용을 전하고 있다. 그리고 9월 3일자 세계일보에는 "태풍 '루사' 영향 채소값 폭등"이라는 제목으로 집중호우와 태풍 '루사' 피해까지 겹치면서 배추, 상추 등 채소류를 비롯한 농산물의 가격이 치솟는 상황에 대해 전하고 있다. 이는 태풍 루사로 인한 농작물 피해와 추석이 연결되면서 발생한 경제상황으로 볼 수 있다. 또한 9월 6일자 서울신문에서는 피해액 산정을 위한 조사인력이 부족하여 피해액 산정이 주먹구구식으로 이루어진다는 내용과 피해지역의 통신·도로 등이 두절되어 복구계획이 지연되고 있다는 내용을 다루고 있다.

15) 대구 지하철 화재사고(2003)

2003년 2월 18일 오전 9시 53분 사고가 발생하자 공중파 방송 3사(KBS, MBC, SBS)는 속보로 사고소식을 전하였고, 현장을 연결하여 실황 중계하였다. 사고 발생일인 2월 18일부터 2월 24일까지 사건 관련 전체보도는 총 378건으로, 이는 동 기간 전체보도 692건의 54.6%에 해당한다. 사건 당일 방송 3사의 전체보도 중 사건 관련 보도가 60%를 상회하였고, 둘째 날은 평균 78.9%를 점유하였다. 동 기간 내 사건 관련 보도유형은 상황진행 212건(56.1%), 예방 58건(15.3%), 원인 39건(10.3%) 등으로 다양하게 계속 보도되었다(진양혜, 2004).

특히 방송 3사의 저녁 종합뉴스는 2월 18일부터 3월 4일까지 총 457건을 보도하였으며, 그 내용을 살펴보면 사건조사 104건(21.9%), 안전대책 점검 97건(20.4%), 휴먼에피소드 85건(17.9%), 사고종합 40건(8.4%) 등 다양한 주제를 다루었다(송종길·이동훈, 2003).

공중파 방송 3사 이외에도 신문에서 사고 후 두 달간 조선일보 207건, 한겨레 197건, 지방지인 매일신문 486건의 보도가 있었다. 신문 1면에 대구 지하철 사고를 기사화한 기간은 조선일보 5일, 한겨레 6일, 대구·경북 지역의 종합일간지인 매일신문은 두 달이 넘게 지속되었다. 또한 조선일보 종합면 66건, 한겨레 사회면 73건, 매일신문 사회면 179건을 기사화하였으며, 특히 2월 19일부터 2월 25일까지 매일신문은 20건, 조선일보와 한겨레는 15건 이상을 매일 기사화하였다(이교선, 2003).

대구 지하철 화재사고 관련 언론보도를 살펴보면, 사고가 발생하자 공중파 방송 3사와 신문 등 뉴스미디어는 극적인 장면과 사고의 수습, 원인 및 대책 등 다양한 시각에서 신속하게 관찰·보도하였다. 특히 전동차의 운행관리 시스템 부재, 화재에 취약한 객차 내장재, 역사 내 안전설비 미비, 정부의 재난대처 능력 부재 등 다양한 보도유형으로 지속적으로 보도하였다(이종열·손원배, 2012). 또한 이번 사고뿐만 아니라 전동차가 운행되고 있는 지역의 전반적인 시스템 점검의 중요성을 다루는 보도 내용도 많았다. 한편 대구시장과 소방본부장은 언론사와의 인터뷰 및 유가족과의 수습에 필요한 간담회를 6회 개최하고, 담화문 2회와 사과문 1회 발표를 통해 사고 피해자와 유가족을 위로하기도 하였다.

16) 태풍 매미(2003)

괌섬 근처에서 발생하여 북상하다 우리나라에 상륙하여 큰 피해를 입힌 태풍 매미가 울진 동해상으로 빠져나가고 이후 복구가 진행되기까지 관련 뉴스는 총 221건이 보도되었다. 주요 내용을 살펴보면, 2003년 9월 13일자 동아일보에서는 최대 순간풍속이 60m인 태풍 매미의 위력이 1904년 기상관측 이래 최대치라는 내용과 함께 한반도에 상륙해서도 파괴력이 강해졌다는 내용 등 초가을 태풍의 크기와 위험성에 대해 보도하였다. 9월 13일자 조선일보에서는 100여 개의 횟집이 성업 중이던 마산 어시장 지역이 태풍 매미로 인해 수십억 원의 피해를 입었으며, 경남 마산시 해운프라자에서는 12일 오후 9시쯤 해일로 인해 역류한 바닷물이 인근 부두에 야적 중이던 원목 300여 개와 함께 밀려 들어와 10~20명이 실종되는 등 태풍 매미로 인한 피해상황을 보도하였다. 9월 14일자 동아일보에서는 중앙재해대책본부에서 경남지역의 응급복구에 대한 협조를 전국 자치단체에 요청하여 경남도에 장비를 긴급지원하는 내용, 통신요금 감면, 은행의 저리대출, 만기연장 등의 지원계획을 세우고 있다는 내용 등 복구 관련 기사가 보도되었다. 9월 15일자 조선일보에서는 일본에서 이용하는 '해저드맵(hazard map)'과 이를 이용한 대피상황 등을 보도하며, 우리나라 정부도 이를 벤치마킹하여 재난에 빠르게 대응해야 한다고 보도하였다. 그리고 9월 21일 태풍 매미로 인해 피해를 입은 지역의 '특별재해지역 선포'에 대한 기사와 26일 경북지역 곳곳에 설치된 사방댐이 태풍 매미로 쏟아져 내린 수십에서 수백 톤의 토사를 막은 것으로 확인되어 피해를 막는 데 크게 기여했다는 기사가 동아일보에 게재되었다.

2. 정치의 흐름

대규모 재난이 발생하면 대통령은 특별담화, 대국민 메시지, 피해현장 방문 등을 통해 국민을 위로하고 개선노력을 약속한다. 그리고 국회에서는 특별위원회, 국정조사 등을 통해 피해원인을 파악하고 제도 개선을 정부에 요구한다. 이러한 정치적 활동들은 대규모 재난 이후 정책 변화에 선도적인 역할을 한다.

1) 낙동강 유역 집중호우(1957)

1957년 9월 13일 이승만 대통령은 낙동강 유역 집중호우에 대한 담화문을 발표하였다(대통령기록관, n.d. d). 그 내용을 살펴보면, 낙동강 유역 집중호우는 근년에 가장 심한 재앙으로 경남 양산에서는 집이 다 떠내려가서 29명이 사망하는 비참한 일까지 있었으며, 총 200여 명의 사망자와 880여 명의 부상자가 발생했음을 언급하였다. 그런 만큼 국민 모두가 이재민을 성의껏 도와야 한다고 발표하였다.

2) 태풍 사라(1959)

태풍 사라가 우리나라를 통과한 지 3일 뒤인 1959년 9월 21일, 이승만 대통령은 담화문을 통해 천재지변으로 피해를 입은 이재민을 위로하고, 그들의 생활 복귀를 위해 최선을 다할 것을 발표하였다(국회, 1959). 그리고 9월 27일 부통령이 경남 밀양지구의 피해상황을 시찰하고, 밀양 양잠학교에 수용되어 있는 650명의 이재민들을 위문한 뒤 금일봉을 전달하였다.

국회에서는 1959년 10월 6일과 7일 태풍재해대책특별위원회를 열고 긴급구호대책 및 복구사업에 대한 질의를 진행했으며, 7일 국회 본회의에서 태풍재해에 관한 보고 및 정부에 대한 건의를 하였다. 그리고 다음 날인 8일 태풍재해대책특별위원회에서는 태풍 사라로 피해를 입은 지역의 복구와 보상비에 대해 각 위원 간 대체토론이 이루어졌다.

3) 전북 남원, 경북 영주 일대 수해(1961)

1961년 7월 21일 윤보선 대통령은 경북 영주지역과 전북 남원지역의 제방이 붕괴되면서 발생한 수해현장을 방문하여 이재민들을 위로했다.

4) 순천 수해(1962)

순천 수해가 발생하자 최고회의 박정희 의장은 특별담화문을 발표하고 1962년 8월 27일 밤에 내린 집중호우로 발생한 수해이재민에게 최대한의 구호대책을 강화하라고 관계기관에 지시하였다(경향신문, 1962a). 그리고 30일에는 순천 수해상황과 사후대책에 대한 보고를 받고 복구 및 방역에 유의할 것과 이재민 건강 관리에 최선을 다할 것을 지시하였다(동아일보, 1962a). 9월 1일 오전에는 순천시를 방문하여 책임자들에게 이재민 구호와 방역, 월동준비, 긴급구호와 근로구호 병행, 복구사업 체계화 등을 지시했으며(경향신문, 1962b), 정오에 정부는 이재민을 구호하고 수해지구를 복구하는 데 전력을 다할 것이라는 내용의 특별담화문을 발표하였다. 그리고 두 달 후인 10월 31일 김용순 문사위원장, 박림항 건설부 장관, 이후락 공보실장 등과 함께 순천시내 수해복구 상황을 시찰하고, 김동빈 수해대책위원장에게 이재민들의 월동준비 등을 지시하였다(동아일보, 1962b). 수해발생 다음 날인 8월 29일 최고회의 홍종철 문사위원은 수해지구를 방문한 뒤 복구비용과 예산 변경, 복구사업 및 앞으로의 수해대책 등에 대해 지시하였다. 그리고 9월 5일 최고회의 상임위원회에서는 정부가 제안한 순천지구, 전남, 경남 및 기타 풍수해복구계획이 승인되었다(동아일보, 1962c).

한국 재난의 특성과 재난관리

5) 서울 대연각호텔 화재사고(1971)

1971년 12월 25일 충무로 소재 대연각호텔이 화재에 휩싸이자 박정희 대통령이 현장에 나와 화재진압을 독려했으며, 1972년 1월 11일 연두 기자회견에서 대연각호텔 화재사고를 언급하며 화재에 대비한 건물 관리의 소홀함과 건축자재의 문제점을 지적하였다. 또한 호텔 직원들이 화재에 대처하는 훈련이 전혀 되어 있지 않다고 지적하면서, 미리 대비책을 마련하도록 지시하였다.

6) 태풍 애그니스(1981)

태풍 애그니스 내습이 예보된 1981년 8월 31일 밤 전두환 대통령은 서울시 일원의 수방대책을 점검하며 태풍 애그니스로 인한 많은 강우에 대비하여 한강유역 전체의 홍수 조절에 만전을 기할 것을 지시하였다. 그리고 이틀 후인 9월 2일 새벽에는 위험수위에 육박하고 있는 한강의 홍수대비 태세를 점검하였다(경향신문, 1981). 태풍 애그니스로 전남과 경남을 비롯하여 전국이 큰 피해를 입자, 1981년 9월 4일 전두환 대통령은 청와대에서 재해복구대책회의를 주재했으며, 10월 2일에는 제1회 추가경정예산안 제출 시점에 맞추어 시정연설을 통해 태풍 피해복구에 정부 지원의 필요성을 강조하고 이에 따른 예산 증액을 요구하였다. 이에 1981년 11월 8일 국무회의에서 1981년도 일반회계 재해대책 예비비 지출을 의결하였다.

7) 일산 제방 붕괴(1990)

1990년 9월 12일 오전 11시경 고양군 일대가 물바다가 되자, 노태우 대통령은 정오에 이번 수재로 파괴되거나 유실된 제방·도로·교량·철도·가옥 등을 조속히 복구하는 데 총력을 동원하라고 지시하였다. 9월 17일 국회 내무위에서는 일산 제방 붕괴의 원인 분석과 책임여부 등을 확인하기 위한 행정위를 개최하였고, 18일에는 수재복구대책 및 이재민 의료대책 등을 논의하기 위한 건설보사위가 개최되었다(동아일보, 1990a).

8) 부산 구포역 열차전복사고(1993)

국회는 사고 3일 뒤인 3월 31일 오전 내무, 교체 등 2개 상임위를 열어 부산 구포역 부근 열차전복 참사의 경위와 사후대책, 그리고 유가족 보상문제에 대해 논의하였으며, 상임위에서 여야 의원들은 이해구 내무부 장관, 이계시 교통부 장관과 한전관계자들에게 사전 안전대책 미비의 책임과 사후대책 및 재발방지책을 집중 추궁하였다(매일경제, 1993a).

9) 서해훼리호 침몰사고(1993)

1993년 10월 10일 서해훼리호 침몰사고에 대한 보고를 받은 김영삼 대통령은 인명구조 작업에 최선을 다할 것을 긴급 지시하였다(한겨레, 1993). 또한 12일 위도를 직접 방문하여 이번 사고의 희생자와 유가족들에게 정부는 법이 허용하는 범위에서 최대한 보상하겠다고 발표하였다.

10) 성수대교 붕괴사고(1994)

성수대교 붕괴사고가 발생한 1994년 10월 21일 오후 7시경 사고의 책임을 물어 이원종 서울특별시장이 경질되고, 11월 3일 최병렬 시장이 새로 부임하였다. 10월 23일 수석비서관 회의를 주재한 김영삼 대통령은 "부실공사 업체는 건설업계에서 완전히 추방하고 시공된 구조물에 대한 시공업체의 하자보수와 안전관리 기간을 늘릴 수 있도록 건설관계법을 개정하라."라고 지시하였다. 또한 사고위험은 어디든 도사리고 있으므로 도로, 터널, 교량 등에 대한 철저한 점검시스템을 만들어 지속적인 점검을 해야 한다고 강조하였다(동아일보, 1994). 또한 다음 날인 10월 24일에는 김영삼 대통령이 전국 TV 방송을 통해 대국민 특별담화문을 발표하였다. 특별담화문의 내용은 다음과 같다. 첫째, 1960년 이후 30여 년에 걸친 경제성장 과정에서 긍정적 성과를 이루었지만, 동시에 부정적 영향도 뒤따르고 있는데 그 가운데 하나가 성수대교 붕괴사고와 같은 대형 사고가 발생할 수 있는 위험이 곳곳에 도사리고 있다. 둘째, 이번 사고를 계기로 정부는 우리 안에 도사리고 있는 모든 위험을 점검하는 것을 비롯하여, 정부가 할 수 있는 가능한 조치를 모두 취할 것을 약속한다. 셋째, 이번 사건을 통해 우리나라 재난관리체계의 문제점을 인식, 국가 전반의 정비와 쇄신을 위해 노력할 것이며, 국민에게 사죄한다.

국회에서도 성수대교 붕괴사고의 원인을 밝혀 유사한 사건의 재발을 방지하기 위한 대책을 강구하였다. 11월 25일에 열린 국회 본회의에 이영덕 국무총리가 출석하여 성수대교 붕괴의 원인과 정부의 대응태세에 관해 설명하고 후속 대책을 논의하였다.

11) 대구 도시가스 폭발사고(1995)

폭발사고가 발생한 1995년 4월 28일 오전에 김영삼 대통령은 박성달 행정수석으로부터 사고상황을 보고받았다. 그리고 같은 날 오후에는 사고현장을 둘러보고 온 이홍구 총리로부터 종합적인 사태상황을 보고받은 후 사고수습에 최선을 다할 것과 철저한 원인 규명과 함께, 지하시설물의 건설과 관리를 위한 근본적인 대책 마련을 지시하였다(매일경제, 1995a).

12) 삼풍백화점 붕괴사고(1995)

성수대교 붕괴 이후 대통령 사과문, 국회와 정부의 활동 등을 통해 대형 사고 방지를 위해 노력했음에도 불구하고, 1995년 6월 29일 삼풍백화점 붕괴사고라는 대형 재난이 다시 발생하였다. 사고 직후 이홍구 국무총리가 현장을 방문하여 인명구조에 최선을 다할 것을 당부하는 한편, 서울시장이 현장에서 직접 진두지휘하고 시민이 이해할 수 있도록 기자회견을 할 것을 지시하였다(서울특별시, 1996). 같은 날 국무총리실에서는 제1차 중앙사고대책협의회를 개최하여 정부차원의 강력한 수습지원대책 마련 및 각 부처별 지원대책을 논의하였다(서울특별시, 1996). 사고 발생 5일 후인 1995년 7월 4일 정부는 국무회의를 통해 삼풍백화점 붕괴사고 재발방지대책을 집중 논의하였다. 그리고 7월 19일 특별재해지역 선포 관련 담화문을 발표하였는데, 주요 내용은 다음과 같다(대통령기록관, n.d. c). 첫째, 정부는 이번 참사를 계기로 대형 사고에 대한 예방과 수습 활동이 체계적이고 원활하게 이루어질 수 있도록 재난관리법을 제정한다. 둘째, 삼풍백화점 붕괴사고 현장 일대를 '특별재해지역'으로 선포하고, 정부는 구조·구호 활동과 재해복구에 필요한 행정·재정·금융·세제 관련 특별지원을 강구한다. 셋째, 한국사회에서 부실공사를 추방하고 안전문화를 정착시킬 수 있도록 관련된 건설 분야 법들을 고쳐 나감과 동시에 공직자들이 부정과 비리를 저질러 부실을 조장하는 일이 없도록 부정부패를 척결해 나간다.

국회에서도 사고 2주 후인 7월 12일, 삼풍백화점 붕괴사고조사특별위원회를 개최하여 삼풍백화점 붕괴사고 국정조사계획서를 채택하고, 9월 18일 결과보고서를 채택하였다. 결과보고서의 주요 내용은 다음과 같다. 첫째, 삼풍백화점 붕괴사고는 총체적 부실에 따른 결과로서, 건설·시공·감리 및 유지·관리상의 결함과 행정관청의 감독 부실 등이 복합적 요인으로 작용하여 일어난 것이다. 둘째, 부실공사에 대한 행정관청의 관리·감독 소홀, 사고현장 통제 실패, 구조 능력 부족, 실종자 집계 혼선, 사체 및 유품관리 허술 등 정부의 재난관리 체계가 총체적으로 부실하다. 셋째, 정부의 재난관리 능력 제고, 건설·건축 행정의 전문성 제고와 다중이용시설의 안전성 확보, 부실시공자 등에 대한 처벌 강화와 건설기본법의 제정 등 건설·건축 행정의 개선, 재난에 따른 피해보상의 만전과 국비지원의 확대, 실종신고자 및 신원 미확인 시신에 대한 적절한 처리 등이 시급히 이루어져야 한다.

다음 해인 1996년 2월 23일 김영삼 대통령은 국무회의에서 재난관리 체계 개선을 위해 정부가 법령 정비, 인력·장비 확충 등을 위해 노력해 온 점을 치하하며, 재난예방의 중요성을 다시 한 번 강조하였다.

13) 태풍 재니스(1995)

김영삼 대통령은 8월 26일 오전 8시 5분부터 30분간 정부 제1종합청사에 마련된 중앙재해대책본부 상황실에서 집중호우와 태풍 재니스로 인한 수해 피해 현황을 보고받고, 재난예방의 중요성을 언급한 후 철도·항공·선박 등은 안전점검 결과가 완벽하기 전에는 절대 운행하지 못하도록 조치할 것을 지시하였다.

14) 태풍 루사(2002)

2002년 9월 1일 오전 김대중 대통령은 긴급 관계장관회의에서 수해대책을 지시하였다. 9월 11일 '재해추경예산 시정연설'을 통해 피해가 극심한 지역을 대상으로 특별재해지역을 지정하여 정부 지원을 확대하는 계획을 발표하였다. 또한 추가경정예산안이 확정되는 대로 효율적인 피해복구 계획을 수립하여 신속한 피해복구와 이재민 지원사업을 펼쳐 나갈 것을 약속하였다. 그리고 다음 해인 2003년 노무현 대통령은 첫 국무회의에서 각종 재난의 효율적 관리를 위해 청급 규모의 재난관리 전담기구 설치를 지시하였다.

2002년 9월 6일 국회 건설교통위원회와 재해대책특별위원회는 태풍 루사로 인한 피해상황 및 특별재해지역 특별지원 사항, 수해복구 지원현황 등을 포함한 복구대책을 보고받았다. 그리고 다음 달인 10월 5일 국회 본회의에 태풍 루사로 피해를 입은 충북 영동군의 재해복구대책에 관한 질문서와 답변서를 제출하였다. 또한 다음 해인 2003년 8월 29일 국회 농림해양수산위원회에서는 태풍 루사에 의한 간접 피해액 보상 등에 관한 청원을 진행하였다.

15) 대구 지하철 화재사고(2003)

2003년 2월 18일 오후 10시 대구시청 2층 상황실에서 시장 주재로 실·국장회의를 갖고 지하철 화재사고 수습대책을 논의하였고, 2시간 뒤 대구시는 건설교통부에 중앙로역 피해지역을 특별재난지역으로 지정해 줄 것을 건의하였다. 그리고 다음 날인 19일 오후 3시 30분 정부에서는 건설교통부에 설치한 중앙사고대책본부 주관으로 지원대책협의회를 개최하여 지원방안을 협의하였으며, 대구시의 건의를 수용하여 대구 지하철 1호선 중앙로역 일원을 특별재난지역으로 선포하기로 결정하였다. 김대중 대통령은 국무총리와 관계부처 장관을 현지에 급파하고 국가가용자산의 총동원을 지시하였으며, 희생자 유가족에게 조의를 표명하고, 사고지역을 특별재난지역으로 선포하였다(대통령 공고 제177호, 2003). 그리고 당시 대통령 당선자인 노무현은 2월 19일 상황보고를 받고 재발방지대책을 지시하였으며, 2월 20일 임채정 위원장 등과 사고현장을 방문하여 재난관리 전담기구 설치를 약속하는 등 문제 해결을 위해 적극 노력하였다(이종열·손원배, 2012). 2월 25일 노무현 대통령은 취임사를 통해 대구 지하철 화재사고 희생자의 명복을 빌고, 재난관리 체계를 전면 점검하고 획기적으로 개선해 안전한 사회를 만들 것을 약속하였다.

국회에서는 사고 발생 다음 날인 2월 19일 건설교통위원회, 행정자치위원회 등에서 대책 마련과 기존 제도의 문제점들이 논의되었다. 그리고 재해대책특별위원회에서 국가재해·재난방지를 위한 종합안전대책 수립 촉구 결의안이 채택되어 2월 26일 제236회 국회 제8차 본회의에서 원안이 가결되었다. 이와 더불어 대구시를 특별재난지역으로 선포, 도시철도 차량에 대한 안전기준 및 안전교육 강화, 사고 총괄조정기구 설립 등의 대안들이 제시되었다(이동규, 2012). 위원회에서는 이 사고를 인재로 규정하고 조사청문회 수준의 강도 높은 추궁과 질책이 이어지면서 정부를 압박하였고 문제 해결을 위한 다양한 정책대안을 제시하였으며, 감사원에 특별감사 의뢰와 재난관리기구 신설을 촉구하는 한편 진상조사단을 구성하였다.

16) 태풍 매미(2003)

태풍 매미가 한국에 상륙한 9월 12일로부터 4일 후인 16일 노무현 대통령은 국무회의에서 특별재해지역 선포를 확정하고, 22일 서울과 인천을 제외한 전국 156개 시군구, 1,657개 읍면동을 특별재해지역으로 선포하였다. 10월 2일 임시 국무회의를 통해 '매미'로 인한 공공시설 피해를 조기에 복구하기 위해 3조 원

규모의 제2차 추가경정예산을 편성하도록 하였으며, 이재민 구호와 사유시설의 피해복구를 위해 예비비 5000억 원을 별도로 긴급 지원하였다.

2003년 10월 15, 16, 20일 국회 예산결산특별위원회에서는 태풍 매미로 인한 피해상황 및 복구계획을 보고받았다.

3. 정책대안의 흐름

대규모 재난이 발생하면 폭발적인 국민적 관심과 함께 진상 규명과 개선대책을 마련하라는 정치권의 요구가 거세어진다. 대통령 역시 대국민 메시지, 피해현장 방문 등을 통해 피해자 가족들을 위로하고 보상과 개선대책을 약속한다. 이를 뒷받침하기 위해 행정부에서는 전문가들과 함께 근원적인 문제점을 분석하여 개선대책을 수립하고 정책대안을 제시한다. 정책대안이 일반 국민의 공감대를 얻고 정치권의 합의 과정을 거치면 재난대응 체계 개선을 위한 정책변화가 일어나게 된다.

1) 낙동강 유역 집중호우(1957)

1957년 8월 남동강 유역에 집중호우가 내려 247명이 사망하는 엄청난 피해가 발생하였다. 하지만 이 시기에는 풍수해 관계 법령이나 전담 조직·인력도 충분하지 않았기 때문에, 정부는 피해가 나면 국무회의 의결을 거쳐 지원하거나 각 부처에서 개별적으로 지원하는 수준이었다.

2) 태풍 사라(1959)

1959년 9월 25일 국무회의에서 '사라 태풍 피해 의연금 모집의 건'을 의결하였다. 9월 17일 내습한 태풍 사라로 인해 전라남도, 경상남북도, 강원도, 제주도 전역에 3,712명이 피해를 입고, 128,616동의 가옥피해와 함께 782,126명의 이재민이 발생하였다. 이재민을 응급구호하고 시일 내에 복구대책을 수립해야 하지만, 이에 소요되는 경비를 정부예산으로 충당하기 곤란한 실정이므로 국민들의 성금을 활용하여 이재민 구호 및 복구대책에 만전을 기하고자 하였다. 기간은 1959년 10월 1일부터 31일까지 한 달이며, 모집대상은 극장모금, 학생모금, 가두모금, 공무원모금, 기타(금융단, 회사 직원)로, 총 10억 원을 모집정액으로 결정하였다.

내무부에서는 1959년 12월 18일 '태풍 이재민 구호에 관한 담화문(안)'을 국무회의 안건으로 제출하였다(국무원사무국, 1959). 담화문의 주요 내용은, 10월 한 달간 행해진 '사라 태풍 피해 의연금 모집' 결과 예상 이상의 성과를 거둔 점에 대해 국민들에게 감사인사를 표함과 동시에 아직 완전히 복구되지 못한 피해와 이재민의 구호를 위해 사용한다는 것이었다.

3) 전북 남원, 경북 영주 일대 수해(1961)

1961년 7월 계속되는 장마에 이어 11일 제방이 붕괴되자, 송요찬 내각수반을 비롯한 7명의 각료는 피해 및 실태를 파악하기 위해 수해지역을 둘러보았으며, 수해지구에 대한 응급구호책을 세우기 위해 긴급 각의를 13일에 개최하였다(경향신문, 1961; 동아일보, 1961a). 그리고 이틀 후인 15일 정부는 수해긴급대책본부 및 지부를 설치하여 경북 영주지구, 전북 남원지구 수해를 조속한 시일 내에 복구하기로 하였고, 16일에는 내무부·농림부·보건사회부 관계관 회의를 개최하여 수해긴급대책본부 및 지부 설치에 따르는 운영방침을 결정하였다(동아일보, 1961b). 수해 발생 한 달 후인 8월 11일 영주지구와 남원지구 수해 복구사업 관할이 내무부 수해대책본부에서 국토건설청으로 이관되었다. 이후 21일 경제기획원 산하 국토건설청 소속으로 영주 수해복구사무소가 설치되었다(소방방재청, 2009).

4) 순천 수해(1962)

집중호우와 제방 붕괴로 순천에 큰 수해가 발생한 1962년 8월 28일 내무부는 순천지구 수해대책을 위해 내무부 강당에 '풍수해 구호대책본부'를 설치하고 본격적인 구호를 시작했으며, 육군 참모총장은 수재사고를 수습하기 위해 현지 부근에 주둔 중인 부대의 병력과 장비 동원 등을 긴급 지시하였다(경향신문, 1962c; 동아일보, 1962d). 다음 날인 29일 정부는 순천지구 수해대책을 강구하기 위한 긴급 임시각의를 소집하여 응급구호대책비 지출을 포함한 응급대책과 복구대책을 수립하였으며, 교통부와 체신부에서는 각각 순천시 피해 및 복구상황을 파악하였고, 김현철 내각수반이 순천을 시찰하였다(동아일보, 1962e; 1962f). 또한 정부는 긴급 각의에서 긴급지출을 결정하고, 순천지구 수해복구사무소 설치를 의결하였다(경향신문, 1962d). 9월 1일 전국재해대책위원회는 폭우로 피해를 입은 순천·승주 등 전국 피해상황을 발표하였고, 3일 정부는 임시각의에서 순천지구 및 전남·경남 관내 수해복구계획을 수립하고 피해복구에 필요한 비용을 1962년도 제3차 추경예산에서 마련하여 지출하기로 의결하였다(동아일보, 1962g). 6일에는 문교부가 최고회의 승인을 얻어 전국수해지구 교육시설 복구비를 책정하였고, 농림부는 순천지구를 비롯한 수해지구에 조절미를 방출하였다(경향신문, 1962e; 동아일보, 1962h). 그리고 12월 20일 각의결정에 따라 순천 수해복구본부는 해체되었다(동아일보, 1962i).

한국 재난의 특성과 재난관리

5) 서울 대연각호텔 화재사고(1971)

대연각호텔 화재사고를 보고받은 김종필 국무총리는 바로 현장으로 가서 관계관으로부터 인명구조와 진화작업 현황을 보고받고, 사고수습 지휘를 맡은 김현옥 내무부 장관에게 인명구조와 사고수습에 최선을 다하라고 지시하였다(경향신문, 1971a). 양탁식 서울시장은 사망자와 상의자를 위한 구호본부를 서울시청에 설치하여 신속하게 사망자를 안치하고 각 종합병원에 입원 중인 상의자들이 응급치료를 받을 수 있도록 조치하였다(매일경제, 1971a). 외무부는 사고로 피해를 입은 외국인 배상을 위해 관계 대사관 및 당국과 협의하는 한편, 국제관례에 따라 최대의 혜택을 줄 수 있도록 조치하였다(경향신문, 1971b; 매일경제, 1971b).

사고 4일 후인 12월 29일 내무부는 50인 이상 취업 업체 및 4층 이상의 고층건물은 한 달에 한 번 이상 자체 소방훈련을 실시하도록 하는 등 특별방화진단과 방화시설 의무구비를 내용으로 하는 방화종합대책을 마련하여, 각 시도에 시달하였다(경향신문, 1971c).

6) 태풍 애그니스(1981)

1981년 9월 6~13일까지 7개 부처는 중앙합동조사반을 편성하여 태풍 애그니스로 인한 피해를 조사하고 피해액을 확정하였다. 9월 7일 내무부에서는 '태풍피해복구 종합지원대책'을 전국에 지시하여, 태풍 애그니스로 인해 농경지가 매몰되거나 유실된 농가에 대해 농지세 및 재산세 전액을 최고 5년까지 면제해주는 등 태풍으로 피해를 입은 국민들을 위한 세제혜택과 피해복구를 위한 지원방법을 발표하였다(매일경제, 1981a). 중앙재해대책본부에서는 9월 22일 복구계획을 확정하고, '8월 말 중부지방 집중호우 피해'와 '9월 초 태풍 애그니스 피해복구'를 위해 총 933억 원을 투입하는 복구사업계획을 10월 1일 발표하였다 (매일경제, 1981b). 또한 1981년 10월 한 달간 건설부, 산업기지개발공사, 도로 공사, 농업진흥공사 요원을 포함한 합동기술지원단을 전남과 경남 지역에 파견 하였다.

7) 태풍 셀마(1987)

정부에서는 태풍 셀마와 이어 발생한 중부지방 집중호우로 피해가 늘어남에 따라 7개 부처 장차관이 참석한 수재대책 긴급회의를 열어 태풍 셀마 피해복구 와 향후 수재대비에 필요한 예비비 확보를 위해 세입 잉여금 5512억 원을 활용 하기로 하였다. 또한 7월 26일 중앙피해복구 실무조사단을 수해현장에 파견하 고 이날 오전 수해관계 장관회의를 다시 열어 피해복구 상황을 재점검하였다 (동아일보, 1987a). 이날 회의에서 수재민 생필품 공급을 위해 구호 양곡 및 정 부미를 집중 방출하고 담요 31,000장 공급, 생필품 구입을 위한 의연금 10억 원 수재가구에 긴급배정 등을 결정하였다. 구호 양곡은 수재민 1인당 하루 백미 432g, 부식비 400원씩을 1~3개월에 걸쳐 지급하기로 하였다. 정부는 이와 함께 수해지역의 피해를 긴급복구하기 위해 건설부 및 전국 시도 보유 건설장비를 총 동원하고 인근 군부대 및 민간업계도 지원하도록 하는 한편, 재해복구 지원대상 금융기관을 전 금융기관으로 확대하고 앞으로 방출될 자금에 대해서는 여신금 지 업종에 관계없이 지원하도록 하였다.

8) 일산 제방 붕괴(1990)

1990년 9월 12일 일산 제방 붕괴 이틀 후인 14일 건설부는 붕괴된 한강둑을 근본적으로 보강하기 위한 한강둑 보강계획을 발표하였다(동아일보, 1990b).

9) 부산 구포역 열차전복사고(1993)

1993년 3월 28일 부산시 북구 구포역에서 열차전복사고가 발생하여 부산역·
부산시·철도청·경찰 전 직원이 비상소집되었고, 사고수습본부가 설치되었다.
그리고 공무원·군인·경찰관·소방관·민방위 대원 등 1,700여 명이 동원되어
복구작업을 실시하였다. 다음 날인 29일에는 국무총리를 위원장으로 하는 관계
장관 대책위원회와 교통부 차관을 위원장으로 하는 차관보급 회의인 실무대책
위원회가 개최되었다. 또한 총리, 교통부 장관, 보사부 장관 등이 사고현장을 방
문하여 위로하였다. 그리고 30일에는 황인성 국무총리가 대국민 담화문을 발표
하였다.

10) 서해훼리호 침몰사고(1993)

1993년 10월 10일 발생한 서해훼리호 침몰사고를 보고받은 김영삼 대통령은
이해구 내무부 장관, 권영해 국방부 장관, 이계익 교통부 장관, 염태섭 해운항만
청장, 박일용 해양경찰청장 등을 현지에 급파하고, 관계부처에 대해 사고원인
규명과 함께 마지막까지 인명구조 작업에 최선을 다할 것을 지시하였다. 동시에
중앙 및 현지 항만청에 사고수습대책본부를 설치해 희생자에 대한 사후대책도
신속히 강구하라고 지시하였다. 사고 보상문제와 관련하여 처음에는 국무총리
주재 중앙사고대책협의회에서 정부 차원의 보상은 없다고 발표하였으나, 15일
황 총리는 내무부·교통부 장관 등에게 최대한의 보상을 해 줄 수 있도록 법적·
행정적 조치를 취하라고 지시하였다(동아일보, 1993).

11) 성수대교 붕괴사고(1994)

성수대교 붕괴사고 이후 정부는 건설공사 부실원인을 차단하고 민간건축물 안전을 강화하기 위해 다각적인 노력을 기울였다. '부실공사 방지 및 건축물 안전확보대책'(건설부, 1995)과 '부실방지 및 건설산업 경쟁력 강화대책'(1996)이 대표적인 예이다. 이 대책은 다중이용건축물 관련 제도 강화를 통해 민간건축물의 안전 확보를 위한 제도 개선이 이루어졌다는 점에서 긍정적인 평가를 할 수 있다. 그러나 제도적 대책의 기반이 건설산업 경쟁력 강화[1]에 맞추어져 있어 구조적 안전성 제고라는 근본적 문제 해결에 미흡했으며, 부실공사 방지와 무관한 대책도 많이 포함되어 있었다. 보다 근본적인 문제 해결을 위해 건설교통부에서는 2001년 '건설공사 부실방지 종합대책'을 마련하여 기획, 설계, 시공, 유지관리 전 단계에 걸친 통합적인 관점에서 부실공사 문제를 해결하고자 하였다.

12) 대구 도시가스 폭발사고(1995)

사고 당일인 1995년 4월 28일 이홍구 국무총리는 간부회의를 취소하고 대구시장을 본부장으로 하는 지방긴급구조단본부 설치를 지시하고, 박재윤 통상산업부 장관을 위원장으로 하는 중앙사고대책본부에서 사고원인을 철저히 조사할 것을 지시하였다. 강봉균 국무조정실 행정조정실장은 국무총리실 간부들과 긴급대책회의를 소집해 사고경위와 피해상황을 파악하고 중앙안전점검통제단을 설치하는 등 대책 마련에 착수했으며, 홍재형 재정경제원 장관은 사고수습에 필요한 예산지원문제 검토를 지시하였다(매일경제, 1995a). 3일 뒤인 5월 2일 이홍구 국무총리는 제5회 중앙안전점검통제회의를 개최하고 가스안전관리체

---

1) 건설제도의 국제화와 경쟁기반 구축 등, 건설인력의 육성과 고용 안정, 공사 시행기관 전문성과 책임성 제고, 건설현장의 품질관리체제 구축, 건설업체의 지원 강화 등이 있다.

계 개선안을 확정하였다.

13) 삼풍백화점 붕괴사고(1995)

김영삼 대통령의 특별재해지역 선포 관련 담화문 발표, 국회의 삼풍백화점 붕괴사고 국정조사 특별위원회와 국정조사 결과 발표 등에 발맞추어 사고수습을 위한 노력을 계속하였다. 정부는 9월 26일 국무회의를 열어, 삼풍백화점 붕괴사고 국정조사 결과 대정부 건의사항 보고안을 상정하고 원안대로 결의하였다(국회, 1995). 이홍구 국무총리는 내무부·건설교통부 등 관계부처에서 국회의 건의사항을 분석하여 정책에 적극 반영할 것을 당부하였다. 또한 '안전'을 우선으로 하는 행정풍토를 정착시키는 한편, 국민 개개인의 안전의식을 높일 수 있도록 '안전문화운동'을 전개해 나갈 것을 당부하였다.

14) 태풍 재니스(1995)

중앙재해대책본부는 8월 28일 집중호우와 태풍 재니스로 인해 발생한 인명피해, 재산피해 그리고 침수된 농경지 현황에 대한 잠정집계를 발표하였다(동아일보, 1995). 또한 8월 하순의 집중호우와 태풍 재니스에 의한 피해가 당초 예상보다 크게 늘어남에 따라 1995년 추경예산에 1000억~2000억 원 규모의 수해복구비를 반영하기로 결정하였다(매일경제, 1995b).

15) 대구 지하철 화재사고(2003)

2003년 2월 27일 고건 국무총리는 취임 첫날 대구시민회관에 마련된 대구 지하철 화재사고 합동분향소를 찾아 조문하였다. 이 자리에서 실종자 가족 대표 등은 국무총리에게 중앙정부 차원의 사고수습을 강하게 요구하였으며, 대구시만으로는 사고의 조기 수습이 어렵다고 판단한 정부에서는 차관급을 단장으로 하는 중앙특별지원단 파견을 약속하였다(감사원, 2003b). 같은 해 3월 1일 김중양 소청심사위원장을 단장으로 하는 특별지원단을 대구시에 파견하여, 실종자 가족들과의 대화를 통해 피해자 측을 이해하면서 피해자 입장에서 중앙특별지원단 업무를 처리할 것을 천명하였다. 사고대책본부 각 반장회의를 주재한 행정부시장은 피해자 가족과 중앙특별지원단장과의 대화내용을 전달하고, 피해자 가족과의 대화창구는 중앙특별지원단으로 일원화하도록 각 반장에게 지시하였다. 이에 따라 중앙특별지원단장이 사고대책본부를 지휘하며, 중앙특별지원단이 대구시 의견을 수렴하여 최종 의사결정권을 갖도록 중앙특별지원단과 대구시 사고대책본부의 관계가 정립되었다.

2003년 8월 19일 국무총리 주재 제17차 중앙안전대책위원회 회의에서 대구 지하철 화재사고 수습을 위한 관련 소요재원 1605억 원을 확정(예비비 780, 특교세 167, 증액교부금 200, 대구시 458)하였다. 9월 12일 오전 9시 교육·국방·농림·건교·해수부 등 15개 부처청 차관·청장이 참석한 재해대책위원회를 개최하고, 같은 날 11시에는 국무총리 주재로 관계장관 피해복구대책회의를 개최하였다. 회의에서 전기, 통신, 도로, 철도 등 민생 관련 시설의 신속한 응급복구 조치와 재해 응급복구를 위한 예비비 등 긴급지원방안 강구에 대해 의결하였다. 다음 날인 9월 13일 기획예산처, 행자·산자·정통·건교·해수부 장관 등 수해 관련부처 장관이 부산, 경남, 강원, 경북 등 현장을 방문하여 피해수습을 독려하였다. 같은 날 국무총리는 중앙재해대책상황실을 방문하여 관계 장관 피해복구대책회의를 개최하고, 신속한 피해조사 및 응급복구 실시계획 수립을 지시하는

258 한국 재난의 특성과 재난관리

한편, 전기·통신·도로·철도 등 민생 관련 시설 조기 응급복구와 예비비 긴급 지원을 당부하였다.

16) 태풍 매미(2003)

태풍 매미에 의해 큰 피해가 발생하자, 2003년 9월 17일 국무조정실장은 관계 차관 피해복구대책회의를 개최하여 피해복구 추진상황 및 대책, 건의사항 등을 검토하였고, 다음 날인 18일에는 국무총리가 피해복구대책회의를 개최하여 소관업무별 피해시설에 대한 조기복구대책 추진 등을 협의하였다. 그리고 9월 21일 행정자치부 장관이 재해대책위원회를 개최하여 특별재해지역 선포건의를 심의하였다. 그 결과 10월 2일 임시국무회의에서 매미로 인한 공공시설 피해를 조기에 복구하기 위해 3조 원 규모의 제2차 추가경정예산을 편성하도록 하였으며, 이재민 구호와 사유시설 피해복구를 위해 예비비 5000억 원을 별도로 긴급 지원하였다(국립방재연구소, 2003).

4. 문제의 흐름

대규모 재난이 발생한 이후 피해가 발생한 근원적인 원인을 밝혀내는 과정은 매우 중요하다. 대학이나 학계가 주도하는 전문가 워크숍, 감사원이나 사고원인 조사위원회의 활동 등이 이 과정에서 중추적인 역할을 한다.

1) 낙동강 유역 집중호우(1957)

낙동강은 다른 강에 비해 직선에 가까운 형태를 갖고 있어 비가 내리면 홍수가 더 쉽게 발생할 수 있다. 낙동강 유역의 홍수피해를 줄이기 위해서는 하천 정비, 치산·치수 사업 등 종합적인 대책이 필요하다. 동아일보 등 언론에서도 낙동강 유역의 수해가 관계당국뿐만 아니라 일반 국민들에게도 치산과 치수에 관해 특별히 주의하는 계기가 되어야 할 것이라고 강조하였다(동아일보, 1957).

2) 태풍 사라(1959)

대형 태풍에 의한 피해는 불가항력적이지만, 사전에 예방 노력을 하면 그 피해를 줄일 수 있다. 피해저감을 위한 예방사업의 대표적인 예로, 해안에 방풍림을 심어 바람의 속도를 완화시키는 것이 필요하다. 또한 해안가가 아니더라도 국토 곳곳에 나무를 심으면 수해를 줄이는 데 도움이 될 수 있다. 언론에서 태풍 사라로 인한 수해피해가 100억을 넘기고 있으며 그 피해액으로 방풍림과 기타 조림을 했으면 적지 않은 피해를 줄일 수 있었을 것이라고 한 것은 주목할 만하다(동아일보, 1959).

3) 전북 남원, 경북 영주 일대 수해(1961)

전북 남원과 경북 영주 일대에서 폭우로 인한 침수 및 범람 피해가 발생하였다. 특히 피해가 심한 곳은 전북 남원군 이백면 효기리이며, 한밤중 마을 앞 제방이 터지면서 150가구 중 20가구를 제외하고 모조리 침수되어 100여 명의 사망자가 발생하였다(동아일보, 1961c). 하천 제방 관리가 잘 이루어지지 않은 것이 많은 사망자가 발생한 원인이었다.

4) 순천 수해(1962)

1962년 8월 27일 오후부터 내린 폭우로 인해 동외동 하천둑과 승주군 서면의 산성 저수지둑 등이 무너져 삽시간에 순천시내 3분의 2가 물에 잠겼다. 사망·실종자 290명, 2,000여 가옥 침수, 16,297여 명의 이재민 발생이라는 막대한 피해를 일으킨 순천 수해는 정부의 치수대책을 다시 한 번 점검하는 계기가 되었다. 매년 반복되는 수해피해를 막기 위해서는 하천 정비, 제방 관리 등 구조적인 대책 마련이 필요하다는 전문가들의 의견이 제시되었다.

5) 서울 대연각호텔 화재사고(1971)

대연각호텔 화재는 준공검사 미실시, 설계도의 옥외 비상계단을 건설 도중에 설계 변경하여 미설치, 스프링클러 미설치, 화재가 날 때 층마다 닫히지 않은 결함, 계단에 '스모크 타워' 미설치, 헬리포트 미설치 등 복합적 원인에 따른 것이었다(이종수, 1972). 더구나 굴뚝효과(Stack Effect)를 억제할 수 있는 시설이 없어 계단은 화재를 키우는 통로가 되어 버렸고, 객실 등에 사용된 가연성 내장재역시 피해를 더욱 크게 만든 원인이 되었다(한국소방안전협회, 2012). 이 외에도 소방시설 미비, 엘리베이터 샤프트의 방연설비 미비, 종업원들에 대한 소방안전교육 미흡, 소방시설과 방화시설에 대한 관계자의 관리 소홀 등의 문제점이 밝혀졌다.

6) 태풍 애그니스(1981)

1981년 8월 25일 제18호 태풍 애그니스가 괌 남동쪽 600km 해상에서 발생하여 9월 2일부터 우리나라에 직접적인 영향을 주었다. 특히 남해안을 포함한 전남북 지역에 많은 피해가 발생하였다. 전남지역인 목포, 장흥, 고흥, 해남 등지에 일 강우량 200~400mm의 많은 비가 내리는 동안 만조위가 유출시간과 겹치면서 배수가 되지 않아 농작물, 건물 등에 침수피해가 발생하였다(소방방재청, 2009).

7) 태풍 셀마(1987)

중앙기상대(현 기상청)에서 태풍 셀마가 대한해협을 통과하며 대마도로 빠져나간다고 예보하여 남해안 어민들이 태풍에 대비하지 못하였고, 그 결과 345명의 인명피해 중 절반가량이 미처 대피하지 못한 어선 어부들이었다. 또한 남해안 산업현장과 항구에서도 태풍에 대비하지 못하여 큰 재산피해가 발생하였다. 문제는 기상대에서 태풍이 고흥반도를 지나 한반도 남부내륙을 통과해 동해상으로 빠져나간 것을 알고도 책임회피를 위해 당초 예보대로 대한해협을 통과해 나갔다고 27차례의 통보문을 발표하였다. 이에 대해 동아일보는 7월 17일자 1면 기사에서 일본기상청 진로도를 참조해 예상진로가 틀린 것이 아니냐는 의혹을 제기하였으나 기상대에서는 이를 부인하였다. 7월 22일 민주당에서 자체 조사를 통해 책임회피를 위한 자료조작 행위가 있었다고 폭로했으나 다른 사안에 의해 묻히는 것 같았다. 그러나 1988년 1월 기상대에서 발간한 『기상월보』에 태풍 셀마의 진행경로를 고흥반도를 지나 남부내륙을 통과한 것으로 기록되어 있는 것이 동아일보 기자에 의해 밝혀지면서, 기상대 고위 관계자들이 책임을 지고 물러나게 되었다(동아일보, 1987b; 1988; 경향신문, 1987).

한국 재난의 특성과 재난관리

8) 일산 제방 붕괴(1990)

1990년 9월 9일부터 13일까지 중부지방을 강타한 집중호우는 평균 452mm의 강우량을 기록하고 곳곳에서 많은 피해를 발생시켰다. 특히 9월 12일 새벽 3시 50분경 한강 일산 제방이 붕괴되면서 한강물이 고양군 일대를 휩쓸어 농경지 5,000여 정보가 침수되고 5만여 명의 이재민이 발생하였다. 일산 제방 붕괴의 원인은 크게 두 가지로 볼 수 있다. 첫째, 1925년 을축 대홍수 이래 65년 만에 최대 강우량을 기록할 만큼 전례 없는 집중호우가 내렸다. 둘째, 일제시대에 축조된 일산 제방이 노후화되어 전면 개수할 필요성이 있었으나, 임시 보강만을 하여 제방이 약화되었다. 당시 제방이 없는 곳에 새로 제방을 쌓는 것에 정부의 예산이 집중되어, 기존 제방의 보수는 우선순위에서 뒤로 밀려 있었다. 일산 제방 붕괴사고는 제방 신축 못지않게 기존 제방의 보수도 중요하다는 것을 일깨워주었다(소방방재청, 2009).

9) 부산 구포역 열차전복사고(1993)

부산 구포역 열차전복사고는 지하 굴착공사 과정 중에 안전대책을 소홀히 한 것이 원인이었다. 한국전력에서 발주한 고압선 매설공사를 수주한 건설회사에서 전력구 설치를 위한 지하 굴착공사를 하는 과정에서 폭약을 이용한 지하 발파작업을 하였다. 하지만 지하 발파작업을 할 때 필수적으로 조치해야 할 안전대책을 취하지 않아 연약한 토사가 대량 유출되었다. 또한 지하 굴착공사 과정에서 철로지반 밑을 흐르던 다량의 지하수가 흘러 철로지반 지하에 동공이 생기게 되었다. 이로 인해 선로가 침하되면서 달리던 열차가 전복되는 사고가 발생하였다(소방방재청, 2009).

10) 서해훼리호 침몰사고(1993)

안보 위주로 운영되고 있는 해양경찰청의 구조가 민생해상치안 체제로 개편되어야 한다는 지적에 따라 해양경찰청에 대한 내무위 감사가 같은 해 10월 14일에 실시되었다. 또한 수난구호 지휘체계가 정립되지 않아 해상에서 재난이 발생하였을 때 신속한 구조가 이루어지지 않는다는 문제가 제기되어 「수난구호법」이 개정되었다. 이와 더불어 해상에서 운항하는 유선과 도선의 관리업무가 전문성과 인력이 없는 시장·군수에게 부여되어 있는 문제도 제기되었다. 이에 따라 「유선 및 도선 사업법」이 개정되어 해상에서 운항하는 유선과 도선의 관리업무가 해양경찰청으로 이관되었다.

11) 성수대교 붕괴사고(1994)

성수대교 붕괴사고는 시공 당시 저가입찰제도로 인한 예산 부족과 정밀시공보다 정치적·사회적 목적을 위해 짧은 공기 내에 공사 완공을 밀어붙이던 환경이 주요 원인이었다. 또한 기술적인 감리제도가 없어 부실공사를 감시하기 위한 시스템도 갖춰져 있지 않았으며, 완공 이후 유지관리를 위한 비용도 예산에 포함되지 않아 지속적인 유지관리 역시 불가능하였다(서울지방검찰청, 1995). 대한토목학회의 '성수대교 정밀안전진단 보고서'와 서울지방검찰청의 '붕괴사고 원인규명 감정단 보고서'를 바탕으로 성수대교 붕괴의 원인을 설계·시공·유지관리의 측면에서 정리하면 다음과 같다.

① 설계 측면

붕괴가 발생한 현수트러스에 실리는 모든 활하중 및 사하중이 오직 6개의 수직재로 앵커트러스에 연결되어 있어 여용력이 없는 구조로 설계되었다. 이는 그중 1개만 파손되어도 교량 전체가 붕괴될 수 있는 위험한 구조로 설계되었으며,

한국 재난의 특성과 재난관리

앵커트러스와 현수트러스가 접속되는 힌지부 하단에서 횡방향 브레이싱이 분리되어 있어 풍하중·활하중 편재 등 횡방향 하중에 대해 취약하여 구조체계상 불합리한 점이 있었다. 그러나 3차원 해석 결과 전체 하중을 고려하더라도 수직재의 허용응력을 초과하지는 않아 설계 측면에서 직접적인 문제가 발생하지는 않은 것으로 확인되었다.

② 시공 측면

현수트러스를 앵커트러스에 연결시키는 핵심 부재인 수직재를 결합하기 위한 용접의 부실이 붕괴의 직접적인 원인으로 작용하였다. 방사선 투과 탐상시험 결과, 교량의 111개소 연결부위 중 110개소에서 결함이 발견되었다. 수직재의 두께가 18mm인 데 반해 실제 시공된 용입 깊이는 약 8mm에 불과하였으며, 유효용입 두께가 2mm에 불과한 부재도 있었다.

③ 유지관리 측면

성수대교는 설계 및 시공 당시 DB-18의 설계하중을 기준으로 설계되었으나, 이를 초과하는 과적 차량이 급증하였다. 그럼에도 불구하고 유지관리 비용의 부족과 경직된 유지관리 예산운용 체계로 인해 정밀안전진단 등 실제적인 유지관리가 이루어지지 않아 사고를 미연에 방지하지 못하였다.

12) 대구 도시가스 폭발사고(1995)

사고수습을 담당한 통상산업부에서는 긴급사고대책회의에서, 백화점 공사장에서 작업하던 인부가 도시가스 배관을 건드려 가스가 누출되고 인근 지하철 공사장으로 스며들면서 인화되어 폭발사고가 났다고 발표하였다. 특히 공사업체가 가스 누출을 인지한 후 30분 후에야 신고하였고, 신고를 접수한 대구도시가스에서도 신속하게 대응조치를 취하지 않은 것이 참사의 원인이 되었다(매일경제, 1995c).

13) 삼풍백화점 붕괴사고(1995)

삼풍백화점 붕괴사고의 발생원인과 문제점을 감사원 감사, 국회 조사 등을 토대로 설계·시공·감리 분야 측면에서 분석해 보면 다음과 같다.

① 설계 분야

건물은 관청으로부터 허가받은 대로 시공하는 것이 원칙이고, 설계변경 시에는 사전에 허가를 받아야 한다. 그러나 삼풍백화점 건물의 경우는 사전 허가받은 것과 다르게 시공하면서도 설계변경 절차를 거치지 않았다. 그리고 공사 완료 후 관련 공무원들에게 뇌물을 제공하고 편법으로 사후 설계변경 승인을 받은 것으로 드러났다. 실제 시공에 사용된 설계도면은 구조계산서에 비해 기둥 직경, 철근의 직경과 수 등이 매우 적은 것으로 밝혀졌으며, 구조계산 능력을 갖춘 인력을 보유하지 못한 상태에서 시공회사가 임의로 작성한 설계도면을 사용하여 매우 부실하게 시공되었다. 또한 공사 착공 전에 설계도면이 완성되어야 하지만, 삼풍백화점의 경우 건축주의 잦은 설계변경 요구로 체계적인 시공관리가 이루어지지 않았다.

② 시공 분야

부실한 설계와 함께 시공 시에도 붕괴가 발생한 슬래브의 철근 및 지판부뿐만 아니라 기둥, 내력벽과 슬래브의 연결철근, 철근과 콘크리트의 결합 부실 등 광범위한 부실시공이 이루어졌다. 또한 붕괴된 A동 옥상의 콘크리트 두께가 설계도보다 훨씬 두껍게 시공되었으며, 설계 시 예정되지 않았던 5층에 식당이 입점함에 따라 대형 냉장고, 조적벽, 돌정원 등 과도한 초과하중이 발생하였다. 마찬가지로 구조계산에 포함되지 않은 A동 옥상의 냉각탑 4대(약 138톤)가 옥상 후면부에 설치되었으며, 그 후 이를 백화점 전면부로 이동하면서 슬래브에 중대한 손상이 발생하였다. 완공 후에도 식당가 주방의 배기닥트를 설치하기 위해 슬래브의 하중을 지탱하는 내력벽을 손상시켰다.

③ 감리 분야

우원종합건축사무소는 설계계약과 함께 감리계약을 책정하였으나, 건축주인 삼풍건설에서 상주감리비를 지급하지 않는다는 이유로 건물 골조공사가 완료될 때까지 상주감리를 하지 않았다. 또한 골조공사 완성 후에도 감리에 필요한 자격요건을 갖추지 못한 직원을 공사현장에 파견하여 감리와 감독 업무를 수행하였으며, 현장조사서를 허위로 작성하여 관할구청에 제출하였다.

14) 태풍 루사(2002)

2002년 10월 국립방재연구소에서 작성한 태풍 루사 '피해현장조사 보고서'에 따르면, 2002년 한국을 강타한 태풍 루사로 인해 강릉지방에 연평균 강수량의 62%인 870.5mm의 호우가 하루 만에 내리는 등 역대 강우관측 기록을 경신하는 국지성 집중호우가 내렸다. 많은 피해가 발생한 원인은 기록적인 태풍의 규모 이외에도 정부의 재난대응 조치 미흡과 예방투자 사업 부족 때문인 것으로 파악되었다(국립방재연구소, 2002).

2003년 4월 감사원이 실시한 자연재해 대비실태 감사 결과에 따르면, 기상이변에 대비한 댐 안전성 확보대책 추진 미흡, 유역단위 치수정책 및 하천구역 관련 규정 불합리, 국가하천 지정 및 하천관리 관련 규정 불합리, 도로구조물 등 설계기준 부적정, 재난위험지구 지정 및 관리 부적정 등이 문제점으로 지적되었다. 이와 더불어 재난 및 재해관리 업무 총괄·조정 체계 미비, 인명피해 원인조사 체계 구축 미흡, 지방관리 공공시설물 피해복구비에 소요되는 지방 재정부담 완화방안 미수립, 기상레이더 설치·관리 부적정, 댐 건설 장기계획 미흡, 자동우량경보시설 구축사업 추진 미흡 등 개선 필요사항이 다수 제시되었다(감사원, 2003a).

15) 대구 지하철 화재사고(2003)

2003년 9월에 작성된 감사원 감사 보고서를 살펴보면, 건설교통부에서는 '도시철도차량 안전기준에 관한 규칙' 등을 제정하면서 전동차 내장재의 난연성능 등에 대해서는 구체적인 규정을 마련하지 않았다. 또한 대구지하철공사 등 전동차 구매기관에서도 구매규격서를 만들면서 내장판, 의자커버, 의자쿠션, 바닥재의 난연성능이나 단열재의 재질을 별도로 정하지 않아 전동차 제작업체에서는 합성수지 제품으로 내장재를 만들어 납품해 오고 있었다(감사원, 2003b). 이와 더불어 전동차 구매기관에서는 처음 제작되는 전동차에 대해서만 내장재의 난연성능 시험을 하도록 승인하였다. 그리고 전동차 제작을 검정하는 기관에서는 내장재에 대한 시험을 공인 시험기관에 직접 의뢰하지 않고 전동차 제작업체로 하여금 시험기관에 의뢰하도록 하였다. 또한 전동차 제작업체가 최초 시험 성적서를 제출한 후에 발주자의 승인 없이 개인사업자 등에게 재하청하여 내장재를 제작하고 있었는데도 그대로 두었으며, 개인사업자들이 시험에 합격된 것과 다른 내장재를 만들어 납품하였는데도 필요한 시정조치를 하지 않았다. 결국 제도적 장치 미흡, 전동차를 제작하거나 관리·감독하는 사람들의 도덕성 부재 등이 복합적으로 작용하여 피해가 더욱 커졌다고 감사원은 지적하였다(감사원, 2003b).

16) 태풍 매미(2003)

2003년 10월에 작성된 국립방재연구소의 태풍 매미 현장조사 보고서에 따르면, 태풍 상륙 시각이 남해안 만조시각과 겹쳐 엄청난 해일이 발생하였다. 그 결과 마산에서는 지하 노래방에 갇힌 사람들이 그대로 익사하는 등 10명이 넘는 인명피해가 발생하였다. 또한 최대 순간풍속 50m/s가 넘는 강풍으로 광범위한

한국 재난의 특성과 재난관리

지역에서 전신주와 철탑이 쓰러져 전국적으로 145만여 가구가 정전되는 사태가 발생하였다. 그리고 강원도 영동지방과 경남 일부 지역에서는 400mm에 가까운 강우가 내리는 등 9월 12일과 13일에 집중된 호우로 큰 피해가 발생하였다 (국립방재연구소, 2003).

3.
재난유발 정책변동 모델 적용 결과:
1948~2005년

1. 대규모 재난과 정책변동의 연관성

1) 재난대응 기반 마련과 방재시설 확대(1948~1990)

1948년 대한민국 정부가 수립되면서 재난대응을 위한 기본적인 조직으로서 내무부에 풍수해를 담당하는 이수과와 화재를 담당하는 소방과를 신설하고, 1953년에 해양에서의 재난업무를 담당하는 해양경찰대를 창설하였다. 조직은 만들어졌지만 재난대응의 수준은 높지 않았으며, 대규모 풍수해가 나면 국제원조에 의존하는 이재민 구호가 주요 대책이었다.

1960년대 경제개발 5개년사업을 진행하면서 풍수해대책이 체계화되기 시작하였다. 1961년 7월 22일 경제기획원 산하에 국토건설청이 설치되고, 하부 조직으로 계획국과 관리국이 설치되었다. 같은 해 10월 2일 국토건설청에서 내무부의 토목국, 서울·부산·이리 건설국 등을 흡수하면서 내무부가 관장하던 재해대책 업무도 이관받았다. 다음 해인 1962년 6월 18일 국토건설청이 건설부로 확대 개편되고 제방 축조, 강 정비 등 국가 재해대책 업무를 본격적으로 시작하게 되었다.

1950년대 후반부터 재난관리에 관한 기본적인 법들도 제정되었다. 1958년 「소방법」이 제정되고, 1961년에는 「수난구호법」과 「하천법」이 제정되었다. 1967년에는 현행 「자연재해대책법」의 전신이 되는 「풍수해대책법」이 제정되었다. 1970년대와 1980년대에도 풍수해는 반복되었으며, 정부는 풍수해 예방을 위한 인프라 구축에 지속적으로 투자하였다. 하지만 정부의 노력에도 불구하고 급속한 도시화와 산업화로 인해 하천변 저지대가 개발되는 등 도시지역의 대규모 풍수해 위험은 계속 증가하였다.

이러한 상황에서 1990년 9월 경기 일원에 5일 동안 집중적으로 비가 내려 일산을 비롯한 경기지역에서 큰 피해를 입었다. 일산제방 붕괴사고는 우리나라 재난관리 역사에 새로운 변화가 생기는 계기가 되었다.

2) 중앙·지방 협업 및 사회재난관리기능 강화(1991~2003)

(1) 일산 제방 붕괴를 계기로 건설부에서 내무부로 재해대책 기능 이관

1990년 9월 9일부터 내리기 시작한 집중호우는 평균 452mm의 강우량을 기록하면서 곳곳에 크고 작은 수해를 발생시켰다. 11일 일산 제방이 범람 위기에 이르자 고양군 관내 공무원 및 군부대 장병들까지 동원되어 제방 위에 모래마대를 쌓는 등 긴급 보강작업을 실시하였다. 그러나 12일 새벽 2시경 순찰조가 제방의 붕괴조짐을 발견하고 위기상황을 상부에 보고하면서, 긴급지원을 요청하였다. 관계 공무원들은 현장에 긴급 출동함과 동시에 각 부락별로 주민대피를 유도했으나, 지원인력과 물자가 도착하기 전인 3시 30분경에 제방 하단이 무너지기 시작해 오전 11시경 유실된 제방폭이 300m에 이르면서 고양군 일대는 물바다가 되었다. 이것이 '일산 제방 붕괴'라고 불리는 대규모 재난이다. 일산 제방이 붕괴된 당일에는 4건의 기사가, 그리고 다음 날인 13일에는 한겨레·동아일보·경향신문의 사회·정치·경제면에서 총 15건의 기사가 보도되었다. 기사 제목을 살펴보면, "일산 제방 붕괴는 인재: 60년 낡은 둑…전시행정에 서울 쪽만 관심"(동아일보 13일자 사회면), "일산 제방 붕괴 충격…뒤늦은 대책"(동아일보 14일자 사회면), "일산 제방보강건의 묵살은 직무유기"(동아일보 13일자 정치면) 등으로, 그 원인을 천재지변이 아닌 인재로 생각하고 있음을 알 수 있다.

163명의 인명피해와 187,265명의 이재민이 발생한 일산 제방 붕괴 직후 노태우 대통령은 파괴되거나 유실된 제방·도로·교량·철도·가옥 등을 조속히 복구하는 데 총력을 동원하라고 내각에 지시하였으며, 농작물 피해를 최소화하기 위해 공무원 등 전 행정력을 동원하고 군도 장비와 병력을 동원, 최대한 지원할 것을 내무부와 건설부·국방부 장관에게 지시하였다. 이틀 뒤인 14일 건설부는 붕괴된 한강둑을 근본적으로 보강하기 위해 서울에서 한강 북쪽을 따라 통일동산에 이르는 자유로 구간 중 행주대교–고양군 이산포 구간(12km)을 연내에 착공하고, 오는 1992년 말까지 완공하겠다는 한강둑 보강계획을 발표하였다. 그리고 국회 내무위에서는 한강둑 붕괴와 함께 충주댐 범람의 원인 규명에 대한 행정위를 개최하였다. 하천의 관리·유지는 내무부가, 하천의 개·보수는 건설부가 각각 맡도록 되어 있는 이원화된 하천관리 체계 문제, 내무부의 위기관리 능력 미흡 등이 위원회에서 집중적으로 논의되었다.

(2) 건설부에서 내무부로 재해대책 업무 이관

1990년 12월 27일 법률 제4268호로 「정부조직법」이 개정되면서 부칙조항으로 「풍수해대책법」도 개정되어 방재대책 기능이 건설부에서 내무부로 이관되었다.

한국 재난의 특성과 재난관리

일산 제방 붕괴는 1961년 이후 건설부를 중심으로 행해졌던 재해업무가 빠른 속도로 도시화·산업화되어 가고 있었던 당시 상황에 적합하지 않다는 것을 입증하였다. 그 결과 건설부의 업무 특성상 하드웨어적인 인프라 구축 중심으로 이루어지던 풍수해 대책업무는 지방자치단체와의 협업을 통한 재난관리를 위해 내무부로 이관되었다. 이와 더불어 일반 시민들의 자발적 재난관리 참여도 더욱 강조되었다. 즉, 정부 주도 재난관리에서 정부와 시민이 함께하는 재난관리로 전환을 시작했다고 볼 수 있다.

1990년대로 접어들면서 한국사회는 다양한 사회재난을 겪게 된다. 1993년 한 해에만 3월 부산 구포역 열차전복사고, 7월 목포 운거산 아시아나항공기 추락, 10월 서해훼리호 침몰사고 등이 발생하였다. 특히 1994년 10월 성수대교 붕괴사고와 1995년 6월 삼풍백화점 붕괴사고는 국민들에게 큰 충격을 안겨 주었다. 대교와 백화점은 쉽게 무너져 내리는 건축물이 아닐 뿐 아니라, 누구나 갈 수 있는 공간이기 때문에 나와 가까운 누구라도 피해자가 될 수 있다는 우려가 국민들 사이에 확산되었다. 이는 언론에 보도된 기사를 통해서도 알 수 있다. 성수대교와 삼풍백화점 붕괴사고 이후 대부분의 주요 일간지에서 1면 사회기사로 붕괴사고를 대서특필하였고, 많은 사설들이 정부의 사고수습에 대한 비판과 함께 근원적인 대책 마련을 요구하였다.

언론을 통해 나타난 국민들의 슬픔과 사회적 충격은 정치활동과 정부 정책에 바로 반영되었다. 성수대교 붕괴사고의 경우 사고 발생 바로 다음 날 김영삼 대통령은 부실공사 업체 추방을 언급하며 건설관계법 개정을 지시하였고, 3일 후인 10월 24일 전국 TV를 통해 국민에게 사과하는 내용의 대국민 특별담화문을 발표하였다. 그리고 국회에서도 성수대교 붕괴사고의 원인을 밝히고 재발 방지를 위한 대책을 강구함과 동시에, 11월 25일 본회의에 이영덕 국무총리를 출석시켜 성수대교 붕괴원인과 정부 대응태세에 관해 논의하였다. 그리고 다음 해인 1995년 1월 5일 시설물의 안전점검 및 적정한 유지관리를 통해 국민의 생명과 재산을 보호하고 시설물의 효용성을 증진시키기 위해 「시설물의 안전관리에 관한 특별법」(법률 제4922호)이 제정되었다. 삼풍백화점 붕괴사고 후 김영삼 대통령은 7월 19일 특별재해지역 선포 관련 담화문을 발표하였다. 주요 내용으로는, 첫째, 정부는 이번 참사를 계기로 대형 사고에 대한 예방과 수습활동이 체계적이고 원활하게 이루어질 수 있도록 재난관리법을 마련하고, 둘째, 삼풍백화점 붕괴사고 현장 일대를 '특별재해지역'으로 선포하여 구조·구호활동과 재해복구에 필요한 행정·재정·금융·세제상의 특별지원을 강구하며, 셋째, 한국사회에서 부실공사를 추방하고 안전문화를 정착시킬 수 있도록 건설관계법을 고쳐 나감과 동시에 공직자의 부정과 비리로 인해 부실공사가 조장되는 일이 없도록 부정부패를 척결해 나가겠다는 것이었다. 국회에서도 삼풍백화점 붕괴사고 2주 후인 7월 12일 삼풍백화점 붕괴 사고조사특별위원회를 개최하여 삼풍백화점 붕괴사고 국정조사계획서를 채택하고 1995년 7월 12일부터 8월 11일까지 총 31일간 국정조사를 실시하였다.

1990년대 전반에 발생한 다양한 사회재난, 그중에서도 국민들에게 큰 충격을 준 성수대교 붕괴사고와 삼풍백화점 붕괴사고 이후 1995년 7월 18일 대형 사고 등 인적 재난에 대한 국가 및 지방자치단체의 재난관리 체계 구축과 긴급구조구난 체계의 확립을 위해 「재난관리법」(법률 제4950호)이 제정되었다.

1995년 10월 19일 재난관리 조직 강화를 위한 내무부와 그 소속기관 직제 개정(대통령령 제14791호)이 이루어졌다. 그 결과 내무부 민방위본부는 민방위재난통제본부로 개편되어 그 산하에 재난관리국이 신설되었고, 내무부 중앙소방학교 산하에 중앙119구조대가 신설되었다. 그리고 국무총리실에 안전관리심의관실, 통상산업부에 가스안전심의관실, 건설교통부에 건설안전심의관실이 설치되었다. 같은 해 12월에는 지방 재난관리 조직 강화 차원에서 시도 민방위국을 민방위재난관리국으로 확대 개편하면서 재난관리과를 신설하고 안전점검기동단을 설치하였다. 시군구 민방위과는 민방위재난관리과로 확대 개편하면서 인적 재난관리 업무를 담당하도록 하였다.

한국 재난의 특성과 재난관리

3) 통합적 재난관리 기틀 마련(2004)

2002년 8월, 1959년 태풍 사라 이후 우리나라에 가장 큰 피해를 입힌 태풍 루사가 내습하였고, 다음 해인 2003년 9월에는 우리나라의 기상관측 이래 최저 중심기압인 950hPa을 기록한 태풍 매미가 내습하였다. 그리고 2003년 2월 18일에는 대구 지하철에서 방화로 인한 대규모 화재가 발생하여 많은 사람들이 순식간에 생명을 잃고, 사회 전체가 큰 고통을 받았다.

2002년 태풍 루사와 2003년 태풍 매미가 발생했을 때 언론에 보도된 기사들은 두 재난에 대한 사회적 관심을 보여 준다. 태풍 루사와 관련된 언론보도를 시기별로 살펴보면, 재난 이전 단계에 7건, 재난 단계에는 26건, 재난 이후에 총 299건이 보도되었다. 그리고 태풍 매미의 경우 관련 기사 총 221건 가운데 56건이 태풍의 영향이 있었던 기간에, 태풍이 발생하고 7일 동안 129건이 보도되었다. 보도된 언론기사가 많다는 것은 사회적 관심이 그만큼 증가했음을 의미하는 것이며, 이는 정치적·정책적 변화로 이어졌다. 2002년 9월 1일 오전에 김대중 대통령은 긴급 관계장관회의에서 수해대책을 세울 것을 지시하고, 11일에는 '재해추경예산 시정연설'을 통해 피해가 극심한 지역을 대상으로 특별재해지역을 지정하여 정부 지원을 확대한다고 발표하였다. 태풍 매미가 한국에 상륙한 2003년 9월 12일로부터 4일 후인 16일 노무현 대통령은 국무회의를 통해 특별재해지역 선포를 검토하였으며, 22일 서울과 인천을 제외한 전국 156개 시군구, 1,657개 읍면동을 특별재해지역으로 선포하였다. 그리고 10월 2일 임시국무회의에서 '매미'로 인한 공공시설 피해를 조기에 복구하기 위해 3조 원 규모의 제2차 추가경정예산을 편성하도록 하였으며, 이재민 구호와 사유시설 피해복구를 위해 예비비 5000억 원을 별도로 긴급 지원하였다. 연이어 큰 피해를 준 대형 태풍 루사와 매미는 자연재난에 대한 경각심을 불러일으키고 제도 발전의 계기가 되었다. 태풍 루사로 인한 대규모 피해를 신속하게 복구하기 위해 2002년 9월 「자연재해대책법」 개정(법률 제6735호)을 통해 '특별재해지역'이 신설되었고,

11월 2일에는 수해방지대책기획단이 설치(대통령 훈령 제107호)되었다. 사회재난에 대해서도 비슷한 제도 발전이 이루어졌다. 2003년 2월 대구 지하철 화재사고가 발생한 지 12시간 후인 18일 오후 10시 대구시 시청 2층 상황실에서 시장 주재로 실·국장 회의를 갖고 지하철 화재사고 수습대책을 논의하였고, 2시간 뒤 대구시는 건설교통부에 중앙로역 피해지역을 특별재난지역으로 지정해 줄 것을 건의하였다. 그리고 다음 날인 19일 오후 3시 30분 중앙정부에서는 건설교통부에 설치한 중앙사고대책본부 주관으로 지원대책협의회를 개최하여 지원방안을 협의하였으며, 대구시의 건의를 수용하여 대구 지하철 1호선 중앙로역 일원을 특별재난지역으로 선포하기로 결정하였다. 김대중 대통령은 국무총리와 관계부처 장관을 사건지역으로 급파하고 국가가용자산의 총동원을 지시하였으며, 희생자 유가족에게 조의 표명과 사건지역을 특별재난지역으로 선포하였다. 그리고 당시 대통령 당선자인 노무현은 2월 19일 상황보고를 받고 재발방지대책을 지시하였으며, 2월 20일 임채정 위원장 등과 사고현장을 방문하여 재난관리 전담기구 설치를 약속하는 등 문제 해결을 위해 적극 개입하였다. 대구 지하철 화재사고 발생부터 사고수습, 재해복구, 사고규명에 이르기까지 대통령, 국회, 정부의 대처는 계속적으로 이루어졌다. 그리고 그 결과 2003년 3월 17일 국가재난관리시스템 기획단이 구성되어 운영되었고, 2003년 5월에는 「위험물 안전관리법」(법률 제6896호)이 제정되었다.

2002년과 2003년에 발생한 대형 태풍과 대구 지하철 화재사고는 보다 근원적이고 혁신적인 대책 마련이 필요하다는 것을 우리 사회에 일깨워 주었다. 정부에서는 이를 추진하기 위해 국가재난관리시스템 기획단이 구성·운영되었다. 기획단에서 마련된 개선방안을 토대로 하여 2004년 3월 11일 「정부조직법」(법률 제7186호)을 개정하여 '소방방재청' 신설을 결정하였고, 모든 재난을 통합관리하기 위해 「재난 및 안전관리 기본법」(법률 제7188호)이 제정되었다. 그리고 3개월 후인 6월 1일 소방방재청이 출범하였고, 행정자치부에 안전정책관이 신설되었다. 이는 우리나라 최초로 자연재난과 인적 관리를 담당하는 조직이 신설

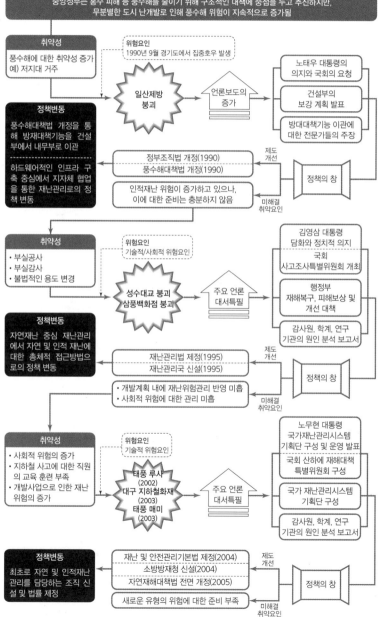

Disaster-Triggered Policy Change Model

1948-1990

- 재난대응 조직으로 내무부에 풍수해를 담당하는 이수과(1948), 화재를 담당하는 소방과(1948), 해양에서의 재난업무를 담당하는 해양경비대(1953) 창설
- 국토건설청 산하에 첫 번째 수해복구 사무소 설치(1961)
- 내무부 토목국 국토건설청으로 이관(1961)
- 건설부 신설(1962) 및 산하에 방재과 설치(1963)
- 소방법(1958), 수난구호법(1961), 하천법(1961), 풍수해 대책법(1967) 제정

중앙정부는 홍수 피해 등 풍수해를 줄이기 위해 구조적인 대책에 중점을 두고 추진하지만, 무분별한 도시 난개발로 인해 풍수해 위험이 지속적으로 증가됨

취약성

풍수해에 대한 취약성 증가 예) 저지대 거주

위험요인 1990년 9월 경기도에서 집중호우 발생

일산제방 붕괴

언론보도의 증가

- 노태우 대통령의 의지와 국회의 요청
- 건설부의 보강 계획 발표
- 방대대책기능 이관에 대한 전문가들의 주장

정책변동

풍수해대책법 개정을 통해 방재대책기능을 건설부에서 내무부로 이관

하드웨어적인 인프라 구축 중심에서 지자체 협업을 통한 재난관리로의 정책 변동

정부조직법 개정(1990)
풍수해대책법 개정(1990)

제도개선

정책의 창

인적재난 위험이 증가하고 있으나, 이에 대한 준비는 충분하지 않음

미해결 취약요인

취약성

- 부실공사
- 부실감사
- 불법적인 용도 변경

위험요인 기술적/사회적 위험요인

성수대교 붕괴 삼풍백화점 붕괴

주요 언론 대서특필

- 김영삼 대통령 담화와 정치적 의지
- 국회 사고조사특별위원회 개최
- 행정부 재해복구, 피해보상 및 개선 대책
- 감사원, 학계, 연구 기관의 원인 분석 보고서

정책변동

자연재난 중심 재난관리에서 자연 및 인적 재난에 대한 총체적 접근방법으로의 정책 변동

재난관리법 제정(1995)
재난관리국 신설(1995)

제도개선

정책의 창

- 개발계획 내에 재난위험관리 반영 미흡
- 사회적 위험에 대한 관리 미흡

미해결 취약요인

취약성

- 사회적 위험의 증가
- 지하철 사고에 대한 직원의 교육 훈련 부족
- 개발사업으로 인한 재난 위험의 증가

위험요인 기술적 위험요인

태풍 루사 (2002) 대구 지하철화재 (2003) 태풍 매미 (2003)

주요 언론 대서특필

- 노무현 대통령 국가재난관리시스템 기획단 구성 및 운영 발표
- 국회 산하에 재해대책 특별위원회 구성
- 국가 재난관리시스템 기획단 구성
- 감사원, 학계, 연구 기관의 원인 분석 보고서

정책변동

최초로 자연 및 인적재난 관리를 담당하는 조직 신설 및 법률 제정

재난 및 안전관리기본법 제정(2004)
소방방재청 신설(2004)
자연재해대책법 전면 개정(2005)

제도개선

정책의 창

새로운 유형의 위험에 대한 준비 부족

미해결 취약요인

그림 4-3. 한국 대규모 재난 이후 정책 변화(1948~2005)

되었음을 의미하는 것으로 재난관리 전문화가 이루어졌음을 의미한다. 그리고 2005년 1월 정부에서는 「자연재해대책법」을 전부개정하여 기후변화로 인해 점차 증가하는 자연재난의 위험에 대처하고 피해발생의 근원적인 원인을 찾아 예방하기 위한 새로운 제도들을 대폭 도입하였다. 정책의 창을 통한 역동적인 정책변동 과정에 대해 그림 4-3에서 정리하였다.

2. 재난유발 정책변동 모델 적용 결과

재난유발 정책변동 모델을 우리나라 주요 재난에 적용한 결과, 사회적 충격사건으로 간주되는 대규모 재난이 발생한 이후 다양한 요소들이 작용하는 경로를 따라 재난대응 조직과 법률의 변화가 이루어진다는 것을 확인하였다. 즉, 사회적 충격사건과 재난대응 조직 및 법률의 변화와의 관계는 경로의존적이며, 대규모 재난발생 이후 여론의 관심 유도, 정치의 흐름, 정책대안의 흐름, 문제의 흐름이 상호작용하면서 정책의 창이 열릴 때 정책변동이 발생한다.

여러 요인들 중 대통령의 강력한 의지가 가장 중요하며, 이는 선도력(leading power)으로 작용한다. 국회의 활동은 정부의 대책 마련을 촉구하는 힘(pushing power)으로 작용하며, 행정부의 재난수습 및 개선대책 마련 활동은 대통령의 정치적 의지를 실천하는 추진력(driving power)으로 작용한다. 감사원과 연구원 등의 재난발생 원인 분석 등 문제의 흐름은 정책변동의 기반(foundation)으로 작용한다. 또한 사건 직후 급증하는 언론의 보도는 국민의 관심을 유발하면서 정책변동의 촉매제(gear)로서 작용한다. 그림 4-4는 앞에서 설명한 한국에서 재난에 의해 촉발되는 정책변동을 모형으로서 표현한 것이다.

주목할 점은 정책변동의 결정에서 대통령의 의지가 가장 중요한 역할을 했다

한국 재난의 특성과 재난관리

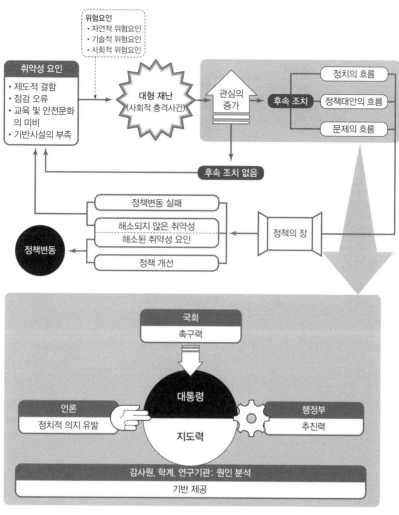

그림 4-4. 한국 재난유발 정책변동 모델

는 점이다. 대통령의 의지는 정책변동을 강력하게 제안한 대국민 발표문, 대국민 사과문이나 국무회의 지시, 국회 연설 등을 통해 표현된다.

앞서 살펴본 바와 같이 한국에서 재난발생 이후 변동되는 재난대응 정책의 변화는 피해규모와 대통령의 의지와 직접 관련되어 있다. 특히 1990년대부터는

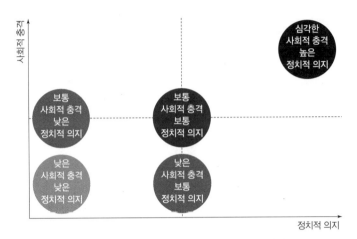

그림 4-5. 한국 재난충격·정치의지와 정책변동의 연관성

재난대응 시스템을 발전시키려는 대통령의 강력한 의지가 대규모 인명피해가 발생했던 주요 재난 이후 재난대응 정책의 변화에 반영되어 있다. 즉, 많은 인명피해를 유발한 대규모 재난 이후 대통령이 강력한 의지를 가지고 재난대응 제도를 개혁하고자 할 때 가장 효과적으로 발전되었다는 것을 알 수 있다.

한국 재난의 특성과 재난관리

참고문헌

감사원, 2003a, 『자연재해 대비실태 감사결과 보고서』.

감사원, 2003b, 『대구 지하철 화재사고 감사보고서』.

건설교통부, 1999, 대한항공 괌사고 원인조사결과 및 제재내용 발표.

건설교통부, 2001, 『교통안전 연차보고서』.

건설부, 1995, 『부실공사 방지 및 건축물 안전확보 대책』.

국립방재연구소, 2002, 『태풍 루사 피해현장조사 보고서』.

국립방재연구소, 2003, 『태풍 매미 현장조사 보고서』.

국무원사무국, 1959, 국무회의 기록: 태풍이재민 구호에 관한 담화문.

국무조정실, 2003, 『제15대 김대중 대통령 지시사항종합』.

국회, 1959, 이승만 대통령 담화문.

국회, 1995, 삼풍백화점 붕괴 조사 최종 보고서.

권기헌, 2014, 『정책학강의』, 박영사.

김상봉·이명혁, 2011, "Kingdon의 정책 창 모형에 의한 비축임대주택 정책의 갈등관계분석 및 평가", 『한국정책과학학회보』15(3), pp.1-27.

대통령 공고 제177호, 2003, 특별재난지역 선포.

대통령기록관, n.d. a, 박정희 대통령 담화문: 1971년 연초 기자회견, Available: http://pa.go. kr/research/contents/speech/index.jsp(2016. 1. 5.).

대통령기록관, n.d. b, 전두환 대통령 담화문: 일본국 공식방문 출국인사, Available: http:// pa.go.kr/research/contents/speech/index.jsp(2016. 1. 5.).

대통령기록관, n.d. c, 김영삼 대통령 담화문: 특별재해지역 선포 관련 담화문(인명구조와 사고수습에 적극적 뒷받침), Available: http://pa.go.kr/research/contents/speech/ index.jsp(2016. 1. 5.).

대통령기록관, n.d. d, 이승만 대통령 담화문: 동포애로 수재민을 구호하자, Available: http://pa.go.kr/research/contents/speech/index.jsp(2017. 2. 9.).

서울지방검찰청, 1995, 『성수대교 붕괴사건 원인규명감정단 활동백서』.

서울특별시, 1996, 『서울 600년사』.

서울특별시, 1996, 『삼풍백화점 붕괴사고 백서』.

소방방재청, 2009, 『재난관리 60년사』.

송종길·이동훈, 2003, 『사회 위기와 TV 저널리즘』, 커뮤니케이션북스.

양승일, 2006, "ACPS 모형을 활용한 규제정책변동과정 분석: 그린벨트정책의 개발허용기를 중심으로", 『한국정책과학학회보』 10(2), pp.77-102.

오성택, 2015, 『정책흐름 모형을 적용한 정책결정과정 비교분석: 재외선거정책과 선거사이버 보안정책을 중심으로』, 박사학위논문, 서울시립대학교.

유민봉, 2015, 『한국행정학』, 박영사.

이교선, 2003, 『신문의 대형 사고 보도에 관한 연구: 1995년 삼풍백화점붕괴사고와 2003년 대구지하철방화사고 보도를 중심으로』, 석사학위논문, 경희대학교.

이동규, 2012, "대형 재난사건 이후 정책과정 탐색적 연구", 『한국치안행정논집』 9(2), pp.167-194.

이상윤, 2015, 『한국 전자정부 정책변동 연구: Kingdon의 정책흐름 모형을 중심으로』, 박사학위논문, 부산대학교.

이영재·남상훈·김윤희·윤동근·정종수·최상욱, 2015, 『재난관리론』, 생능출판사.

이종수, 1972, "대연각호텔 화재의 교훈", 『과학과 기술』 5(1), pp.11-12.

이종열·손원배, 2012, "숭례문화재사건을 통해 본 정책학습과 변동에 관한 연구: Birkland의 정책학습 모형을 중심으로", 『한국위기관리논집』, 8(3), pp.45-66.

정세희·정진경, 2012, "옹호연합 모형(ACF)을 통해 본 기업형 수퍼마켓(SSM) 규제정책변동 분석", 『한국공공관리학보』 26(1), pp.23-52.

정정길·최종원·이시원·정준금·정광호, 2017, 『정책학원론』, 대명사.

중앙119구조대, 1998, 『재난유형별 사고사례집』.

진양혜, 2004, 『텔레비전의 재난보도에 관한연구: 대구 지하철 화재사건의 사례분석』, 석사학위논문, 연세대학교.

한국소방안전협회, 2012, 『고층건축물 화재안전기준 개발 연구용역』.

한국언론재단·한국기자협회, 2003, 재난보도의 문제점과 재난보도준칙제정 방안, 제24회 기자포럼.

경향신문, 1961. 8. 11., 영주 남원지구 수해 복구사업.

경향신문, 1962a. 8. 28., 순천에 수마·탁류가 삼켜.

경향신문, 1962b. 9. 1., 복구·구호·방역 등.

경향신문, 1962c. 8. 28., 내무부에 구호본부 설치 순천재민에 따뜻한 손길.

경향신문, 1962d. 8. 29., 순천지구 복구사무소 설치.

경향신문, 1962e. 9. 6., 문교부서 9백만원을 책정 수해지구교육 시설 복구비로.

경향신문, 1971a. 12. 25., "전장비 긴급동원", 진화작업 진두지휘.

경향신문, 1971b. 12. 27., 외국인가족에 편의, 외무부 훈령.

경향신문, 1971c. 12. 29., 내무부 지시 50인 이상 취업업체도, 4층 이상 방화훈련.

경향신문, 1981. 9. 2., 전대통령 지시 한강홍수 대비 만전을.

경향신문, 1990. 9. 12., 붕괴제방 복구시작.

경향신문, 1997. 8. 7., 관련 부처 움직임 KAL기 참사 새벽 비보…비상체제 가동.

동아일보, 1957. 8. 7., 영남지방의 수해.

동아일보, 1959. 9. 23., 풍재의 대책과 응급책.

동아일보, 1961a. 7. 13., 수재민응급구호책결정 양곡일만석 우선 방출 긴급각의.

동아일보, 1961b. 7. 17., 수해대위본부 및 지부를 설치.

동아일보, 1961c. 7. 13., 남원일대에 수해참사.

동아일보, 1962a. 8. 30., 최대한 힘 집중.

동아일보, 1962b. 10. 30., 박의장, 순천시찰.

동아일보, 1962c. 9. 5., 최고회의서 승인.

동아일보, 1962d. 8. 28., 2군을 동원.

동아일보, 1962e. 8. 29., 각의 순천참화응급대책수립.

동아일보, 1962f. 8. 29., 현지에 대책본부 김수반, 구호 다짐.

동아일보 1962g. 9. 5., 최고회의서 승인.

동아일보, 1962h. 9. 6., 조절미 방출 지시.

동아일보, 1962i. 12. 14., 순천수해복구본부 내 20일에 해체.

동아일보, 1977. 11. 19., 대형 사고방지에 만전을 최총리 지시.

동아일보, 1987a. 7. 21., 태풍피해 조사단 2백40명을 파견.

동아일보, 1987b. 7. 22., 기상대서 태풍자료 조작했다.

동아일보, 1988. 1. 9., 태풍 셀마 진로예보 잘못 시인.

동아일보, 1989. 7. 29., 이재민 구호 최선 당부 노대통령.

동아일보, 1990a. 9. 19., 수재 농작물 전액보상 촉구.

동아일보, 1990b. 9. 14., 일산 한강둑 자유로 연내 착공.

동아일보, 1990. 9. 14., 일산 한강둑 자유로 연내 착공.

동아일보, 1993. 10. 17., 내각의 대통령 눈치보기.

동아일보, 1994. 10. 23., 부실 공사업체 추방.

동아일보, 1995. 8. 28., 재산피해 2천억 원 재해대책본부 집계.

동아일보, 1997. 8. 7., 새벽 긴급회의…사고수습단 급파 미정부에 인력-장비 총동원 요청.

동아일보, 1998. 8. 12., 실업대책과 연계 수해복구 지원.

매일경제, 1970. 4. 9., 김시장 사표 수리될 듯, 복구 구호에 만전.

매일경제, 1971a. 12. 25., 구호본부 설치.

매일경제, 1971b. 12. 27., 관계국대사관과 긴밀한 협조 계속 외무부, 외인사상자 구호.

매일경제, 1977. 11. 16., 박대통령지시 이리역 새로 건설.

매일경제, 1981a. 9. 7., 농작물 70% 이상 피해농가 등 농지·재산세 면제.

매일경제, 1981b. 10. 1., 수해·태풍 피해복구 9백억 들여 연내에.

매일경제, 1989. 8. 1., 영산강 치수 94년 끝내도록.

매일경제, 1993a. 3. 31., 열차사고 보상논의 내무·교체위 등 속개.

매일경제, 1993b. 7. 27., 기체 두동강… "살려달라" 애원.

매일경제, 1993c. 7. 29., 군사비행장 민간이양 정부 검토.

매일경제, 1995a. 4. 29., 정관가 초긴장 사태수습 총력.

매일경제, 1995b. 9. 6., 수해복구 지원, 추경예산 반영, 1~2천억 규모.

매일경제, 1995c. 4. 29., 안전지침 무시한 "총체적 인재".

한겨레, 1993. 10. 11., 인명구조 긴급지시 관계장관 현지보내.

Cohen, M. D., March, J. G., and Olsen, J. P., 1972, A garbage can model of organizational choice, *Administrative Science Quarterly*, 17(1), pp.1-25.

Dye, T. R., 1981, *Understanding public policy*, 4th ed. Englewood Cliffs, NJ.: Prentice-Hall.

Etkin, D., 2015, *Disaster theory: An interdisciplinary approach to concepts and causes*, Butterworth-Heinemann.

Hall, P. A., 1993, Policy paradigms, social learning, and the state: The case of economic policymaking in Britain, *Comparative Politics*, Vol.25 No.3, pp.275-296.

Hofferbert, R. I., 1974, *The Study of Public Policy*, Bobbs-Merrill, pp.227-231.

Jenkins, W. I., 1978, *Policy analysis: A political and organizational perspective*, Martin Robertson, Oxford.

Kingdon, J. W., 1995, *Agendas, alternatives and public policies*, Harper Collins College Publishers.

Kingdon, J. W., 2010, *Agenda, alternatives and public policies*, update edition, with an Epilogue on Health Care, 2nd ed., Boston, MA, Longman.

Lipsky, M., 1978, *Standing the study of public policy implementation on its head, in American politics and public policy, Walter Dean Burham and Martha Wagner Weinberg(Eds.)*, MIT Press, Cambridge, MA.

Weible, C. M. and Sabatier, P. A., 2007, *Handbook of public policy analysis: 9 a guide to the advocacy coalition framework*, CRC Press.

한국 재난의 특성과 재난관리

제5장

안전한국을 위한 제언

요약문 한국은 최빈 개발도상국에서 중견 공여국으로 성장한 모범적인 국가로서 최빈국과 개발도상국이 배우고 싶어 하는 나라이다. 하지만 이와 동시에 태풍과 같은 전형적인 자연재난과 산업화·도시화의 어두운 이면인 시설물 붕괴, 대규모 화재 등과 같은 사회 재난을 동시다발적으로 경험한 국가이기도 하다. 하지만 한국 국민들은 이처럼 수많은 재난을 겪으면서 좌절하지 않고 보다 안전한 사회를 만들기 위한 제도적·문화적 발전을 이루어 왔다. 한국이 추구하고 있는 안전사회를 위한 재난대응 제도 발전은 최근 국제사회의 주요 이슈인 센다이 프레임워크(Sendai Framework for Disaster Risk Reduction, SFDRR), 지속가능발전목표(Sustainable Development Goals, SDGs), 기후변화협약의 비전과도 일치한다. 이 장에서는 이러한 글로벌 어젠다가 주는 시사점에 기반하여 '저빈도 고충격' 재난에 대비, 재난에 대한 전 주기적 통합관리, 사회 전 구성원의 재난관리 역량 제고, 정부의 촉진자 역할, 제3자 감시원칙에 따른 견제와 균형, 재난관리 전문인력 양성 등을 안전한국을 위한 정책적 제안으로 제시한다.

핵심 용어 소방방재청, 국민안전처, 행정안전부, 리질리언스, 복원력, 글로벌 어젠다, 재난위험경감을 위한 센다이 프레임워크, 지속가능발전목표, 기후변화, 당사국총회, 제3자 감시원칙, 저빈도 고충격 재난

1.
한국 재난대응 총괄부처

제4장 제3절에서 1948년 대한민국 정부 수립부터 2004년 최초의 재난관리 전담기구인 소방방재청 개청과 「재난 및 안전관리 기본법」 제정, 그리고 다음 해인 2005년 「자연재해대책법」 전부개정까지 대규모 재난 이후 재난대응 정책의 변화에 대해 살펴보았다. 이 절에서는 2005년부터 2017년까지 우리나라 재난대응 총괄부처의 변화 과정, 시기별 성과와 한계, 그리고 앞으로의 과제를 간략히 살펴본다.

1. 소방방재청과 국민안전처: 성과와 한계

1) 소방방재청

2004년에 설립된 소방방재청은 자연재난, 인적 재난, 시민보호, 소방, 육지에서의 긴급구호를 담당하는 최초의 독립적인 기관이라는 점에서 의미가 있다. 청 출범 이후 자연재난 예방제도를 대폭 도입한 「자연재해대책법」 전부개정(2005), 민간의 자율방재 기능을 강화한 「풍수해보험법」 제정(2006), 새로운 재난관리 체계 정립을 위한 '신 국가방재시스템' 마련(2006), 기업업무연속성관리(Business Continuity Management, BCM) 강화를 위한 「재해경감을 위한 기업의 자율활동 지원에 관한 법률」 제정(2007) 등 제도적인 발전이 이루어졌다.

이러한 성과에도 불구하고 차관급 기관이 모든 부처를 조정하고 관리하기에는 한계를 가질 수밖에 없었다. 임시적인 방편으로 행정자치부 장관이 중앙재난안전대책본부의 장을 맡고 소방방재청장이 차장을 맡도록 하였으나, 이는 오히려 소방방재청이 재난에 대응하는 장관급 부처들을 적극적으로 조정하고 관리하는 것을 어렵게 만들었다.

2013년 출범한 박근혜 정부는 통합적 재난안전관리를 목표로 기존 행정안전부에 재난안전 총괄부처의 역할을 부여하고 부처 명칭도 '안전행정부'로 변경하여, 각 부처의 재난안전 정책을 총괄·조정할 수 있도록 하였다. 또한 소방방재청의 인적 재난관리 기능을 이관받아 기존의 사회적 재난 업무와 통합하여 '사회재난'이라는 명칭으로 관리하기 시작하였다. 하지만 소방방재청은 자연재난 관리와 소방 업무를, 안전행정부는 사회재난 및 안전관리 업무를 담당하는 구조가 통합적 재난안전관리의 취지에 부합되는 구조라고 할 수는 없었다.

이런 상황에서 경주 마우나오션리조트 체육관 붕괴사고(2014) 등 대형 재난이 발생하면서, 박근혜 정부의 국민안전 확보 약속은 위기에 처했으며, 2014년

4월 16일 발생한 세월호 사고를 계기로 국가재난대응 체계의 근본적인 수술이 불가피해졌다.

2014년 4월 15일 세월호는 승객 462명을 태우고 인천항에서 출항하였고, 다음 날인 4월 16일 전남 진도군 관매도 부근에서 침몰하였다. 4월 16일 오전 8시 55분에 최초 사고 신고가 접수되자 「재난 및 안전관리 기본법」에 따라 해양경찰청이 9시 10분부터 구조본부를 가동하였고, 9시 40분에 해양수산부 장관을 본부장으로 하는 중앙사고수습본부가 설치되었으며, 9시 45분에 안전행정부 장관을 본부장으로 하는 중앙재난안전대책본부가 구성·운영되었다. 하지만 구조본부, 중앙수습본부, 중앙대책본부 간 정부 공유가 제대로 이루어지지 않아 탑승자 및 구조자 집계 오류를 범했고, 부처 간 소통과 협업에서도 문제가 발생하였다(감사원, 2014). 이러한 문제를 해결하기 위해 4월 17일 국무총리를 중심으로 하는 범부처 사고대책본부가 설치·운영되었다. 이 사고로 인해 선원과 승객을 포함한 탑승객 476명 중 승객 295명이 사망하고 9명이 실종된 상태로 범정부사고대책본부의 활동이 2014년 11월 18일 공식적으로 종료되었다.

세월호 사고는 악천후 속의 무리한 출항, 수화물 과적, 무리한 변침으로 인한 복원력 상실, 선박 지도감독 소홀 등의 복합적인 원인에 의해 발생하였다. 또한 침몰 당시 선체 내에서 '대기하라'는 방송으로 많은 사람들이 탈출하지 못하였다. 해양경찰 구조대가 도착해서도 전문화된 인원이 없어 선체 내 인원을 구조하지 못하는 등 구조활동에서 많은 문제점을 드러내었다. 이러한 문제점들을 해결하여 보다 안전한 대한민국을 만들어야 한다는 국민적 요구가 국민안전처 출범의 배경이 되었다.

2) 국민안전처

세월호 사고를 계기로 박근혜 대통령은 전반적인 안전행정 체계 개편을 언급하며 개별 부처에 분산되어 있던 안전기능을 통합해 국민안전처를 설치하겠다고 발표하였다. 정부는 대통령의 담화문을 반영한 「정부조직법」 개정안을 6월 11일 국회에 제출했으며, 개정안은 여야 '정부조직개편 TF'의 합의를 거쳐 11월 7일 본회의에서 의결되었다. 이 법률은 11월 19일에 시행되어 국가 재난안전관리의 총괄부처로서 국민안전처를 국무총리 소속으로 설치하였다. 국민안전처는 안전행정부의 재난안전 총괄·조정, 소방방재청의 소방·방재, 해양경찰청의 해양경비·안전·오염방제(해상에서 발생한 사건의 수사 및 정보에 관한 사무는 제외) 업무 등을 통합하였다. 국민안전처 장관은 국무위원으로 보하고, 안전 및 재난에 관하여 국무총리의 명을 받아 관계 중앙행정기관을 총괄·조정하도록 하였으며, 국민안전처에 소방사무를 담당하는 본부장과 해양경비·안전·오염방제 및 해상에서 발생한 사건의 수사에 관한 사무를 담당하는 본부장을 각각 두고, 본부장은 차관급으로 하였다.

국민안전처 설립은 자연재난과 사회재난에 대한 통합관리, 재난의 예방·대비·대응·복구에 대한 전 주기적 관리, 차관급 본부로서 육상 구조기관인 중앙소방본부와 해상 구조기관인 해양경비안전본부의 설치 등 통합적 재난안전관리의 틀을 갖추었다는 의미를 갖는다. 새로 출범한 국민안전처는 사고에 대한 컨트롤 타워의 역할을 강화하고 통합적인 재난대응을 강조하는 한편, 각 부처의 재난안전관리 정책을 조정하는 기능도 갖추어, 국가 재난대응과 안전관리 정책 조정이 균형 있게 시행되도록 하였다.

출범 이후 국민안전처는 행정안전부로 통합되기 전까지 2년 7개월이라는 짧은 기간에도 불구하고 재난안전관리에 많은 발전을 가져왔다. 먼저 국가 재난안전관리 발전을 위한 기틀을 마련하였다. 재난안전관리 시스템 전반에 대한 체계적인 분석을 통해 공공안전과 관련된 모든 영역을 포함하는 안전혁신 마스터플랜을 수립하였다. 모든 부처의 계획이 포함된 안전혁신 마스터플랜은 재난안전관리의 표준 프레임워크를 마련하고, 지방정부의 재난안전관리 역량을 강화하여 안전자치를 구현하는 기틀을 마련하였다. 또한 아동·여성·노인과 같은 재난 취약계층에 대한 안전복지를 강화하고, 국민의 참여를 통한 자율 안전관리 정책에 초점을 맞추었다. 이와 더불어 「국민 안전교육 진흥 기본법」 제정(2016), 안전예산 사전협의, 재난관리평가, 안전감찰 등 재난안전 총괄·조정 기능을 수행할 법·제도적 기틀을 마련하였으며, 미·일·중·러 주변 4개국과의 재난안전 협력체계도 완성하였다. 둘째, 재난현장 대응체계를 강화하였다. 육상·해상 권역별 특수구조대 발족(2015. 12.)으로 골든타임을 확보할 수 있도록 하였고, 긴급신고전화 통합(2016. 10.), 재난안전통신망 구축(2015~2019), 재난관리자원 공동활용 시스템 구축(2017) 등 현장대응 지원을 위한 재난대응 인프라도 구축하였다. 셋째, 지방자치단체의 재난대응 역량이 강화되었다. 시도에 재난안전 전담조직이 신설되고, 555명의 신규 인력이 재난안전 전담인력으로 증원되었다. 또한 소방안전교부세(2017년 예산 4588억 원)와 재난안전특별교부세(2017년 예산 5811억 원) 지원을 통해 지방자치단체 재난안전 재원에 대한 지원도 강화하였다. 마지막으로, 안전신문고, 국가안전대진단 등 정부 정책에 대한 국민 관심 증가와 함께 재난 취약시설에 대한 의무보험제도 도입(2016. 1.)을 통해 민간의 자율적 안전관리를 위한 기반도 마련하였다. 이와 더불어 지진방재 종합대책 마련(2016) 등 대규모 재난 이후 중장기 개선대책을 마련한 것도 큰 성과였다.

하지만 최초의 장관급 재난안전 전담조직이라는 의미와 중앙·지방자치단체의 재난안전관리 체계 정립이라는 성과에도 불구하고, 국민안전처는 행정조직상 한계, 역할과 권한의 한계, 전문성 부족이라는 비판에 지속적으로 직면하였다. 예를 들어, 총리실 소속처로서 동급의 다른 부처를 총괄·조정하는 데 한계가 있었으며, 긴급구조를 제외한 대부분의 재난대응 기능을 수행하는 지방자치단체와의 협조관계도 원활하지 않았다. 특히 재난대응의 오랜 논쟁 중 하나인 지휘·통제(Command and Control)와 조정·지원(Coordination and Support) 사이에서 역할을 정립하는 데 많은 어려움을 겪었다. 감염병이나 가축질병 등 주관기관이 전문성이 있는 재난에 대하여는, 주관기관과 국민안전처 간 지휘 책임과 역할이 분명하지 않았다. 2015년 메르스, 2016~2017년 조류독감 등에 대응하는 과정에서 주관기관인 보건복지부와 농림축산식품부 중심으로 대응하고 국민안전처는 지원 역할을 하였으나, 언론이나 국민들은 국민안전처가 보다 더 적극적인 역할을 하기를 원하였다. 과거 관성에 따른 대응 역시 국민 눈높이에 맞지 않아 많은 비판에 직면하였다. 2017년 5월 강릉에서 산불이 발생하였을 때, 국민안전처 중앙재난안전상황실에서 규정에 얽매어 긴급재난문자를 발송하지 않아 언론과 국민의 비판을 받은 사례가 대표적이다. 문재인 정부 출범과 더불어 단행된 정부조직 개편(2017. 7. 26.)에서 국민안전처는 행정자치부와 통합되어 행정안전부로 바뀌었고, 긴급구조 대응기구인 소방과 해경은 각각 행정안전부와 해양수산부의 외청으로 독립하였다.

2. 행정안전부 출범과 앞으로의 과제

1) 행정안전부 출범

2017년 9월 기준, 행정안전부 조직은 1차관 1본부 6실 1조정관 28국·관, 1상황실, 104과이다. 행정안전부 인력은 본부 1,462명을 포함하여 총 3,511명이고, 2017년 예산은 45조 1427억 원이다.

재난안전관리본부는 차관급 본부장, 1조정관, 2실, 1국, 3직속관, 1상황실, 36과가 있다. 재난안전관리본부 인력은 531명이고, 2018년 예산은 약 2조 530억 원이다. 그리고 재난안전관리와 관련된 법률로서 「재난 및 안전관리 기본법」을 포함하여 18개의 법률을 관장하고 있다. 표 5-1은 2017년 9월 기준 행정안전부 재난안전관리본부, 소방청, 해양경찰청에서 관리하고 있는 재난안전 관련 법률을 정리한 것이다.

한국 재난의 특성과 재난관리

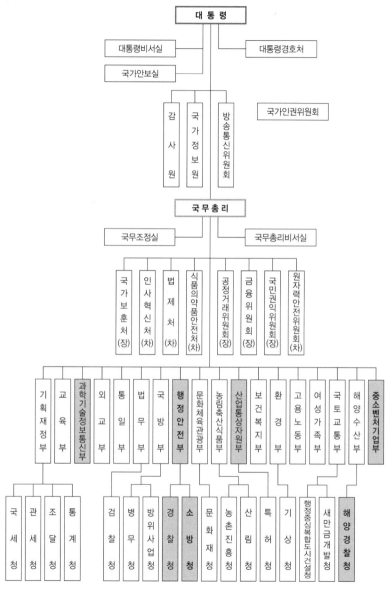

그림 5-1. 대한민국 정부 조직도(2017. 9. 20. 기준)

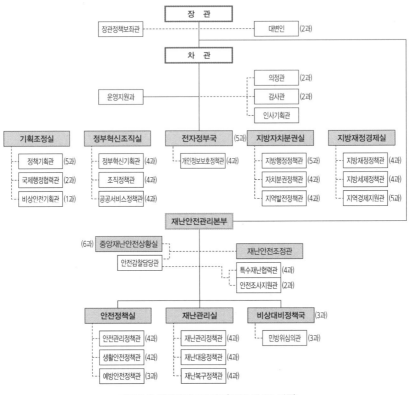

그림 5-2. 행정안전부 조직도(2017. 9. 30. 기준)

표 5-1. 재난안전 관련 법률(2017. 12. 기준)

소관	법률명	제정	최종개정
안전정책실 (12)	▲ 유선 및 도선업법	1980. 1. 4. No 3225	1980. 1. 4. No 3225
	▲ 유선 및 도선 사업법(1993. 12. 27. 현재 명칭으로 변경)	1993. 12. 27. No 4610	2015. 2. 3. No 13193
	▲ 승강기제조 및 관리에 관한 법률	1991. 12. 31. No 4482	2008. 1. 17. No 8848
	▲ 승강기시설 안전관리법(2009. 1. 30. 현재 명칭으로 변경)	2009. 1. 30. No 9384	2016. 1. 27. No 13921
	▲ 소하천정비법	1995. 1. 5. No 4873	2016. 1. 27. No 13919

	▲ 재난 및 안전관리 기본법	2004. 3. 11. No 7188	2017. 1. 17. No 14553
	▲ 어린이놀이시설 안전관리법	2007. 1. 26. No 8286	2016. 1. 7. No 13750
	▲ 재해경감을 위한 기업의 자율활동 지원에 관한 법률	2007. 7. 19. No 8530	2016. 5. 29. No 14249
	▲ 급경사지 재해예방에 관한 법률	2007. 7. 27. No 8551	2017. 3. 21. No 14749
	▲ 재해위험 개선사업 및 이주대책에 관한 특별법	2007. 8. 3. No 8585	2016. 5. 29. No 14250
	▲ 저수지·댐의 안전관리 및 재해예방에 관한 법률	2008. 6. 5. No 9092	2016. 1. 27. No 13925
	▲ 보행안전 및 편의증진에 관한 법률	2012. 2. 22. No 11339	2015. 7. 20. No 13416
	▲ 소규모 공공시설 안전관리 등에 관한 법률	2015. 7. 24. No 13437	2015. 7. 24. No 13437
	▲ 국민 안전교육 진흥 기본법	2016. 5. 29. No. 14248	2016. 5. 29. No 14248
재난관리실 (4)	▲ 재해구호법	1962. 3. 20. No 1034	2016. 1. 7. No 13753
	▲ 풍수해대책법	1967. 2. 28. No 1894	1981. 12. 17. No 3461
	▲ 자연재해대책법(1995. 12. 6. 현재 명칭으로 변 경)	1995. 12. 6. No 4993	2014. 12. 30. No 12942
	▲ 풍수해보험법	2006. 3. 3. No 7859	2017. 3. 21. No 14755
	▲ 지진재해대책법	2008. 3. 28. No 9001	2015. 7. 24. No 13442
	▲ 지진·화산재해대책법(2015. 7. 24. 현재 명칭으 로 변경)	2015. 7. 24. No 13442	2017. 3. 21. No 14754
비상대비국 (2)	▲ 민방위기본법	1975. 7. 25. No 2776	2017. 4. 18. No 14805
	▲ 비상대비자원 관리법	1984. 8. 4. No 3745	2017. 3. 21. No 14750

소방청 (14)	▲ 소방공무원법	1977. 12. 31. No 3042	2014. 6. 11. No 12750
	▲ 대한소방공제회법	1991. 11. 30. No 4404	2015. 1. 20. No 13060
	▲ 의무소방대설치법	2001. 8. 14. No 6505	2017. 4. 18. No 14808
	▲ 소방기본법	2003. 5. 29. No 6893	2016. 1. 27. No 13916
	▲ 소방시설공사업법	2003. 5. 29. No 6894	2016. 1. 27. No 13918
	▲ 소방시설 설치·유지 및 안전관리에 관한 법률	2003. 5. 29. No 6895	2014. 12. 30. No 12939
	▲ 화재예방, 소방시설 설치·유지 및 안전관리에 관한 법률(2015. 1. 20. 현재 명칭으로 변경)	2015. 1. 20. No 13062	2016. 1. 27. No 13917
	▲ 위험물안전관리법	2003. 5. 29. No 6896	2017. 3. 21. No 14752
	▲ 다중이용업소의 안전관리에 관한 특별법	2006. 3. 24. No 7906	2016. 1. 27. No 13914
	▲ 소방산업의 진흥에 관한 법률	2008. 6. 5. No 9094	2014. 12. 30. No 12937
	▲ 119구조·구급에 관한 법률	2011. 3. 8. No 10442	2016. 1. 27. No 13913
	▲ 초고층 및 지하연계 복합건축물 재난관리에 관한 특별법	2011. 3. 8. No 10444	2016. 1. 27. No 13926
	▲ 소방공무원 보건안전 및 복지기본법	2012. 2. 22. No 11341	2017. 4. 18. No 14806
	▲ 대한민국재향소방동우회법	2012. 3. 21. No 11404	2012. 3. 21. No 11404
	▲ 의용소방대 설치 및 운영에 관한 법률	2014. 1. 28. No 12344	2017. 4. 18. No 14809
해양경찰청 (7)	▲ 경범죄 처벌법	1954. 4. 1. No 316	2016. 1. 22. No 13813
	▲ 수난구호법	1961. 11. 1. No 761	2012. 2. 22. No 11368

한국 재난의 특성과 재난관리

▲ 수상에서의 수색·구조 등에 관한 법률(2015. 7. 24. 현재 명칭으로 변경)	2015. 7. 24. No 13440	2017. 3. 21. No 14751
▲ 밀항단속법	1961. 12. 13. No 831	2014. 3. 18. No 12421
▲ 수상레저안전법	1999. 2. 8. No 5910	2016. 1. 7. No 13754
▲ 경찰공무원 보건안전 및 복지 기본법	2012. 2. 22. No 11334	2012. 2. 22. No 11334
▲ 해양경비법	2012. 2. 22. No 11372	2017. 4. 18. No 14810
▲ 연안사고 예방에 관한 법률	2014. 5. 21. No 12657	2017. 4. 18. No 14807

주: 소관 부처명 아래 괄호는 관장하는 법률 수를 의미함.

2) 앞으로의 과제

사람 중심의 국민주권 시대를 표방한 문재인 정부는 '국민안전과 생명을 지키는 안심사회'를 주요 전략과제 중 하나로 선정하였다. 국정기획자문위원회에서 2017년 7월 발표한 '문재인 정부 국정운영 5개년 계획'에서는 '안전사고 예방 및 재난안전관리의 국가책임체제 구축'과 '통합적 재난관리 체계 구축 및 현장 즉시대응 역량 강화'를 주요 국정과제로 선정하였다. 즉, 교통사고, 승강기 사고, 태풍·지진·화재 등 각종 재난과 안전사고로부터 국민의 생명을 보호하고, 국가재난에 대한 컨트롤 타워 역할 정립 및 소방·해경 등 현장대응 역량 강화 등 통합적 재난관리 체계를 구축하는 한편, 재난에 대한 사전 예·경보 시스템을 구축하고 사후 조사 및 치료체계를 강화하여 안전한 대한민국을 만드는 것을 핵심 국정과제로 추진하고 있다. 2017년 7월 26일 출범한 행정안전부는 이러한 국정과제를 실현하기 위해 재난안전관리본부를 중심으로 통합적 안전사고 예방체계 구축, 통합적 재난대응 체계 확립, 특별재난지역 등 재해복구 지원체계 개선 등을 추진하고 있다. 국정기획자문위원회에서 2017년 7월 발표한 100대 국정과제 중 국민 개개인이 안심하고 생활할 수 있는 사회를 만들기 위한 임무를 국정과제 55번과 56번을 중심으로 살펴보면 표 5–2와 같다.

표 5–2. 문재인 정부 재난 안전 분야 국정과제

안전 사고 예방 및 재난 안전 관리의 국가 책임 체제 구축	(목표) 교통사고, 승강기 사고, 지진·화재 등 각종 재난과 안전사고로부터 국민생명 보호 강화 추진		
	안전 복지	• 헌법 개정 시 국민안전권 명시 – '18년까지 안전취약계층 지원 법적 근거 마련 및 취약계층 안전 서비스 확대	행안부
	교통 안전	• 범정부 교통안전 추진체계 구축, 보행자 우선 및 교통약자 보호, 취약계층 배려 중심의 교통정책 추진 – '17년에 스마트 철도안전 기본계획 수립, '22년까지 항공안전 빅데이터 플랫폼 구축 등 철도와 항공기 안전 강화	국토부
	안전 위험 요소 제거	• 승강기·건설·지하안전 등 부문별 위협요소 제거, IoT를 활용한 위험 예측, 감지, 분석, 대응기술 개발	행안부 국토부
	지진 안전	• 지진 조기경보체계 개선, 내진설계·보강, 활성단층 조사 실시, 지진대비 교육·훈련 확대 등 '20년까지 선진국 수준 지진대응체계 마련 – '18년까지 지진 조기경보시간 7~25초로 단축('16년 50초)	행안부
	화재 안전	• 선제적 화재예방 및 대형 화재 대비·대응 체계 마련 – 소방특별조사 인력·대상 확대 및 위험특성별 맞춤형 안전대책 강화	소방청
	스마트 기상 정보	• '17년부터 전문예보관 양성, 수치예보기술 개발('19년) 및 '21년까지 한국형 날씨 예측모델 운영 등을 통해 맞춤형 스마트 기상 정보 제공	기상청

한국 재난의 특성과 재난관리

		(목표) 국가재난 컨트롤 타워 역할 정립과 소방·해경 등 현장대응 역량 강화를 통해 통합적 국가재난관리 체계 구축; 재난에 대한 사전 예·경보 시스템 구축 및 사후 조사·치료 강화	
통합적 재난 관리 체계 구축 및 현장 즉시 대응 역량 강화	통합적 재난 관리	• 국가위기관리센터 역할 강화, 자치단체·경찰·소방·해경을 유기적으로 연계하여 국가재난관리 역량 강화	행안부
	소방	• '17년에 소방청 독립 및 소방인력과 장비 확충, 119구급서비스 인프라 확충을 통한 현장 중심 육상재난 대비·대응 역량 강화 − 소방공무원의 근속승진 단축 및 국가직화 검토, 소방복합치유센터 설립 등 처우 개선과 치료 지원 확대	소방청
	해경	• '17년에 해경청 독립 및 수사·정보기능 정상화를 통한 해경의 역할 재정립, 불법조업 중국 어선 근절을 통한 해양영토주권 수호	해경청
	재난 예·경보	• 대국민 재난정보 전달체계 전면 개선, '20년까지 재난안전통신망 구축, 지진해일 분석·예측·정보전달 체계 고도화	행안부
	재난 조사 치료	• '18년에 독립적인 재난사고 조사위원회 설립, '18년까지 대국민 재난트라우마 극복 지원을 위한 총괄 지원체계 구축	행안부

2.
글로벌 어젠다와 시사점

　2015년은 국제사회가 재난위험경감, 기후변화, 지속가능발전 분야에서 중요한 합의를 이루고, 선진국과 후진국이 함께 이를 이행하기로 결정한 해이다. 한국이 세월호 사고의 교훈을 바탕으로 모든 국민이 함께 사회 전반에 내재되어 있는 위험요인들을 줄여 나가는 과정은 이러한 흐름과 일치한다. 이 절에서는 재난위험경감, 기후변화, 지속가능발전 분야 국제합의의 비전·목적·주요 내용 등에 관해 살펴보고, 안전한국 실현에 필요한 시사점을 파악해 본다.

1. 재난위험경감을 위한 센다이 프레임워크(SFDRR 2015~2030)

　2005년 일본 고베에서 개최된 세계재난위험경감회의에서 국제연합 재난위험

　한국 재난의 특성과 재난관리

경감 사무국(이하 UNISDR)이 제출한 보고서를 기초로 하고, 각국 정부가 합의한 내용을 포함하여 효고행동강령이 수립되었다.

효고행동강령은 재해경감과 개발·빈곤 퇴치와의 관계, 재해경감에 대한 각국의 1차적 책임, 자연재해에 취약한 개발도상국에 대한 지원 필요성 등을 주요 내용으로 하며, 재난위험경감(DRR)을 위한 국제사회의 협력을 강조하였다(UNISDR, 2007). 효고행동강령은 3개의 전략적 목표(goal)와 5가지의 우선행동 순위가 제시되었으며, 우리가 살고 있는 지역과 국가에서 인명피해와 함께 사회적·경제적·환경적 자원의 피해를 획기적으로 줄이는 것을 최종 목표로 제시하였다.

효고행동강령이 종료되는 2015년을 맞아 효고행동강령을 대체할 수 있는 새로운 전략과 목표를 제시하기 위해 2015년 3월에 센다이 프레임워크(SFDRR 2015~2030)가 채택되었다.

센다이 프레임워크는 효고행동강령과는 다르게 행동지향적인 요소들을 포함하고 있으며, 2005년부터 2015년까지 수행되었던 효고행동강령에 대한 평가와 검토를 바탕으로 구성되었다(UNISDR, 2015). 적용범위는 환경적·기술적·생물학적 위험과 자연 또는 인적 요인으로 인해 발생하는 모든 재난(피해규모, 발생빈도, 진행양상 등에 관계없이)을 포함한다. 즉, 센다이 프레임워크는 모든 분야와 수준에서 재난위험을 종합적으로 관리하는 것을 목표로 한다.

또한 점차 심화되는 기후변화로 인해 재난의 빈도와 강도가 지속적으로 증가하고 있으며, 국제·지역·국가·지방 등 모든 수준에서의 적극적인 참여와 명확한 책임부여가 중요하다. 센다이 프레임워크는 최종 목표로서 '2015년 이후 재난위험경감을 위한 프레임워크는 재난위험 감소, 인명·생계·의료에 있어서의 손실 감소, 그리고 개인·기업·지역사회·국가에 있어서의 경제적·물리적·사회적·문화적·환경적 자산 손실의 실질적인 감소'를 설정하였다. 이를 달성하기 위한 7대 목표를 설정하였는데, 그 내용은 표 5-3과 같다(UNISDR, 2015).

7대 목표의 이행성과를 평가하기 위해 유엔에서는 전문가그룹(Open-ended

Intergovernmental Expert Working Group, OIEWG) 회의를 통해 2016년 12월 38개 이행지표를 확정하였다.

센다이 프레임워크는 국제적·지역적·국가적 수준의 전 분야에 걸쳐 다음 4가지 행동 우선순위에 초점을 맞추어야 한다고 명시하고 있다(UNISDR, 2015). 첫째, 재난위험의 이해이다. 재난위험 관리는 취약성, 역량, 인명 및 자산의 노출, 위험요인(hazard)의 특징과 환경의 모든 차원에서 재난위험에 대한 이해가 기반이 되어야 한다. 둘째, 재난위험 관리를 위한 거버넌스 강화이다. 국가적·지역적·국제적인 차원에서 모든 분야의 재난위험 관리가 중요하며, 법령, 규제, 정책의 국가적·지역적 일관성이 보장되어야 한다. 셋째, 재난 리질리언스 향상을 위한 투자이다. 재난위험 예방 및 경감을 위한 공공·민간 투자는 개인, 공동체, 국가, 자산, 환경의 경제·사회·보건·문화 회복력을 강화시키기 위한 필수적인 요인이다. 넷째, 효과적인 재난대응을 위한 준비 강화와 개선 복구 및 보다 나은 재건을 지향한다. 재난위험경감에 책임이 있는 각국 정부, 국제기구,

표 5-3. 센다이 프레임워크 7대 목표

핵심 지표	내 용
A	2005~2015년과 비교하여 2020~2030년까지 평균 10만 명당 전 세계 재해사망자 수의 지속적인 감소
B	2005~2015년과 비교하여 2020~2030년까지 평균 10만 명당 전 세계 재해피해자(affected people)의 지속적인 감소
C	2030년까지 세계 국내총생산과 관련하여 직접적인 재해 경제적 손실 감소－경제적 가치평가 및 복합방법론은 개발되고 이후 단계에서 논의될 것임
D	2030년까지 핵심 사회기반시설(보건 및 교육시설 등) 및 기본 서비스의 훼손에 대해 재해회복력을 강화하여 재해피해의 획기적인 감소
E	2020년까지 국가 및 지역사회를 기반으로 재난위험경감 전략을 발표하는 국가 수의 점진적인 증가
F	2030년까지 세계 각 국가에서 이 프레임워크를 이행할 수 있도록 적절하고 지속가능한 지원을 통해 개발도상국에 대한 국제협력 강화
G	2030년까지 일반인들에 대한 재난위험정보 및 평가와 복합재난 조기경보 시스템에 대한 이용가능성 및 접근성 증가

관련 이해관계자들은 위 4가지 우선순위에 따라 법률 및 규정을 제정하고, 국가의 능력을 고려하여 주요 행동강령들을 이행하여야 한다. 국제적 상호의존성과 국가 간 협력이 증가함에 따라 재난위험경감에 대한 지식 공유, 수행능력 개발, 동기 부여가 필요하다.

총 13가지의 지도원리를 제시하고 있으며, 그 내용은 다음과 같다.

1. 국가는 재난위험 방지 및 경감과 상호협력에 우선적 책임이 있다.
2. 중앙정부와 관련 국가기관, 각 부문별, 이해관계자 모두 공동의 책임이 있으며, 이는 국가적 상황에 따라 결정될 수 있다.
3. 개발에 대한 권리를 포함한 모든 인간의 권리를 증진시키고 보호하는 동시에 인명 및 자산을 보호한다.
4. 모든 사회구성원들의 참여를 유도한다.
5. 국가 및 지방정부 수준에서 행정적·법적 국가기관들의 적극적인 참여를 유도한다.
6. 적절한 자원, 인센티브, 의사결정 책임을 통해 지역 권한 및 공동체를 강화시킨다.
7. 재난정보 기반으로 이루어지는 다중위험(multi-hazard)을 고려한 접근과 포괄적 의사결정을 바탕으로 한다.
8. 재난위험경감 어젠다는 지속가능발전 관련 정책, 계획, 수행, 메커니즘과 일관성을 유지한다.
9. 재난위험경감 성과를 측정하는 데 지방정부 수준에서의 명확한 특징들을 이해한다.
10. 재난위험 정보에 기반하여 이루어지는 공공 및 민간투자는 근본적인 위험요인을 줄이는 데 효과적이다.
11. 기존 재난위험을 줄이고 새로운 재난위험을 방지하기 위한 더 나은 재건(Building Back Better)이 이루어져야 한다.

12. 국제협력의 강화와 글로벌 파트너십 구축은 효과적인 재난위험 관리에 필수적이다.
13. 선진국은 개발도상국들의 수요와 우선순위를 고려하여 적절한 지원을 제공한다.

센다이회의 이후 UNISDR과 각국 정부는 이 13가지 지도원리에 기반하여 국제사회 전반의 리질리언스를 높이기 위한 제도들을 마련해 가고 있다.

2. 유엔기후변화협약 당사국총회

1992년 6월 유엔환경개발회의(UN Conference on Environment and Development, 약칭 리우회의)에서 '기후변화에 관한 기본협약(UN Framework Convention on Climage Change, UNFCCC, 약칭 유엔기후변화협약)'이 채택되고, 1994년 3월 21일부터 시행되었다. 이 협약은 '기후시스템에 위협을 주는 인간의 활동'을 완화시키기 위한 온실가스(Green House Gases, GHGs) 배출 저감조치 등을 주요 내용으로 하고 있다. 이 협약의 본문에는 협약의 목표가 전 지구적 온실가스 농도 안정화라고만 명시되어 있을 뿐, 개별적인 감축목표를 구체적으로 제시하지는 않았다.

당사국총회(Conference of the Parties, 이하 COP)의 주목적은 유엔기후변화협약 이행을 점검하기 위한 것이다. 첫 번째 당사국총회는 1995년 베를린에서 개최되었고, 교토의정서(Kyoto Protocol)가 채택된 COP3부터 중요한 회의로 부각되었다. COP11에서 '몬트리올 행동계획(Montreal Action Plan)'이 만들어졌고, 선진국과 개발도상국 사이의 장벽을 극복하기 위한 모든 국가가 참여할 수 있는 새로운 국제법의 필요성이 제기되었다. 코펜하겐에서 개최된 COP15에서 협상이 완결될 예정이었으나, 선진국과 개발도상국이 대립하여 공식적인 합의문을 채택하는 데는 실패하였다. 멕시코 칸쿤에서 개최된 COP16(2010. 12.)에서 녹색기후기금(Green Climate Fund, GCF) 설립이 합의되었다. 2012년 8월 스위스 제네바에서 선진국 12개국과 후진국 12개국이 참여하는 이사회가 구성되었고, 2012년 10월 개최된 제2차 이사회에서 한국에 녹색기후기금 본부를 설치하기로 합의되었다. 그리고 2015년 12월 프랑스 파리에서 개최된 COP21에서 신 기후체제(파리협약, Paris Agreement)가 합의되었다.

교토의정서에서는 구체적이고 개별적인 감축목표를 명시하고 있으며, 감축목표는 부속서1(Annex-1) 국가 그룹(당시 OECD 회원국인 선진국과 동유럽 국가)이 1990년대 기준 총 5.2% 감축을 달성하는 것이다. 교토의정서는 국제사회에서 개별국가에 대해 온실가스 감축의무 목표를 최초로 규정하였으며, 해당 국가가 이러한 의무를 이행하지 못할 경우에 대비한 제재조치를 마련하였다. 이러한 의무준수체제(compliance mechanism)는 국제법으로서 실험적이면서 혁신적이라는 평가를 받았다. 우리나라는 1993년 12월 세계에서 47번째로 유엔 기후변화협약에 가입하였다.

COP21은 2015년 12월 프랑스 파리에서 개최되었으며, 195개 국가들의 비전을 반영한 파리협정이 채택되었다. 파리협정은 2020년 만료 예정인 교토의정서의 기존 체제를 대체하기 위한 것이다. 기후변화에 대응하는 국제체제가 교토의정서의 경우 일부 국가의 참여와 강제의무 체제로 진행되었던 반면에, 파리협정의 경우에는 다수 국가의 참여와 자발적 목표 및 투명성을 강조하는 체제로 방향으로 바뀌었다(박시원, 2016). 따라서 파리협정이 발효되면 선진국의 선도적 역할이 강조되는 가운데 모든 국가가 전 지구적인 기후변화 대응에 참여하게 된다.

파리협정은 선진국과 개발도상국이 모두 포함되어 총 195개국이 참여하며, 참여 국가들의 온실가스 배출량은 전 세계 배출량의 약 90%에 이른다. 파리협

정 제2조에 규정된 3가지 목표는 다음과 같다(박시원, 2016). 첫째, 산업화 이전
과 대비하여 지구 평균기온 상승을 1.5℃ 이내로 제한하기 위한 노력을 추구한
다. 둘째, 기후변화 적응력을 강화하고 기후회복력 증진을 추구하며, 셋째, 온실
가스 배출감소 및 기후회복력 개발을 위한 재원을 마련한다. 또한 이 협정은 공
동의 원칙을 동등하게 반영하여 이행되지만 국가마다 상황이 다른 점을 고려하
여 다른 책임을 가지고 이행될 것이라고 명시하고 있다. 현재까지 개최된 COP
의 주요 결정 내용을 요약하면 표 5-4와 같다.

표 5-4. COP 회의연도 및 회의장소

당사국회의	회의장소	회의 의미 및 주요 결정 내용
COP1	독일, 베를린(1995)	• 공동수행활동 • 국제기후협약의 첫 번째 공동조치
COP2	스위스, 제네바(1996)	• 두 번째 평가(1955)에서 기후변화에 관한 정부간 패널(Intergovernmental Panel on Climate Change, IPCC)가 보고한 기후변화에 대한 과학적 발견을 채택 • 유연성을 확보하기 위해 통일된 '조율된 정책'을 거부 • '법적 구속력이 있는 중기 목표'를 요구
COP3	일본, 교토(1997)	• 교토의정서 채택
COP4	아르헨티나, 부에노스 아이레스(1998)	• 교토의정서 이행을 위한 2년간의 '행동계획'을 채택하고 2000년까지 완료하기로 결정
COP5	독일, 본(1999)	• 기술적 회의로 주요 결론은 도출되지 않음
COP6	네덜란드, 헤이그(2000)	• 숲과 농경지의 탄소흡수원에 대한 거래를 제안한 미국의 제안에 대해 심도 있게 논의
COP6-2	독일, 본(2001)	• 유연한 메커니즘 • 탄소흡수 • 협약 준수 • 자금조달
COP7	모로코, 마라케시(2001)	• 개별 국가에 대해 온실가스 감축의무 목표를 규정 • 해당 국가가 이러한 의무를 이행하지 못할 시 제재조치를 마련 • 유연한 메커니즘을 위한 회계절차 • 공약의 타당성을 검토하는 방법에 대해 COP8에서 다루기로 결정

당사국회의	회의장소	회의 의미 및 주요 결정 내용
COP8	인도, 뉴델리(2002)	• 델리 각료 선언 채택
COP9	이탈리아, 밀라노(2003)	• 2001년 COP7에서 설립된 적응기금을 주로 개발도상국 지원에 사용하기로 합의
COP10	아르헨티나, 부에노스 아이레스(2004)	• 개발도상국들이 기후변화에 보다 잘 적응할 수 있도록 돕기 위한 부에노스아이레스 행동계획 채택
COP11	캐나다, 몬트리올(2005)	• 첫 번째 교토의정서 당사국총회 • 교토의정서의 유효기간을 2012년의 만료일 이후까지 연장하기로 한 몬트리올 행동계획 채택
COP12	케냐, 나이로비(2006)	• 개발도상국의 기후변화 적응을 지원하기 위한 5개년 계획 채택
COP13	인도네시아, 발리(2007)	• 발리 행동계획의 채택을 통해 포스트 2012 체제(교토의정서의 첫 번째 유효기간 종료)에 대한 일정 및 협상에 관해 협의
COP14	폴란드, 포즈난(2008)	• 빈곤국들이 기후변화의 영향에 대처할 수 있도록 지원하기 위한 자금조달 원칙에 합의
COP15	덴마크, 코펜하겐(2009)	• 교토의정서의 첫 번째 협약기간이 만료되는 2012년부터 적용될 지구기후협약의 수립을 목표로 회의
COP16	멕시코, 칸쿤(2010)	• '녹색기후기금'과 '기후기술센터'를 위해 일 년에 1000억 달러의 자금을 지원하기로 당사국들이 합의 • 지구 온난화를 최대 2℃ 이하로 억제하기 위한 IPCC 제4차 평가보고서의 목표를 인정하고, 모든 당사국이 목표 달성을 위해 긴급조치를 취하기로 합의
COP17	남아프리카공화국, 더반(2011)	• 2015년에 채택될 합의가 모든 국가를 포함하는 법적 구속력을 가지도록 합의
COP18	카타르, 도하(2012)	• 도하 기후 게이트웨이 합의를 통해 교토의정서의 효력을 2020년까지 연장하기로 결정
COP19	폴란드, 바르샤바(2013)	• CO_2 배출량을 줄이는 방법으로 4가지 사항을 논의 : (a) 2020년 이후 선진국과 개도국이 모두 참여하는 새로운 기후체제에서의 나라별 책임 분담 방식, (b) 2020년까지의 CO_2 배출량 감축목표 상향 조정, (c) 녹색기후기금과 기후재정 문제, (d) 기후변화 취약국이 입는 손실과 피해에 대한 보상 체계 마련

당사국회의	회의장소	회의 의미 및 주요 결정 내용
COP20	페루, 리마(2014)	• 2015년 파리(COP21)에서 채택 예정인 신기후체제 합의문에 포함될 주요 항목에 관한 문서(element paper) 확정 • 신기후체제에서의 각국 온실가스 감축 목표의 제출 시기, 제출 정보 등에 대한 지침 결정 • 녹색기후기금(GCF) 초기 재원으로 102억 달러 조성 (28개국) • Pre-2020 온실가스 감축 강화를 위한 감축 이행 점검 절차 마련
COP21	프랑스, 파리(2015)	• 12월 12일 파리협정 채택을 통해 2020년 이후의 기후변화 서감대책 마련
COP22	모로코, 마라케시(2016)	• 개발도상국의 주요 문제인 물 부족, 수질관리 및 수자원과 관련된 지속가능성 문제를 주요 의제로 다룸

3. 지속가능발전목표

지속가능발전목표(Sustainable Development Goals, SDGs)는 유엔이 2000년 수립한 새천년개발목표(Millennium Development Goals, MDGs)를 대체할 새로운 개발의제로서, 2015년 9월 유엔총회에서 전 세계 정상들이 합의한 내용이다. 유엔에서는 지속가능발전목표의 내용을 작성하기 위해 2012년에 열린 유엔 지속가능발전정상회의(Rio+20)의 결과를 토대로 공개작업반(open working group)을 만들어 진행하였다. 이 공개작업반에는 70개 국가의 대표단이 참여하여 2013년 3월 첫 회의를 시작하였고, 회의 결과 17개 목표를 제시하는 초안을 2014년 7월에 발행하였다. 이 초안은 2014년 9월 유엔총회에 제출되었으며, 제출된 초안을 토대로 목표, 세부목표, 그리고 유엔총회문서의 요건을 추가하여 2015년 8월 유엔 회원국 합의가 완료되었다(UN, 2016).

새천년개발목표에서는 8개의 목표를 제시하였지만, 지속가능발전목표에서는 총 17개의 개발목표와 169개의 세부목표를 제시하고 있다. 빈곤 근절과 여권 신장, 성평등 촉진 등의 목표는 재선정되었고, 양질의 교육 보장, 지속가능한 경제발전, 국가 내·국가 간 불평등 완화, 지속가능한 소비·생산 등의 15개 목표는 이전의 목표가 좀 더 구체화되거나 새롭게 추가된 것이다.

새천년개발목표에서는 각국 정부들이 빈곤을 철폐하고 빈곤층의 삶을 개선하는 프로그램에 대한 정책과 해외원조 프로그램에 초점을 맞추도록 하였다. 또한 비정부기구가 정부에 대해 책임을 요청할 수 있도록 하였는데, 이러한 두 가지 요소에 대해서는 긍정적인 평가를 받았다. 새천년개발목표의 8개 목표는 다음과 같다.

1. 절대빈곤 및 기아 퇴치
2. 보편적 초등교육 달성
3. 성평등 촉진 및 여권 신장
4. 유아사망률 감소
5. 임산부의 건강 개선
6. HIV/AIDS, 말라리아 등 질병 퇴치
7. 지속가능한 환경 확보
8. 개발을 위한 글로벌 파트너십 구축

하지만 새천년개발목표는 빈곤의 근본적인 문제, 성 평등, 개발의 전체적인 연결관계를 고려하는 데 실패하였다는 비판을 받았다. 8개 목표에서 인권에 대해서는 언급하지 않았고, 경제적 발전에 대해서도 정확히 밝히지 않았다. 새천년개발목표가 내용상으로는 모든 국가에 적용될 수 있다고 하였지만, 실제적으로 살펴보면 가난한 국가가 부유한 국가의 보조금을 받아서 주어진 목표를 달성해야 하는 것으로 볼 수 있었다. 이에 반해 지속가능발전목표는 저개발국뿐만 아니라 경제선진국도 모두 포함하는 글로벌 정책 프레임워크를 강조하였다는 것이 중요하다.

유엔총회 채택문의 정식 명칭은 '세계의 변혁: 2030 지속가능발전을 위한 의제(Transforming Our World: The 2030 Agenda for Sustainable Development)'이며, 서문, 선언문, 17개 목표 및 169개 세부목표, 이행수단과 글로벌 파트너십, 후속조치 및 평가로 구성되어 있다. 17개 목표는 경제·사회·환경 전 분야를 망라하고 있다. 이러한 목표와 169개 세부목표의 달성 여부가 전 세계 지속가능발전에 매우 중요하다고 강조되고 있다. 이러한 목표와 핵심 지표의 내용은 다음의 5P, 즉 인간 중심(People-centered), 행성 보호(Planet-protected), 번영 보장(Prosperity-ensured), 평화 촉진(Peace-fostered), 파트너십 부활(Partnership-revitalized)로 요약할 수 있다.

2016년 유엔통계위원회에서 지속가능발전목표 이행 측정을 위한 230개 지표안에 합의하였다. 그리고 유엔경제사회이사회 주관의 고위급 정치 포럼(High Level Political Forum on Sustainable Development)에서 매년 지속가능발전목표 이행 상황을 점검하고 논의하고 있다. 우리나라는 2016년 자발적 국가 평가에 참여하였다. 지속가능발전목표는 2015년까지 새천년개발목표에서 달성하지 못한 부분을 보완하는 쪽으로 목표를 정하고 있다. 예를 들어, 새천년개발

표 5-5. 지속가능발전목표에 명시된 재난위험경감 내용

세부목표 1.5	빈곤층 및 취약계층의 복원력을 구축하고 기후 관련 재해와 경제적·사회적·환경적 충격 및 재난에 대한 노출과 취약성을 경감한다.
세부목표 11.5	2030년까지 빈곤층과 취약한 상황에 처한 사람에 대한 보호에 초점을 맞추며, 물로 인한 재난을 포함, 재난으로 인한 사망과 피해자 수를 현저히 줄이고, 국내총생산(GDP)에 영향을 미치는 직접적인 경제적 손실을 대폭 감소한다.
세부목표 11.b	2020년까지 포용, 자원 효율성, 기후변화 완화와 적응, 자연재해에 대한 복원력을 위해 통합된 정책과 계획을 채택하고 이행하는 도시와 주거지의 수를 대폭 늘리고, 재난위험경감을 위한 센다이 프레임워크 2015-2030에 따라 모든 수준에서의 통합재난위험관리를 개발하고 이행한다

목표에서는 저개발국의 노력만을 강조하였다고 하면, 지속가능발전목표에서는 저개발국과 경제선진국뿐만 아니라 관련 이해당사자를 모두 포함하였다. 또한 지속가능발전목표 제7차 회의에서 기후변화와 재난위험 감소에 대한 논의가 이루어졌으며, 기후변화와 급격한 도시화로 인해 증가하고 있는 재난피해에 대한 대책을 마련하기 위해 표 5-5와 같이 재난위험경감에 대한 내용을 명시하고 있다.

4. 글로벌 어젠다와 재난위험관리

앞서 살펴본 국제적 합의들은 기후변화로 인한 재난의 증가와 지속가능한 발전을 위해 전 세계가 재난위험경감 활동을 함께해야 한다는 인식을 공유하고 있음을 나타내고 있다. 또한 재난이 발생하더라도 이전의 상태 혹은 더 나은 상태로 되돌리는 리질리언스(Resilience)의 확보가 재난위험경감의 핵심적인 개념으로 제시되고 있음을 알 수 있다. 지속가능발전목표는 세부목표에서 리질리언스의 학보를 명확히 언급하고 있으며, COP21에서는 기후변화에 대한 회복력 강화가 주요 목표로 선정되었다. 센다이 프레임워크에서도 7가지 핵심 지표 중 하나로 리질리언스 강화를 통한 핵심 사회기반시설 및 생활필수시설의 피해 감소가 포함되어 있다.

리질리언스라는 용어는 여러 분야에서 사용되고 있다. 물리학에서는 고무공을 땅에 튕길 때 다시 올라오는 탄성을 뜻하는 용어로 사용한다(Gerbode, 2009). 심리학에서는 리질리언스를 '변화하는 상황에 따라 대처할 수 있는 유연성, 그리고 부정적인 감정상태에서 되돌아올 수 있는 능력'이라고 정의하고 있으며, 우리말로는 '회복탄력성'으로 번역하고 있다(Block and Block, 1980;

Block and Kremen, 1996; Lazarus, 1993). 생태학에서 리질리언스는 두 가지 의미로 사용되고 있다. 첫 번째 정의는 어떠한 생태계가 평형상태 또는 변화가 나타난 이후 안정상태로 돌아가는 데 걸리는 시간이며, 두 번째 정의는 원래의 기능, 구조, 순환으로 돌아갈 수 있는 변화양상을 흡수할 수 있는 크기이다 (Gunderson, 2000). 비즈니스 분야에서는 사업에 실패했을 때 빠르게 적응 또는 대응하여 비즈니스를 지속적으로 운영할 수 있는 능력으로 정의된다(IBM, 2009).

'재난 리질리언스(Disaster Resilience)' 개념은 개인, 지역사회, 기관, 그리고 국가가 재난, 충격 및 위기로부터 벗어나는 데 적응하거나 회복할 수 있는 능력으로 정의될 수 있으며, 효고행동계획의 핵심 개념이기도 하다. UNISDR에서는 재난에 대한 회복력을 "위험요인에 노출된 시스템, 공동체, 또는 사회가 그 위험요인이 주는 충격에 대해 시의적절하고 효율적인 방법으로 저항하고, 충격을 흡수하여 조기에 회복할 수 있는 능력으로서, 사회 시스템이 작동하기 위한 필수기능과 구조물의 보존과 복원 능력을 갖추고 있는 것"으로서 정의한다 (UNISDR, 2009).

즉, 재난의 관점에서 보면 리질리언스는 재난으로 인한 충격으로부터 '회복 (resile from)'하거나 '재도약(spring back from)'할 수 있는 능력을 의미한다. 잠 재적인 위험사고에 대해 지역사회가 리질리언스를 가지고 있는지 여부는 그 지역사회가 충분한 자원을 가지고 있고 실제적으로 자원이 필요한 전·후 시기에 자원을 활용할 수 있는 능력에 따라 결정된다. 개념적 측면에서 보면 재난 리질리언스는 취약성과 매우 밀접한 관계에 있다고 볼 수 있다. 학자에 따라 재난 리질리언스를 취약성에 반대되는 개념으로 보기도 하고, 재난에 대응하기 위한 능력으로 보기도 한다(Manyena, 2006). 재난 리질리언스는 개인, 공동체 및 공공·민간 기관이 국제적·지역적·국가적·국지적 수준에서 과거 재난으로부터 배우고 미래에 다가올 재난에 대한 위험(risks)을 줄일 수 있도록 스스로 조직화할 수 있는 역량에 따라 결정된다.

한국 재난의 특성과 재난관리

재난에 대해 리질리언스를 갖는다는 것이 어떤 장점이 있는가에 대해 생각해 볼 필요가 있다. 재난으로부터 회복력이 충분한 환경을 만든다는 것은 재난이 발생했을 때 개인의 생명을 보호하고 사회기반시설과 생활필수시설의 핵심기능을 유지할 수 있다는 것이다. 즉, 국가가 재난 리질리언스를 확보하게 되면, 재난으로 인한 피해를 복구하고 구호하는 데 소요되는 막대한 비용을 줄일 수 있다. 재난 리질리언스의 개념은 최근 국제사회의 중요한 이슈이며, 앞으로 많은 국가에서 경제성장, 사회발전, 환경보호 정책과 재난 리질리언스를 연계시키기 위한 활발한 정책적 논의가 있을 것으로 예상된다.

3.
안전한국을 위한 제언

　재난으로부터 안전한 나라를 만들어 나가는 것은 중앙정부, 지방정부, 시민단체를 포함하여 국민 한 사람 한 사람의 노력과 열망이 결합될 때 가능하다. 이에 대한 해답을 찾기 위해 고대에서부터 현대까지, 한국에서 유럽, 호주, 미국에 이르기까지 재난여행을 함께해 준 독자 여러분에게 깊은 감사를 드린다. 이제 그동안 살피고 분석했던 여러 이론들과 재난의 특성을 바탕으로 재난으로부터 안전한 나라를 만들기 위한 10가지 원칙을 제안하고자 한다.

1. 멱함수 법칙과 연관된 대규모 재난위험

　1948년부터 2015년까지 한국에서 발생한 자연재난과 사회재난의 통계적 분포는 멱함수 법칙을 따르는데, 이는 대규모 피해를 유발하는 재난들이 정규분포

　　　　　　　　　　　　한국 재난의 특성과 재난관리

에서처럼 '0'으로 수렴되는 것이 아니며 언제든지 발생할 수 있다는 것을 의미한다. 따라서 이러한 대규모 재난에 충분히 대응할 수 있도록 국가재난대응 체계가 정립되어야 한다.

이러한 극단적인 사건들은 대부분 멱함수 분포의 긴 꼬리에 위치하는 사건들이다. 복지나 교육과 같이 사회적 문제를 다루는 공공분야는 평균적인 사건들에 대다수의 요구가 집중되기 때문에 평균을 중심으로 정책이 만들어진다. 하지만 재난의 경우 때때로 이상현상으로 간주되는 극단적인 사건들이 평균적인 사건보다 큰 영향을 미치기 때문에 효과적으로 재난에 대응하기 위해서는 대부분의 사회문제와 다른 접근방식이 요구된다.

우리가 특히 주의해야 할 점은 '낮은 빈도'로 인해 극단적인 현상으로 보이는 이러한 사건들이 더 이상 '극단적이지 않다'는 것이다. 페로의 정상사고 이론, 벡의 위험사회론, 복잡계 이론의 멱함수 법칙[1])은 '사회에 큰 충격을 주는' 대규모 재난들이 언제든지 일어날 수 있다는 것을 보여 준다. 저자는 재난대응 정책의 변화를 가져온 대형 재난들에 대한 분석을 통해 대부분의 사회적 충격사건들이 '낮은 빈도와 높은 심각성'의 특징을 가진다는 것을 확인할 수 있었다. 1994년 성수대교 붕괴, 1995년 삼풍백화점 붕괴, 2002년 대형 태풍 루사, 2003년 대구 지하철 화재사고와 대형 태풍 매미, 2014년 세월호 사고, 2015년 메르스 등은 멱함수 분포의 긴 꼬리 부분에 위치한 대표적인 사회적 충격사건으로서 '낮은 발생빈도와 큰 사회적 충격'을 갖는다. 그리고 아직 발생하지는 않았지만, 발생하면 그 파급효과가 매우 큰 '원전사고'나 '테러' 역시 사회적 충격사건이 될 가능성이 높다. 따라서 긴 꼬리에 분포하고 있거나 분포할 가능성이 있는 재난들이 언제든지 발생할 수 있다는 전제하에, 이에 대한 대비를 철저히 하는 재난대응 시스템을 갖추어야 한다. 먼저, 고위험시설들은 평상시 안전점검과 진단

---

1) 제3장에서 보여 준 것처럼, 정규분포를 따르는 사건들은 평균에서 멀어질수록 발생확률이 작아지면서 양 끝에 위치한 사건들의 발생확률이 '0'에 가까운 반면에, 멱함수 분포를 따르는 사건들은 긴 꼬리 부분에 위치한 사건들이 발생확률은 낮지만 '0'으로 수렴하지 않는다. 즉, 이러한 사건들이 언제든지 발생할 수 있다는 것을 의미한다.

을 철저히 하여 발생확률을 줄인다. 만약 사고가 발생하더라도 국가적인 위기상황으로 발전하지 않도록 초기 대응역량을 높이는 것 역시 중요하다. 위험상황에 대한 빠른 인지, 신속한 신고와 초동 대응기관들의 적절한 조치 등이 이루어질 수 있도록 평상시 훈련을 강화하여야 한다. 마지막으로, 만에 하나라도 발생할 수 있는 국가적 위기상황에 대비한 '대응 시나리오'를 만들고, 관계되는 모든 기관들이 협업 네트워크를 구성하여 효율적으로 대응하는 체계를 만들어야 한다.

2. 통합적 재난관리

통합성(comprehensiveness)[2]의 원칙에 따라 모든 유형의 재난을 통합관리하는 것이 필요하다. 미국·영국 등 선진국에서는 중앙정부−지방정부−시민단체 등 모든 주체가 가진 재난관리 역량을 하나로 모아(unity of effort) 전 주기적 재난 과정에 참여하도록 하는 체계를 만들어 나가고 있다. 미국의 연방재난관리청과 국토안보부, 영국의 「시민긴급사태대처법」 등이 통합 조직[3] 또는 통합 법률의 대표적인 예이다. 선진국들은 모든 위험관리에 기초하여 모든 재난을 통합관리하는 조직을 만들어 나가고 있다. 한국도 2004년 소방방재청, 2014년 국민안전처 설립[4] 등을 통해 모든 재난을 통합관리하기 위해 노력하고 있다. 하

---

2) 'comprehensiveness'에 대해서는 다양한 정의가 있다. 이 책에서는 'comprehensiveness'를 all hazard approach, balanced investment in all phase, all level's unity of efforts를 뜻하는 용어로 사용한다.

3) 매클로플린(McLoughlin)이 제안한 통합적 비상관리 체계(IEMS) 등은 통합적 재난관리의 이론적 근거가 되었다(제1장 참조)

4) 2004년 설립된 소방방재청은 태풍·지진 등 자연재난과 시설 붕괴·화재 등 인적 재난을 통합관리하는 최초의 차관급 조직이었다. 감염병, 국가기반체계 마비 등 사회적 재난은 행정자치부에서 담당하였다. 2014년 설립된 국민안전처는 모든 재난을 통합관리(다만, 해외재난과 원자력재난은 각각 외교부와 원안위에서 담당)하는 최초의 장관급 조직이었으며, 2017년 행정자치부와 통합되어 행정안전부가 되었다.

지만 출범 이후 국가재난대응 체계를 강화하기 위한 여러 노력과 성과가 있었음에도 불구하고, 2015년 메르스, 2016년 조류인플루엔자(AI) 대처 과정은 국민안전처가 모든 부처와 지방자치단체의 재난대응을 총괄 조정할 권한과 전문적인 역량을 키우는 것이 필요함을 보여 주었다. 국가적인 재난상황에서는 모든 부처와 지방자치단체를 조정하고 통제할 수 있는 강력한 리더십과 권한이 필요하다. 2017년 탄생한 행정안전부는 중앙부처와 지방행정 총괄 기능과 재난안전 기능이 한 부처로 통합되었다는 점에서 통합관리의 발전된 모습을 보여 준다. 행정안전부에서는 앞으로 관계 재난관리 책임기관들의 임무, 그리고 중앙과 지방 간의 역할 분담과 책임성 강화를 중점적으로 추진해야 한다.

전 주기적 재난관리와 관련해서는, 재난의 예방–대비–대응–복구 전 과정에 대한 균형 있는 투자와 모든 참여 주체의 역량을 하나로 모으는 재난관리 체계를 갖추는 것이 중요하다. 특히 중앙–시도–시군구 모든 단계에서 재난의 예방과 대비에 대한 투자를 강화해야 한다. 그동안 중앙 및 지방 정부는 대형 재난이 휩쓸고 지나간 후에야 재난대비에 대한 투자를 늘렸다가, 2~3년 동안 대형 재난이 발생하지 않으면 다시 투자를 줄이는 모습을 보여 왔다. 정치지도자들은 예방과 대비에 대한 지속적인 투자가 안전한 사회로 나아가기 위한 첫걸음이라는 것을 유념하고, 이를 위해 지속적으로 노력해야 한다.

현대사회는 재난발생 가능성을 예측하기 어렵고 새로운 형태의 재난도 많이 발생하고 있기 때문에, 어떠한 재난이 발생해도 효율적으로 대응할 수 있도록 재난대비 시스템을 강화하는 것이 더욱 중요해지고 있다. 미국에서 허리케인 카트리나의 대응 실패 이후 국가재난 대비역량 강화를 최우선 목표로 추진하였던 것처럼, 우리나라도 중앙–시도–시군구의 재난대비 수준을 전반적으로 높여야 한다. 호윗과 레너드(Howitt and Leonard, 2008)가 제안한 것처럼, 과거에 발생한 적이 있는 '반복적인 비상사태(routine emergency)'에 대해서는 '정교한 대응계획'의 수립과 '끊임없는 반복 교육과 훈련'을 통해 재난발생 시 대응기관이 일사불란하게 대응하는 체계를 갖춘다. 2016년 7월 16일 속초에서 유람선 승객 20명을 해경, 소방, 민간 스쿠버다이버들이 협력하여 전원 구조한 사건5)은 세월호 사고 이후 강조되었던 '현장 대응기관들의 협업훈련'이 효과가 있었음을 보여 준다. 반면, 새로운 형태의 재난으로서 과거에 경험해 본 적이 없는 '위기수준의 비상사태(crisis emergency)'에 대해서는 어떤 예기치 못한 상황에도 당황하지 않고 대처할 수 있도록 모든 대응기관들이 '유연한 대응역량(adaptive response capacity)'을 키우는 것이 중요하다.

재난이 발생하면 현장 대응기관, 시도/시군구재난안전대책본부, 중앙사고수습본부, 중앙재난안전대책본부가 표준화와 유연성의 원칙에 따라 모든 자원을 효율적으로 동원하여 피해주민 지원, 피해시설 복구, 재난피해 확산 방지조치 등을 통해 재난을 조기에 수습해야 한다. 표준화의 원칙이란 모든 책임기관과 지원기관이 사전에 매뉴얼에 규정된 역할과 임무에 따라 역할을 수행해야 하는 것을 의미한다. 유연성의 원칙이란 아무리 매뉴얼이 잘 갖추어져 있어도 현장상황은 사전에 계획된 대로만 진행되는 것이 아니기 때문에 긴급한 순간에 여러 대응기관들이 상호협의하여 의사결정을 신속하게 하는 것을 의미한다. 중앙재난안전대책본부에서는 다수기관들이 재난에 대응하는 과정에서 발생할 수 있는 이해관계의 충돌이나 갈등을 신속하게 조정해야 하는 것을 의미한다. 이를 위해 행정안전부에서는 모든 유형의 재난에 대해 관계부처, 해당 지방자치단체, 공공기관 간의 재난대응을 총괄 조정할 수 있는 권한, 신속한 의사결정 역량, 그리고 이를 뒷받침할 수 있는 전문인력을 갖추어야 한다.

재해복구 과정에서는 피해 발생원인을 근본적으로 제거하는 개선복구 체계를 갖추어야 한다. 특히 각종 재난이나 사고가 발생한 후 책임자를 처벌하는 것

---

5) 2016년 7월 16일 강원도 속초시 영랑동 해안에서 선장을 포함해 20명이 탑승한 유람선이 기관 고장으로 표류하다가 방파제 앞에서 좌초되었다. 소방과 해경은 좌초된 배가 심하게 흔들려 구조정을 유람선에 가깝게 댈 수 없자, 승객에게 구명조끼를 입힌 뒤 바다로 뛰어내리게 한 후 30여 분 만에 전원 구조하였다. 해경, 민간 스쿠버 대원, 소방구조대가 매뉴얼에 따라 인명구조 훈련을 철저히 실시한 결과, 재난상황에서도 적극적인 협조가 이루어질 수 있었다. 또한 국민안전처 출범 이후 구축한 긴급신고전화 통합시스템도 재난상황이 119로 신고된 직후 소방과 해경이 공동대응하는 데 일조하였다.

에 그치지 않고, 그 발생원인을 정확하게 분석하여 재발방지 대책을 갖추는 것이 중요하다.

3. 정부의 촉진자 역할

정부는 재난관리에 필요한 모든 것을 제공한다는 자세에서 벗어나서 모든 사회 구성원이 스스로 재난에 대처할 수 있는 역량을 키워 주는 촉진자(facilitator) 역할을 해야 한다. 알렉산더(Alexander)가 제안한 것처럼 시민방위(civil defence)에서 시민보호(civil protection)로 정부의 기능을 옮겨야 한다. 이를 위해 사회 모든 구성원들이 자발적으로 참여하는 협력적 네트워크를 구축해야 한다.

기업은 기업재해경감활동계획(Business Continuity Management, BCM)을 수립하여 위기상황에 스스로 대처할 수 있어야 한다. 9·11테러 직후 실시간 재해경감 활동을 통해 고객서비스 연속을 실현한 '모건 스탠리(Morgan Stanley)' 사례에서 나타난 것처럼, 재해경감 활동계획에 대한 관심이 전 세계적으로 증가하고 있다. 국제표준화기구(International Organization for Standards, ISO)에서는 업무연속성에 관한 국제표준인 ISO 22301을 제정하여 기업의 업무연속성 활성화를 지원하고 있으며, 우리나라도 2007년 「재해경감을 위한 기업의 자율활동 지원에 관한 법률」을 제정하고 기업이 자율적으로 재해경감 활동계획을 수립할 수 있도록 교육 및 재정 지원을 하고 있다. 하지만 우리나라에서 기업의 업무연속성 확보제도가 뿌리를 내리기 위해서는 가야 할 길이 멀다. 정부로부터 기업재난관리표준 인증을 받은 업체가 2017년 2월에야 최초로 나올 정도로 아직 우리나라에서는 기업의 업무연속성 제도가 활성화되고 있지 있다. 기업 재난관리사 자격인증제도의 정착, 전문 교육기관의 확대, 전문 교육강사 양성 등이 필요하다. 무엇보다도 재해경감 활동에 소요되는 비용을 비용이 아니라 투자로 인식할 수 있도록 정부의 적극적인 지원과 기업의 인식 변화가 이루어져야 한다.

국민 개개인도 생활 주변의 위험요소를 찾아내어 제거하고, 일상 활동 전반에서 안전수칙을 지키는 안전문화를 정착시키는 한편, 재난상황이 발생하면 당황하지 않고 대처할 수 있도록 대피훈련 등을 통해 스스로의 대응역량을 높여 나가야 한다.

4. 제3자 감시원칙과 전문성 강화

제3자 감시원칙에 기초한 견제와 균형, 그리고 이를 수행할 수 있는 전문인력이 확보되어야 한다. 2017년 9월 현재, 위기관리 표준매뉴얼에서 관리하고 있는 33종의 재난유형 중 행정안전부 소관은 5종이며, 28종의 재난유형은 국토교통부, 산업통상자원부, 해양수산부 등 관계 부처청에서 재난관리 주관기관을 맡고 있다. 즉, 시설안전, 산업안전, 해양안전 등은 관계부처에서 개별 법령에 따라 안전관리부터 재난대응까지를 담당하고 있다. 문제는 이들 부처가 관련 분야의 산업진흥 업무까지 맡고 있다는 점이다. 산업진흥은 시장원리에 따라 경제적 이윤 창출을 주목적으로 하고 있는 반면에, 안전관리는 시장실패가 높은 영역에서 규제를 통한 안전 확보를 주목적으로 하고 있어 서로 상충되는 부분이 많다.[6] 따라서 개별 부처의 안전관리 업무를 재난관리 총괄부처로 이관하거나 안전관

---

6) 2016년 12월에 발생한 AI 대처 과정에서도 축산진흥을 맡고 있는 농림축산식품부에서 AI 대응을 하고 있어 초기에 과감한 살처분이 이루어지지 않아 전국에 급속히 AI가 퍼졌다는 언론보도가 있었다(경향신문, 2016).

리 업무의 독립성과 투명성을 확보할 수단을 마련하는 것이 필요하다. 즉, 제3자 감시원칙에 기초한 견제와 균형을 확보해야 한다. 이와 함께 중요한 것은 이를 수행할 수 있는 전문인력의 양성이다. 우리나라 대학 중 재난관리를 전공으로 하는 학과는 많지 않다. 풍수해, 지진, 시설물 붕괴 등을 다루는 공학 분야, 화재를 다루는 소방 분야, 재난프로세스를 다루는 경영정보 분야 등은 있지만, 재난관리를 다학제적인 관점에서 체계적으로 연구하는 분야는 이제 첫발을 내딛고 있다. 재난관리를 전공하는 대학원 과정이 주요 대학에 신설될 수 있도록 정부의 적극적인 지원이 필요하다. 또한 공무원 채용 시 방재안전직렬 채용을 확대하여 정부와 학계의 연계방안을 마련하여야 한다.

5. 리스크 분석에 기반한 정책 수립과 자원 배분

리스크 분석은 재해경감 정책 수립, 사전 대비, 재난대응, 재해복구 계획 수립 등을 위한 중요한 기반이 된다는 점에서 재난위험관리에 중요한 기법이 되고 있다. 미국 연방재난관리청에서는 "재난관리자는 정책 결정과 자원 배분의 우선순위를 지원할 수 있는 리스크 분석 기법을 개발하고 활용해야 한다."라고 강조하였다(FEMA, 2013).

한국도 중앙정부 차원에서는 리스크 분석[7]에 기반한 합리적인 재난관리 정책 우선순위 결정과 자원 배분 체계를 갖추고, 지방정부 차원에서는 지방자치단체 스스로 위험요인과 취약성을 분석하여 이에 맞는 재난관리 역량을 높이는 체

---

7) 일반적으로 리스크 분석 체계는 과거 피해자료와 현재와 미래의 재난환경을 기초 자료로 하며, 위험요인 파악(hazard identification), 취약성 분석(vulnerability assessment), 위험도 측정(risk assessment) 등으로 구성된다. 최근에는 역량진단 과정을 추가하기도 한다.

계를 갖추어야 한다. 이와 함께 사회 전반의 위험도 분석에 기반한 국가 재난관리 전략이 수립되어야 한다.

재난으로부터 안전한 사회를 이루기 위해서는 예방, 대응, 대비, 복구 전 과정에서 국가 전체에 요구되는 역량을 면밀하게 파악하는 것이 중요한데, 미국의 위협·위험요인 및 위험도 평가프로그램(Threat and Hazard Identification and Risk Assessment, THIRA)과 영국의 국가위험성평가(National Risk Assessment, NRA)가 대표적인 제도들이다. 두 제도 모두 국가나 지역사회가 가지고 있는 위험성을 평가하고, 현재의 대응역량으로 이를 감당할 수 있는지를 측정한 후 부족한 역량을 키우도록 하는 것이 목적이다. 우리나라는 홍수, 가뭄, 지진 등 개별 재난유형의 피해 예측이나 위험성을 분석하려는 노력들이 있었으나, 개발 초기 단계로서 실용화 단계까지는 아직 시간이 필요하다. 더구나 국가나 지역사회 전반의 재난위험성을 평가하는 시스템은 아직 시도도 못하고 있다. 현존하거나 잠재적인 위협에 대한 정확한 자료를 수집하여 전반적인 재난위험성을 분석하고, 이를 통해 부족한 역량을 보완하기 위한 계획 수립, 자원 분배, 교육·훈련 등이 이루어지는 선순환적인 재난역량 강화 시스템 구축이 시급하다.

6. 리스크 거버넌스

사회의 모든 구성원이 참가하는 리스크 거버넌스(Risk Governance) 확립은 안전한 사회 구현을 위해 필수적이다. 리스크 거버넌스는 모든 부문에서 책임성을 강화하고 이해관계자들 사이의 협력을 강화하기 위한 방향으로 확립되어야 한다. 한국정부는 그동안 대규모 재난을 반복적으로 겪으면서, 재난대응 조직을 보강하고 법률을 강화하기 위해 노력해 왔다. 하지만 재난 대응기관과 법률을 강화하는 것만으로는 점점 복잡해지고 심화되고 있는 현대사회의 재난에 충분히 대처할 수 없다. 사회의 모든 수준에서 리질리언스를 확립하기 위해서는 모든 이해관계자가 참여하는 '리스크 거버넌스'가 포함되어야 한다. 이러한 시스템은 책임, 참여, 규범, 효율성, 지속가능성과 같은 거버넌스의 기본 원칙에 입각하여 마련되어야 하며, 재난위험관리 제도와 정책을 통해 정착되어야 한다.

파트너십 구축을 통한 리스크 거버넌스의 확산도 필요하다. 한국에서 중앙정부 차원의 리스크 거버넌스 구축은 나름대로 성과를 거두었다. 특히 위기관리 표준매뉴얼과 위기대응 실무매뉴얼이 갖는 장점은 재난이 발생했을 때 협업해야 할 기관들의 임무와 역할을 재난유형별로 규정하였다는 것이다. 실제 작동을 위해서는 많은 보완이 필요하지만, 복잡다양한 재난상황에서 최소한의 협업원칙을 마련했다는 점에서 의미가 있다. 하지만 아직 현장 중심의 재난관리를 위해 꼭 필요한 지방자치단체 내의 리스크 거버넌스 수준은 높지 않다. 국민안전처(2014. 11. 19.~2017. 7. 25.)와 행정안전부(2017. 7. 26.~)에서 지방의 재난관리 역량과 협업 수준을 높이기 위한 재정지원 확대, 전문교육 강화 등의 노력을 해 왔지만 아직 일선 지방자치단체와 공공기관의 재난관리 수준은 높은 편이 아니다. 특히 시군구의 경우 재난안전 부서 공무원의 평균 재직기간은 1년 이내에 불과하여 재난안전 전문성이 떨어지는 것은 물론이고, 열악한 근무환경으로 인해 재난안전 업무에 종사하기를 희망하는 사람의 수도 많지 않다. 이로 인해 재난이 발생했을 때 현장에 출동하는 소방, 경찰, 지방자치단체 담당자, 그리고 유관기관 대응팀 간에 협업이 잘 이루어지지 않는 경우가 많다. 지방자치단체 스스로 위험요인을 분석하고, 재난유형별로 현장 대응기관들 간에 역할과 임무를 분명히 하는 한편, 재난발생 시 일사분란하게 대응할 수 있도록 평상시 협업훈련을 강화하는 것이 필요하다. 또한 2017년부터 시행되고 있는 재난전문관 제도를 시도, 시군구 단위까지 확대하여 지방자치단체 재난담당자들의 전문성을 강화하고, 여러 가지 행정적·재정적 인센티브를 제공하여 지방자치단체의 재난관리 역량을 높이는 것이 필요하다.

7. 현장 중심의 재난관리와 네트워크 거버넌스

현장 중심의 재난관리가 이루어져야 한다. '우리의 문제는 현장에 답이 있다.' 라는 말처럼 모든 재난의 해결은 현장에서부터 시작되어야 한다. 재난발생 초기 현장에서 이루어지는 작은 활동이 큰 재난을 막을 수도 있고, 국가적 위기상황으로 악화될 수도 있는 분기점이 되는 경우가 많다.[8] 구미 불산 누출사고, 경주 마우나오션리조트 체육관 붕괴사고, 세월호 사고 등의 대응 실패를 통해 우리는 재난 초기 현장 대응기관들의 협업과 신속한 조치가 얼마나 필요한지 잘 알고 있다. 특히 지방자치단체 공무원들의 재난대응 역량 강화는 가장 시급한 과제 중 하나이다. 국민안전처에서 재난현장 대응·수습 표준체계 개발, 협업훈련을 통한 표준체계 숙달 등을 실시하여 소방, 해경, 경찰, 군 등 현장 대응기관들의 역량 강화와 협업체계는 어느 정도 확립되었으며, 행정안전부에서도 이를 지속적으로 강화하고 있다. 하지만 지방자치단체, 특히 시군구의 재난대응 역량은 그 중요도에 비해 낮은 편이다. 재난발생 시 위험지역 주민 대피, 피해시설에 대한 응급복구, 유가족과의 소통과 장례 지원 등 대부분의 기능을 지방자치단체 공무원이 담당해야 한다. 하지만 순환보직으로 인한 전문성 부족, 격무부서임에도 별다른 인센티브 없이 책임만 져야 하는 구조, 우수인재의 기피현상 등은 지방자치단체 공무원의 재난대응 역량 강화에 장애요인으로 남아 있다. 2012년부터 시행되고 있는 방재안전 직원의 대폭 채용, 2017년부터 시행되고 있는 재난전문관 제도의 지방자치단체 확대 시행, 적극적 재난관리 업무 수행자에 대한 감사 면책제도 강화 등을 시급히 시행해야 하는 이유이다. 이와 더불어 기초 지방자치단체, 소방, 해경, 경찰, 군 등 현장 대응기관들 간의 네트워크 거버넌스(Network Governance) 구축이 필요하다. 일선 지방자치단체장 밑에 소방과 경

---

8) 하인리히가 제안한 1:20:300 법칙이 이를 잘 보여 주고 있다.

찰이 있는 미국·영국·일본 등과 달리, 한국은 기초 지방자치단체, 시도 산하의 소방, 국가 경찰 등의 시스템을 가지고 있다. 어느 제도가 좋은지에 대해서는 논란의 여지가 있겠지만, 중요한 것은 재난이 발생하면 다수의 현장 대응기관들이 상호협업과 일사불란한 대응이라는 일견 모순되어 보이는 임무를 수행해야 한다는 것이다. 현행 한국 제도에서 가장 현실적인 방안은 소방·해경, 지방자치단체, 다른 기관 간의 현장 대응과 협업원칙을 규정한 「재난안전법」의 취지9)를 재난현장 대응기관들이 실행하도록 정착시키는 것이다.

이를 위해 해당 지역에 위치한 다수 기관들이 그 지역에서 발생 가능성이 높은 재난을 함께 선정하여 위험성을 평가하고, 재난발생 시 일사불란하게 대응할 수 있도록 협업기능에 따른 합동훈련을 반복적으로 실시하여 '협력적 네트워크'를 구축하여야 한다. 이러한 네트워크에는 자원봉사단체 등 비정부기구의 참여10)도 필수적이다. 따라서 행정안전부는 모든 기관들이 협업할 수 있는 재난현장 대응 표준프레임을 만들고, 지속적인 교육과 훈련 기회를 제공하여야 한다.

8. 재난위험관리를 위한 과학기술과 혁신

정부는 재난관리 발전에 과학기술과 혁신체계(Science, Technology and Innovation, STI)를 적극 활용하여야 한다. 최근 이슈가 되고 있는 4차 산업혁

---

9) 「재난안전법」 제16조에는 '긴급구조'가 필요한 재난, 장소, 단계에서는 소방·해경이 현장을 지휘하고 다른 기관에서는 이를 지원해 주고, '긴급구조'가 종료되거나 '긴급구조' 활동이 필요 없는 재난과 장소에서는 '시군구'에서 총괄 조정하도록 되어 있다.

10) 우리는 태안 유류 유출사고(2007년)에 대처하는 과정에서 자원봉사자들의 힘이 얼마나 큰지 알 수 있었다. 전국에서 몰려든 엄청난 자원봉사의 손길로 태안 유류유출 사고를 성공적으로 수습할 수 있었다. 하지만 이 과정에서 사전에 훈련받지 못한 자원봉사자들이 유류로 인한 피해를 입는 사례도 있었다.

명은 재난관리의 발전에도 큰 영향을 미칠 것이다. 예를 들어, 센서나 지능형 CCTV 등을 활용하여 위험요소를 실시간으로 감지함으로써 재난발생을 사전에 예방할 수도 있고, 빅데이터 분석11)을 통한 정확한 예측으로 재난피해를 최소화할 수 있다. 또한 무인항공기(Unmanned Aerial Vehichles, UAV), 현장 대응 스마트 영상장비 등을 활용하면 효과적인 현장 대응과 복구가 가능할 것이다. 제4차 산업혁명 범정부 종합대책에 재난안전 분야의 내용들이 충실히 반영되어야 한다.

2015년 3월 일본 센다이현에서 개최된 제3차 유엔재난위험경감회의에서는 재난관리를 발전시키는 데 과학기술과 혁신의 중요성이 특히 강조되었다. 이러한 경향에 발맞추어 일본은 후쿠시마 원전사고와 같은 극한 환경에서 활동 가능한 로봇 개발에 집중하고 있으며, 미국이나 유럽 국가들은 ICBM(IoT, Cloud, Big Data, Mobile) 핵심 기술을 재난대응에 활용하고 있다. 이와 같은 국제적인 추세는 과학적인 증거에 기반하여 의사결정과 자원배분을 효과적으로 추진하고자 하는 각국 정부의 의지를 반영하고 있는 것이다.

9. 국제 어젠다와의 연계

재난위험경감을 위한 센다이 프레임워크, 지속가능발전목표, 기후변화 등 국제사회의 어젠다와 연계한 전 세계 공동목표 달성에 동참하는 것이 중요하다. 또한 벡이 이야기한 것처럼 '국제적인 위험에 공동대응하는 체계'를 구축해야

---

11) 예를 들어 네트워크 과학자 바라바시(Barabasi) 교수는 "개인 행동패턴의 3개월 자료를 확보하면 93%의 성공률로 앞으로 3개월 동안 특정 시간에 한 개인이 어디에서 무엇을 하고 있을 것이라는 것을 예측할 수 있다."라고 주장하였다(Barabasi, 2011).

한다. 현대사회에서 발생하는 많은 재난들이 발생한 국가만의 문제로 끝나지 않고 이웃 국가, 심지어는 다른 대륙으로까지 확산되는 경우가 많다. 한 재난의 여파가 다른 국가에 영향을 미치고 이로 인해 글로벌 경제가 영향을 받는 상황이 발생하고 있다. 이와 더불어 국제개발원조의 패러다임도 변하고 있다. 선진국이 저개발국에 원조를 하던 개발원조의 개념에서 탈피하여, 저개발국 스스로 어떻게 하면 재난에 강한 발전을 성취할 수 있는가를 선진국과 저개발국이 함께 고민하고 방안을 마련해야 한다. 2030년까지 모든 국가가 함께 달성해야 할 지속가능발전목표와 센다이 프레임워크에 '국제공조'의 핵심 철학이 잘 반영되어 있다. 이러한 글로벌 어젠다의 의미를 되새기고 국제사회가 재난에 공동대처하면서 지속가능하고 안전하게 발전하는 세계를 만들어 가야 한다. 경제성장, 사회발전, 재난안전 분야에서 한국이 쌓아 온 경험과 지식을 국제사회와 공유하고 전 세계 지속가능발전을 한국이 선도할 수 있어야 한다.

10. 재난위험관리를 국가전략 우선순위로 선정

재난위험관리를 국가 정책의 우선순위에 두어야 한다는 논의는 2005년에 채택된 효고행동강령에서부터 시작되었으며, 많은 국가들이 이를 위해 노력하고 있다. 지속가능하고 안전한 국가 성장은 재난으로부터의 안전을 보장하지 않고는 이루어질 수 없다. 따라서 효과적인 재난대응을 위한 혁신적인 접근이 국가 정책의 우선순위에 위치해야 하며, 이러한 접근방법은 모든 위험요소에 대비할 수 있도록 통합적인 조직과 종합적인 계획을 마련하는 방향으로 전개되어야 한다. 이를 위해 행정안전부는 경제·사회·환경 등 각종 국가 정책을 수립하는 과정에서 재난위험에 대한 고려가 이루어지고, 특히 개발계획의 수립과 집행 과정에서 재난유발 요인이 증가하는 현상이 발생하지 않도록 하는 체계를 구축해야 한다.

우리가 살고 있는 시대는 한때 '극단적인 사건'들로 간주되었던 신종·복합 재난 들의 발생가능성이 늘어난 '새로운 표준'의 시대이다.

이 책을 통해 저자는 한국사회가 급속한 경제발전을 하는 과정에서 발생했던 재난들이 결코 우연이 아니며, 우리가 충분히 준비하지 않으면 앞으로도 다시 발생할 수 있다는 점을 강조하고자 하였다. 다행스러운 점은 한국사회가 재난의 교훈을 통해 재난대응 조직과 법률을 발전시켜 왔다는 것이다. 역사로부터 배우지 못하면 결코 발전할 수 없다는 말처럼, 지금까지 우리가 아픈 재난의 교훈을 바탕으로 발전시켜 온 재난대응 조직과 법률을 더욱 공고히 할 수 있도록 앞에서 제시한 10가지 원칙이 사회 전반에서 실천되어 '재난으로부터 안전한 대한민국'이 이루어지기를 바란다.

참고문헌

감사원, 2014, 『세월호 침몰사고 대응 및 연안여객선 안전관리·감독실태 감사결과 보고서』.

박시원, 2016, "파리협정과 Post-2020 신기후체제의 서막: 유엔기후변화협약 파리총회의 주요 쟁점과 합의 결과를 중심으로", 『환경법과 정책』 16, pp.285-322.

경향신문, 2016. 12. 20., 초동대응 실패·늑장·무능이 부른 조류 인플루엔자 재앙.

Alexander, D., 2002, From civil defence to civil protection - and back again, Disaster Prevention and Management: An International Journal, 11 Iss: 3, pp.209-213.

Beck, U., 2008, Ulich Beck's public lecture at Seoul University, Seoul, Korea.

Block, J. H. and Block, J., 1980, The role of ego-control and ego-resiliency in the origination of behavior, In W. A. Collings(Ed.), The Minnesota Symposia on Child Psychology, 13, pp.39-101.

Block J. and Kremen AM., 1996, IQ and ego-resiliency: Conceptual and empirical connections and separateness, *Journal of Personality and Social Psychology*, 70, pp.349-361.

Climate Council, 2016, Paris COP21: Key Issues for the New Climate Agreement.

FEMA, 2013, Robert T. Stafford Disaster Relief and Emergency Assistance Act, as amended, and Related Authorities.

Herman B. Leonard and Arnold M. Howitt, 2008, 'Routine' or 'Crisis' - The Search for Excellence, *Crisis/Response Journal*, 4(3), pp.32-35.

Gerbode, F. A., 2009, A Theory of Resilience, Recovering The Self: A Journal of Hope and Healing, 1(1), pp.13-20.

GSDRC, 2014, GSDRC Topic Guide.

Gunderson, L. H., 2000, Ecological Resilience-In Theory and Application, *Annual Review of Ecology and Systematics*, 31, pp.425-439.

IBM, 2009, Business resilience: The best defense is a good offense.

Lazarus, R. S., 1993, From psychological stress to the emotions: A history of changing outlooks, *Annual Review of Psychology*, 44, pp.1-21.

Manyena, S. B., 2006, The Concept of Resilience Revisited, Disasters, 30(4), pp.434-450.

Moynihan, D. P., 2009, The Network Governance of Crisis Response: Case Studies of Incident Command Systems, *Journal of Public Administration Research and Theory*, 19, pp.895-915.

Rhodes, C. J., 2016, The 2015 Paris Climate Change Conference: COP21, *Science Progress*, 99(1), pp.97-104.

UN, 2016, UN Sustainable Development Knowledge Platform - The SDGs.

UNFCCC, 2014, Background on the UNFCCC: The international response to climate change. Available: http://unfccc.int/essential_background/items/6031.php (2017. 02.07).

UNISDR, 2009, 2009 UNISDR terminology on disaster risk reduction.

UNISDR, 2007, Hyogo Framework for Action 2005-2015: Building the resilience of nations and communities to disasters.

UNISDR, 2015, Sendai Framework for Disaster Risk Reduction 2015-2030.

Waugh, W. L., 2000, *Living with Hazards, Dealing with Disasters: An Introduction to Emergency Management*, Routledge.

[부록 1] 외국어 약자와 번역

외국어 표현	약어	번역
Act of God		신의 행위
Advocacy Coalition Framework	ACF	정책지지연합 모형
Amt für Bevölkerungsschutz, Sport und Militär Office for Civil Protection, Sport, and Military	BSM	(스위스) 국민보호·체육 및 군청
Authority		권위/당국/자치단체[1]
Birkland's ERPL model		버클랜드의 사건관련 정책학습 모형
Bovine Spongiform Encephalopathy	BSE	소해면상뇌증(광우병)
Bundesamt für Bevölkerungsschutz und Katastrophenhilfe Federal Office of Civil Protection and Disaster Assistance	BBK	(독일) 시민보호 및 재난지원청
Bundesamt für Bev€olkerungsschutz Federal Office for Civil Protection	BABS	(스위스) 연방국민보호청
Bundesministerium des Innern Federal Ministry of the Interior	BMI	(독일) 연방내무부
Bundesministerium für Gesundheit Federal Ministry of Health	BMG	(독일) 연방보건부
Business Continuity Management	BCM	기업업무연속성관리
Cabinet Office Briefing Room	COBR	(영국) 중앙위기관리센터
Casualties		사상자
Cataclysmic events		격변적인 사건
Center for Research on the Epidemiology of Disasters	CRED	재난역학연구센터
Central Disaster and Safety Countermeasure Headquarters	CDSCHQs	중앙재난안전대책본부
Central Disaster Management Headquarters	CDMHQs	중앙사고수습본부
Central Emergency Rescue Control Group	CERCG	긴급구조통제단
Chemical and Biological Weapon Management Service	CBWMS	(미국) 생화학무기관리국
Crisis Coordination Centre	CCC	(호주) 위기조정센터

City/Do Disaster and Safety Countermeasure Headquarters	City/Do DSCHQs	시도재난안전대책본부
Civil Contingencies Act	CCA	(영국) 시민긴급사태대처법
Civil Contingencies Committee	CCC	(영국) 시민안전 비상대비위원회
Civil Contingencies Secretariat	CCS	(영국) 시민안전 비상대비사무처
Civil Protection		시민보호
Climate Change	CC	기후변화
Closed-Circuit Television	CCTV	폐쇄회로 텔레비전
Coherent response		일관된 대응
Commonwealth Government Disaster Response Plan	COMDISPLAN	(호주) 연방재난대응계획
Complexity		복잡성
Complex system		복잡계
Complexity Theory		복잡계 이론
Comprehensive Security		포괄적 안보
Comprehensive Emergency Management Plan	CEMP	비상관리 종합계획
Concept of disaster		재난의 개념
Conference of Parties	COP	당사국총회
Crisis		위기
Death toll		사망자 수
Department of Homeland Security	DHS	(미국) 국토안보부
disaster		재난/재해
disaster classification		재난분류
Disaster Coordination Centre-State/District/Local	DCC	(호주) 주-광역-기초 재난 조정센터
Disaster management		재난관리
Disaster Management Act	DMA	재난관리법
Disaster Management Groups	DMG	재난관리그룹
Disaster Management Plan	DMP	재난관리계획
Disaster mitigation		재해경감

Disaster preparedness		재난대비
Disaster recovery		재해복구
Disaster resilience		재난 리질리언스
Disaster response		재난대응
Disaster response institution		재난대응기구
Disaster response policy change		재난대응 정책변동
Disaster Risk Management	DRM	재난 리스크 관리
Disaster Risk Reduction	DRR	재난 리스크 경감
Disaster Management Supervision Agency		재난관리주관기관
Disaster-Triggered Policy Change Model	DTPC Model	재난유발 정책변동 모델
Eidgenössisches Departement für Verteidigung, Bevölkerungsschutz und Sport Federal Department for Defense, Civil Protection and Sport	VBS	(스위스) 연방 국방·체육·민방위부
Emergence		창발현상
Emergency		비상/비상상황[2]
Emergency Management Australia	EMA	호주재난관리본부
Emergency measures		비상대책
Emergency Operation Plan	EOP	비상운영계획
Emergency Operations Center	EOC	비상운영본부
Emergency rescue agency		긴급구조기관
Emergency Support Function	ESF	긴급지원기능
European Union	EU	유럽연합
Event-related concept		사건관련 개념
Event-Related Policy Learning Model	ERPL Model	사건관련 정책학습 모형
Federal Aviation Administration	FAA	(미국) 연방항공청
Federal Coordinating Officer	FCO	(미국) 연방조정관
Federal Emergency Management Agency	FEMA	(미국) 연방재난관리청
Focusing event		사회적 충격사건
Fractal		프랙털

Gemeinsames Melde-und Lagezentrum von Bund und Ländern Joint Situation and Information Center	GMLZ	(독일) 위기관리센터
God's will		신의 의지
Governance and Social Development Resource Centre	GSDRC	거버넌스 및 사회개발자원 센터
Great Hanshin-Awaji Earthquake		(일본) 한신아와지 대지진
Greenhouse Gases	GHGs	온실가스
Gross Domestic Product	GDP	국내총생산
Hazard		위험/위험요인[3]
Heinrich's Law		하인리히 법칙
High Reliability Theory		고신뢰성 이론
Highly Pathogenic Avian Influenza	HPAI	고병원성 조류독감
Holistic approach		종합적 접근
Human-caused disaster		인적 재난
Human-centered approach		인간중심 접근
Hyogo Framework for Action	HFA	효고행동강령
Incident		사고[4]
Incident Command System	ICS	사고지휘체계
Industrial accidents		산업재해/산업사고[5]
Information Analysis and Infrastructure Protection	IAIP	(미국) 정보분석 및 인프라 보호국
Integrated Emergency Management System	IEMS	통합적 비상관리 체계
Interagency cooperation		부처 간 협력
Interconnectivity		상호연결성
Intergovernmental Panel on Climate Change	IPCC	기후변화에 관한 정부간 패널
International Organization for Standards	ISO	국제표준화기구
International Search and Rescue Advisory Group	INSARAG	국제탐색구조자문단
Internet of Things	IoT	사물인터넷
Joint Field Office	JFO	합동현장사무소

Large-scale disaster		대규모 재난
Least Developed Countries	LDCs	최빈국
Local Disaster and Safety Countermeasure Headquarters	LDSCHQ	지방재난안전대책본부
Local Disaster Management Headquarters	LDMHQ	지방사고수습본부
Local Disaster Relief Center	LDRC	지방재난구호센터
Local Emergency Rescue Control Group	LERCG	지방 긴급구조통제단
Local Resilience Forum	LRF	지방위기회복포럼
Major disaster		주요 재난
Manual for Actions-at-scene		현장조치 행동매뉴얼
Middle East Repiratory Syndrome Coronavirus	MERS-CoV	중동호흡기증후군, 메르스
Millennium Development Goals	MDGs	새천년개발목표
Ministry of Commerce and Industry	MoCI	통상산업부
Ministry of Communication	MoC	체신부
Ministry of Construction	MoC	건설부
Ministry of Construction and Transportation	MoCT	건설교통부
Ministry of Government Administration and Home Affairs	MoGAHA	행정자치부
Ministry of Interior	MoI	내무부 또는 행정자치부
Ministry of National Defense	MoND	국방부
Ministry of Public Administration and Security	MoPAS	행정안전부
Ministry of Public Safety and Security	MPSS	국민안전처
Ministry of Security and Public Administration	MoSPA	안전행정부
Ministry of Transportation	MoT	교통부
Multihazard Mitigation Council	MMC	다중위험경감위원회
Munhwa Broadcasting Corporation	MBC	문화방송
Municipalities		지방자치단체
National Infrastructure Protection Plan	NIPP	(미국) 국가기반시설 보호계획
National Aeronautics and Space Administration	NASA	(미국) 항공우주국

National Contingency Plan	NCP	(영국) 국가 비상사태 대처 계획
National Disaster Organization	NDO	국가 재난관리조직
National Emergency Management Agency	NEMA	소방방재청
National Incident Management System	NIMS	(미국) 국가사고관리체계
National Institute of Building Sciences	NIBS	(미국) 국립건축과학연구원
National Platform for Natural Hazards	PLANAT	(스위스) 자연재해위험 국가 플랫폼
National Response Framework	NRF	(미국) 국가재난대응 프레임 워크
National Risk Assessment	NRA	(영국) 국가위험성평가
National Transportation Safety Board	NTSB	(미국) 국가교통안전위원회
Nationale Alarmzentrale National Alarm Center	NAZ	(스위스) 국가비상상황실
Natural disaster		자연재난/자연재해6)
Natural Disaster Countermeasures Act		자연재해대책법
Natural hazard		자연적 위험요인
New Public Administration Theory		신공공관리론
Non-Governmental Organization	NGO	비정부기구
Nonlinearity		비선형성
Normal Accident		정상사고
Normal Distribution		정규분포
Office of Intelligence and Analysis	OIA	(미국) 정보분석국
Office of Prime Minister	OPM	국무총리실
Organization for Economic Cooperation and Development	OECD	경제협력개발기구
Perrow's Theory		페로의 이론
Policy change		정책변동
Policy Output Change Framework	POCF	정책산출 모형
Policy Stream Framework, Kingdon	PSF	정책흐름 모형
Power law		멱함수 법칙

한국 재난의 특성과 재난관리

Power-law distribution		멱함수 분포
prefecture		(일본) 현/광역 행정구역
Prevention		예방
Public Governance Theory		공공 거버넌스론
Recovery		복구
Regional Civil Contingencies Committee	RCCC	(영국) 광역위기대책위원회
Regional Resilience Forum	RRF	(영국) 광역위기회복포럼
Resilience		리질리언스/복원력/회복력/대항력[7]
Risk		리스크/위험/위험도/위험성[8]
Risk Society		위험사회
Safety		안전
Safety Innovation Master Plan	SIMP	안전혁신마스터플랜
Science, Technology and Innovation	STI	과학기술과 혁신
Secret Service	SS	(미국) 비밀경호국
Security		안보
Self-organization		자기조직화
Self-similarity		자기유사성
Sendai Framework for Disaster Risk Reduction	SFDRR	재난위험경감 센다이 프레임워크
Severe Acute Respiratory Syndrome	SARS	중증급성호흡기증후군, 사스
Social disaster		사회재난
Stakeholder		이해관계자
Standard Risk Management Manual		위기관리 표준매뉴얼
Statistical analysis		통계분석
Strategic Coordinating Group	SCG	(영국) 전략적 조정그룹
Strategic Emergency Plan	SEP	(영국) 전략비상계획
Sustainable Development Goals	SDGs	지속가능발전목표
Tasmanian Bushfire		태즈메이니아 산불
Technological hazard		기술적 위험요인

Threat and Hazard Identification and Risk Assessment	THIRA	(미국) 위협 · 위험요인 식별 및 위험도 평가프로그램
Three Mile Island	TMI	스리마일섬
UN Framework Convention on Climate Change	UNFCCC	기후변화에 관한 기본협약 (유엔기후변화협약)
UN Office for Disaster Risk Reduction	UNISDR	국제연합 재난위험경감 사무국
United Nations	UN	국제연합, 유엔
United Nations Disaster Assessment and Coordination	UNDAC	국제연합 재난평가조정국
United Nations Disaster Relief Organization	UNDRO	국제연합 재난구호기구
Unmanned Aerial Vehicles	UAV	무인항공기
Vilfredo Pareto		빌프레도 파레토
Vulnerability		취약성
Working-level Manual for Risk Response		위기대응 실무매뉴얼
World Health Organization	WHO	세계보건기구
Yearbook of Natural Disaster	YND	재해연보
Yearbook of Social Disaster	YSD	재난연감
Zipf's law		지프 법칙

주

1. 통상적인 번역으로는 '권위'라고 할 수 있으나, 'local authority' 등에 사용될 때는 '지방 당국' 또는 '지방자치단체'로 번역한다.

2. 'emergency'는 한글로 비상, 비상상황, 비상사태 등 여러 이름으로 번역된다. 'emergency situation'은 일반적으로 '비상상황'으로 번역된다.

3. 'hazard'는 '위험요인'이 정확한 표현이다. 하지만 우리나라의 경우 안전 분야에서는 'hazard'를 '위험'으로 사용되고 있으므로, 이 책에서는 '위험/위험요인'을 함께 사용한다.

4. 'incident'를 일반적으로 '사고'라고 번역하는데, 보다 정확하게는 '재난(disaster)으로 발전할 수 있어 국가나 지방정부의 대비나 대응이 필요한 사고'를 의미한다. 이와 대비되는 용어로서 'accident'가 있으며, 안전 분야에서는 '안전사고'라는 용어로 사용되고 있다.

5. 산업안전 분야에서는 통상 '산업재해'로 번역되고 있으나, 정확히는 '산업사고'라고 번역하는 것이 옳다.

6. '재난'과 '재해'는 현재 혼용해서 쓰이고 있다. 저자는 이 책에서 '재난'은 피해가 발생하는 상황이나 사건으로, '재해'는 발생한 피해로 구분하여 사용한다. 뜻을 명확하게 하기 위하여 재난대비, 재해경감, 재난대응, 재해복구와 같이 사용한다.

7. 'resilience'가 외교문서에서 공식적으로 번역된 것은 2010년 11월 5일 대한민국 정부와 국제연합 간에 체결된 '국제연합 재난위험경감사무국 인천 동북아사무소 및 재해위험경감 국제교육훈련연수원 설립에 관

한 협정안'이다. 이 문서에서 'resilience'를 '복원력'으로 번역하였다. 하지만 'resilience'는 재난의 예방-대비-대응-복구 전 과정에 걸쳐 사회 전반이 갖추어야 할 재난관리 역량을 설명하는 의미로 사용되는 것이 맞다. 따라서 이 책에서는 '리질리언스'를 번역어로 사용하고, 향후 보다 정확한 의미를 전달할 수 있는 용어를 찾고자 한다.

8. 'risk'는 '위험성/위험도/위험' 등으로 다양하게 번역된다. 그중 '위험'은 '위험요소'인 'hazard'를 일컫는 경우가 많다. 한국산업표준에서는 'risk'를 '리스크'로 번역하고 있다.

[부록 2] 중앙재난안전대책본부와 중앙사고수습본부 이력 및 관련 법령

시기	명칭	본부장	근거 법령	기능
1967년	재해대책본부	건설부 장관	풍수해대책법 (67.2.28. 제정, '67.6.1. 시행)	제17조 (재해대책본부의 설치) 재해가 발생하였거나 발생할 우려가 있는 때에 방재對策임자가 실시하는 재해응급對策을 총괄조정하거나 재해응급對策에 관하여 필요한 조치를 하기 위하여 국무총리소속하에 재해대책본부(이하 "本部"라 한다)를 둔다. 제18조 (조직) ① 본부에 본부장 1인, 차장 2인과 본부원 약간인을 둔다. ② 본부장은 건설부 장관이 되고, 차장은 내무부차관과 건설부차관이 되며, 본부원은 관계중앙행정기관의 장 또는 지정행정기관의 장이 추천한 소속공무원 또는 지원중에서 본부장이 위촉한다. ③ 본부장은 본부의 업무를 총괄하고 본부를 대표하며, 재해가 발생하거나 발생할 우려가 있을 때에는 국무회의의 심의를 거쳐 본부의 회의를 소집한다. ④ 차장은 본부장을 보좌하고, 본부장이 사고로 인하여 직무를 수행할 수 없는 때에는 본부장이 지정한 차장이 그 직무를 대행한다.
1995년	중앙사고대책본부	주무 부처의 장	재난관리법 ('95.7.18. 제정, '95.7.18. 시행)	제6조 (중앙사고대책본부) ① 대통령령이 정하는 대규모 재난이 발생한 때에는 당해 재난의 수습 총괄·조정하고, 재난의 수습에 필요한 조치를 하게 하기 위하여 정부조직법 및 관계법령에 의하여 당해 재난을 수습할 책임이 있는 중앙행정기관(청 및 관계법령에 의하여 당해 재난을 수습할 책임이 있는 중앙행정기관(청 및 이하 "주무부처"라 한다)의 장 소속 하에 중앙사고대책본부를 설치한다. ② 중앙사고대책본부의 장(이하 "중앙본부장"이라 한다)은 주무부처의 장이 되고, 재정경제원장관·내무부장관·국방부장관 및 보건복지부장관과 중앙본부장이 필요하다고 인정하는 관계중앙행정기관의 공무원으로 구성한다. ③ 중앙사고대책본부의 운영에 관하여 필요한 사항은 대통령령으로 정한다.

한국 재난의 특성과 재난관리

시기	명칭	본부장	근거 법령	기능
1996년	중앙재해대책본부	내무부 장관	자연재해대책법 ('95. 12. 6. 전부개정, '96. 6. 7. 시행)	제7조 (재해대책본부의 설치) 방재책임자가 실시하는 재해예방·재해응급대책·재해상황조사 및 재해복구등에 관한 사항을 총괄·조정하고 필요한 조치를 하게 하기 위하여 내무부에 중앙재해대책본부를, 특별시·광역시 및 도(이하 "시·도"라 한다)에 시·도재해대책본부를, 시·군 및 구(자치구를 말한다. 이하 같다)에 시군구재해대책본부를 둔다. 제8조 (중앙재해대책본부의 조직) ① 중앙재해대책본부에 본부장 1인, 차장 2인과 본부원 약간인을 둔다. ② 본부장은 내무부 장관이 되고, 차장은 내무부차관과 건설교통부차관이 되며, 본부원은 관계중앙행정기관의 장 또는 지정기관의 장이 추천한 소속공무원 중 위원장이 위촉한다. ③ 본부장은 중앙재해대책본부의 업무를 총괄하고 중앙재해대책본부를 대표하며, 재해가 발생할 우려가 있거나 발생한 때 또는 필요하다고 인정할 때에는 중앙재해대책본부회의를 소집한다. ④ 차장은 본부장을 보좌한다. ⑤ 본부장이 사고가 있을 때에는 본부장이 지정한 차장이 그 직무를 대행한다. ⑥ 제3항의 규정에 의한 중앙재해대책본부회의의 구성·운영등에 관하여 필요한 사항은 대통령령으로 정한다.
1999년	중앙사고대책본부	주무부처의 장, 해외재난은 외교통상부 장관	재난관리법 ('99. 1. 29. 개정, '99. 1. 29. 시행)	제45조 (중앙사고대책본부) ① 대통령령이 정하는 대규모 재난이 발생한 때에는 주무부처의 장 소속하에 중앙사고대책본부를 둔다. 다만, 해외재난이 발생하여 당해재난의 수습을 주무부처가 분부명한 경우에는 외교통상부 장관소속하에 중앙사고대책본부를 둔다. 〈개정 1999. 1. 29.〉 ② 중앙사고대책본부의 본부장(이하 "중앙본부장"이라 한다)은 주무부처의 장이 된다. ③ 중앙사고대책본부는 중앙본부장 및 재정경제부차관·외교통상부장관(해외재난의 경우에 한한다)·국방부차관·행정자치부차관 및 보건복지부차관과 중앙본부장이 필요하다고 인정하는 관계중앙행정기관의 차관급 공무원으로 구성한다. 〈개정 1999. 1. 29.〉 ④ 해외재난이 발생하여 중앙사고대책본부가 설치된 때에는 관계중앙행정기관의 장은 사고대책지원반을 설치·운영할 수 있다. 〈신설 1999. 1. 29.〉 ⑤ 해외재난이 발생한 경우 중앙사고대책본부의 장은 해외재난의 효율적인 수습을 위하여 필요하다고 인정하는 때에는 관계중앙행정기관 및 관계기관·단체의 공무원·임직원 및 전문가등으로 정부합동해외재난대책지원단을 구성하여 해외재난이 발생한 국가에 파견할 수 있다. 〈신설 1999. 1. 29.〉 ⑥ 중앙사고대책본부의 구성 및 운영에 관하여 필요한 사항은 대통령령으로 정한다.

시기	명칭	본부장	근거 법령	기능
2003년	중앙재해대책본부	행정자치부 장관	자연재해대책법 ('03. 5. 29. 개정, '03. 6. 30. 시행)	'내무부→행정자치부'
	중앙재난안전대책본부	행정자치부 장관		제14조 (중앙재난안전대책본부 등) ① 대통령령이 정하는 대규모 재난의 예방·대비·대응·복구 등에 관한 사항을 총괄·조정하고 필요한 조치를 하기 위하여 행정자치부에 중앙재난안전대책본부(이하 "중앙대책본부"라 한다)를 둔다. ② 중앙대책본부의 본부장(이하 "중앙본부장"이라 한다)은 행정자치부 장관이 되며, 중앙본부장은 중앙대책본부의 업무를 총괄하고 필요하다고 인정하는 경우에는 중앙재난안전대책본부회의를 소집할 수 있다. ③ 제1항의 규정에 의한 대규모 재난으로 인하여 중앙대책본부를 두는 때에는 주무부처의 장 소속하에 중앙사고수습본부(이하 "수습본부"라 한다)를 둔다. 다만, 해외재난이 발생한 경우에는 외교통상부에 수습본부를 둔다. ④ 중앙본부장은 해외재난이 발생한 경우 필요하다고 인정하는 때에는 관계 중앙행정기관 및 관계 기관·단체의 임직원과 재난관리에 관한 전문가 등으로 정부합동 해외재난대책지원단을 구성하여 해외재난이 발생한 국가에 파견할 수 있다. ⑤ 제1항의 규정에 의한 중앙대책본부, 제2항에 의한 중앙재난안전대책본부회의 및 제4항의 구성과 운영에 필요한 사항은 대통령령으로 정한다.
2004년	중앙사고수습본부	주무 부처의 장 해외재난은 외교통상부 장관	재난 및 안전관리 기본법 ('04. 3. 11. 제정, '04. 6. 1. 시행)	제14조 (중앙재난안전대책본부 등) ① 대통령령이 정하는 대규모 재난의 예방·대비·대응·복구 등에 관한 사항을 총괄·조정하고 필요한 조치를 하기 위하여 행정자치부에 중앙재난안전대책본부(이하 "중앙대책본부"라 한다)를 둔다. ② 중앙대책본부의 본부장(이하 "중앙본부장"이라 한다)은 행정자치부 장관이 되며, 중앙본부장은 중앙대책본부의 업무를 총괄하고 필요하다고 인정하는 경우에는 중앙재난안전대책본부회의를 소집할 수 있다. ③ 제1항의 규정에 의한 대규모 재난으로 인하여 중앙대책본부를 두는 때에는 주무부처의 장 소속하에 중앙사고수습본부(이하 "수습본부"라 한다)를 둔다. 다만, 해외재난이 발생한 경우에는 외교통상부에 수습본부를 둔다.

한국 재난의 특성과 재난관리

시기	명칭	본부장	근거 법령	기능
2008년	중앙재난안전대책본부	행정안전부 장관	재난 및 안전관리 기본법 ('08. 2. 29. 개정, '08. 2. 29. 시행)	④ 중앙본부장은 해외재난이 발생한 경우 필요하다고 인정하는 때에는 관계 중앙행정기관 및 관계 기관·단체의 임직원과 재난관리에 관한 전문가 등으로 정부합동 해외재난대책지원단을 구성하여 해외재난이 발생한 국가에 파견할 수 있다. ⑤ 제1항의 구성에 의한 중앙대책본부, 제2항에 의한 중앙재난안전대책본부회의 및 제4항의 규정에 의한 정부합동 해외재난대책지원단의 구성 및 운영에 필요한 관련은 대통령령으로 정한다. '행정자치부→행정안전부'
2012년	중앙재난안전대책본부	행정안전부 장관 해외재난은 외교통상부 장관	재난안전법 ('12. 2. 22. 개정, '12. 8. 23. 시행)	제14조(중앙재난안전대책본부 등) ① 대통령령으로 정하는 대규모 재난의 예방·대비·대응·복구 등에 관한 사항을 총괄·조정하고 필요한 조치를 하기 위하여 행정안전부에 중앙재난안전대책본부(이하 "중앙대책본부"라 한다)를 둔다. ② 중앙대책본부의 본부장(이하 "중앙본부장"이라 한다)은 행정안전부 장관이 되며, 중앙본부장은 중앙대책본부의 업무를 총괄하고 필요하다고 인정하면 중앙재난안전대책본부회의를 소집할 수 있다. 다만, 해외재난의 경우에는 외교통상부 장관이 중앙본부장의 권한을 행사한다. 〈개정 2012. 2. 22.〉 ③ 제1항에 따른 대규모 재난으로 인하여 중앙대책본부를 둘 때에는 해당 재난을 관장하는 주무부처의 장 소속으로 중앙사고수습본부(이하 "수습본부"라 한다)를 둔다. 〈개정 2012. 2. 22.〉 ④ 중앙본부장은 해외재난이 발생한 경우 필요하다고 인정하면 관계 중앙행정기관 및 관계 기관·단체의 임직원과 재난관리에 관한 전문가 등으로 정부합동 해외재난대책지원단을 구성하여 해외재난이 발생한 국가에 파견할 수 있다. ⑤ 제1항에 따른 중앙대책본부, 제2항에 의한 중앙재난안전대책본부회의 및 제4항에 규정에 따른 정부합동 해외재난대책지원단의 구성 및 운영에 필요한 사항은 대통령령으로 정한다. 전문개정 2010. 6. 8. 제14조(중앙재난안전대책본부 등) ① 대통령령으로 정하는 대규모 재난의 예방·대비·대응·복구 등에 관한 사항을 총괄·조정하고 필요한 조치를 하기 위하여 행정안전부에 중앙재난안전대책본부(이하 "중앙대책본부"라 한다)를 둔다.
	중앙사고수습본부	주무 부처의 장		

시기	명칭	본부장	근거 법령	기능
				② 중앙재난본부의 본부장(이하 "중앙본부장"이라 한다)은 행정안전부 장관이 되며, 중앙본부장은 중앙대책본부의 업무를 총괄하고 필요하다고 인정하면 중앙재난안전대책본부회의를 소집할 수 있다. 다만, 해외재난의 경우에는 외교통상부 장관이 중앙본부장의 권한을 행사한다. 〈개정 2012. 2. 22.〉 ③ 제1항에 따른 대규모 재난으로 인하여 중앙대책본부를 둘 때에는 해당 재난을 관장하는 주무부처의 장을 소속으로 중앙사고수습본부(이하 "수습본부"라 한다)를 둔다. 〈개정 2012. 2. 22.〉 ④ 중앙본부장은 해외재난이 발생한 경우 필요하면 관계 중앙행정기관 및 관계 기관·단체의 인적자원과 재난관리에 관한 전문가 등으로 정부합동 해외재난지원단을 구성하여 해외재난이 발생한 국가에 파견할 수 있다. ⑤ 제1항에 따른 중앙대책본부, 제2항에 따른 중앙재난안전대책본부회의 및 제4항에 따른 정부합동 해외재난지원단의 구성과 운영에 필요한 사항은 대통령령으로 정한다. [전문개정 2010. 6. 8.]
2013년	중앙재난안전대책본부	안전행정부 장관 해외재난은 외교통상부 장관	재난 및 안전관리 기본법 ('13. 3. 23. 개정, '13. 3. 23. 시행)	'행정안전부→안전행정부'
2014년	중앙재난안전대책본부	안전행정부 장관 해외재난은 외교부 장관 방사능재난은 중앙방사능방재대책본부의 장	재난 및 안전관리 기본법 ('13. 8. 6. 개정, '14. 2. 7. 시행) 재난 및 안전관리 기본법 ('13. 8. 6. 개정, '14. 2. 7. 시행)	제2절 중앙재난안전대책본부 등 〈신설 2013. 8. 6.〉 제14조(중앙재난안전대책본부 등) ① 대통령령으로 정하는 대규모 재난(이하 "대규모재난"이라 한다)의 예방·대비·대응·복구 등에 관한 사항을 총괄·조정하고 필요한 조치를 하기 위하여 안전행정부에 중앙재난안전대책본부(이하 "중앙대책본부"라 한다)를 둔다. 〈개정 2013. 3. 23, 2013. 8. 6.〉 ② 중앙대책본부의 본부장(이하 "중앙본부장"이라 한다)은 안전행정부 장관이 되며, 중앙대책본부장은 중앙재난안전대책본부회의를 소집할 수 있다. 다만, 해외재난의 경우에는 외교부 장관이, 「원자력시설 등의 방호 및 방사능 방재 대책법」 제25조에 따른 방사능 재난의 경우에는 같은 법 제25조에 따른 중앙방사능방재대책본부의 장이 각각 중앙대책본부장의 권한을 행사한다. 〈개정 2012. 2. 22, 2013. 3. 23., 2013. 3. 23., 2013. 8. 6.〉

한국 재난의 특성과 재난관리

시기	명칭	본부장	근거 법령	기능
				③ 중앙대책본부장은 대규모재난이 발생하거나 발생할 우려가 있는 경우에는 대통령령으로 정하는 바에 따라 실무반을 편성하고 중앙재난안전대책본부상황실을 설치하는 등 해당 대규모재난에 대하여 효율적으로 대응하기 위한 체계를 갖추어야 한다. 이 경우 제18조제1항에 따른 중앙재난안전상황실 및 제4조제2항에 따른 재난안전상황실과 인력, 장비, 시설 등을 통합·운영할 수 있다. 〈개정 2013. 8. 6.〉
				④ 중앙대책본부장은 국내 또는 해외에서 발생한 대규모재난의 대비·대응·복구(이하 "수습"이라 한다)를 위하여 필요하면 관계 중앙행정기관 및 관계 기관·단체에 직제의 임직원과 재난관리에 관한 전문가 등으로 중앙수습지원단을 구성하여 현지에 파견할 수 있다. 〈개정 2013. 8. 6.〉
				⑤ 제1항에 따른 중앙대책본부, 제2항에 따른 중앙재난안전대책본부회의 및 제4항에 따른 중앙수습지원단의 구성과 운영에 필요한 사항은 대통령령으로 정한다. 〈개정 2013. 8. 6.〉 [전문개정 2010. 6. 8.]
	중앙 사고 수습 본부	재난관리 주관 기관의 장		제15조의2(중앙사고수습본부) ① 재난관리주관기관의 장은 재난이 발생하거나 발생할 우려가 있는 경우에는 재난상황을 효율적으로 관리하고 재난을 수습하기 위한 중앙사고수습본부(이하 "수습본부"라 한다)를 신속하게 설치·운영하여야 한다.
				② 수습본부의 장(이하 "수습본부장"이라 한다)은 해당 재난관리주관기관의 장이 된다.
				③ 수습본부장은 재난정보의 수집·전파, 상황관리, 재난발생 시 초동조치 및 지휘 등을 위한 수습본부상황실을 설치·운영하여야 한다. 이 경우 제18조제3항에 따른 재난안전상황실과 인력, 장비, 시설 등을 통합·운영할 수 있다.
				④ 수습본부장은 재난을 수습하기 위하여 필요하면 관계 재난관리책임기관의 장에게 행정상의 조치, 소속 직원의 파견, 그 밖에 필요한 지원을 요청할 수 있다. 이 경우 요청을 받은 관계 재난관리책임기관의 장은 특별한 사유가 없으면 요청에 따라야 한다.
				⑤ 수습본부장은 해당 재난의 수습에 필요한 범위에서 시장·군수·구청장(제16조제1항에 따른 시군구대책본부가 운영되는 경우에는 해당 본부장을 말한다)을 지휘할 수 있다.
				⑥ 수습본부장은 재난을 수습하기 위하여 필요하면 대통령령으로 정하는 바에 따라 제14조제4항에 따른 중앙수습지원단을 구성·운영할 것을 중앙대책본부장에게 요청할 수 있다.
				⑦ 수습본부의 구성·운영 등에 필요한 사항은 대통령령으로 정한다. [전문개정 2013. 8. 6.]

시기	명칭	본부장	근거 법령	기능
2014년	중앙재난안전대책본부	국민안전처 장관	재난 및 안전관리 기본법 ('14. 11. 19. 개정, '14. 11. 19. 시행)	'안전행정부→국민안전처'
		해외재난은 외교부 장관		
		방사능재난은 중앙방사능방재대책본부의 장	재난 및 안전관리 기본법 ('14. 11. 19. 개정, '14. 11. 19. 시행)	
	중앙사고수습본부	재난관리주관 기관의 장	재난 및 안전관리 기본법 ('14. 11. 19. 개정, '14. 11. 19. 시행)	
2014년	중앙재난안전대책본부	국무총리 (법 14조4항)	재난 및 안전관리 기본법 ('14. 12. 30. 개정, '14. 12. 30. 시행)	제2절 중앙재난안전대책본부 등 〈신설 2013.8.6.〉 제14조(중앙재난안전대책본부 등) ① 대통령령으로 정하는 대규모 재난(이하 "대규모재난"이라 한다)의 대응·복구(이하 "수습"이라 한다) 등에 관한 사항을 총괄·조정하고 필요한 조치를 하기 위하여 국민안전처에 중앙재난안전대책본부(이하 "중앙대책본부"라 한다)를 둔다. 〈개정 2013. 3. 23., 2013. 8. 6., 2014. 11. 19., 2014. 12. 30.〉 ② 중앙대책본부에 본부장과 차장을 둔다. 〈신설 2014. 12. 30.〉
		국민안전처 장관		
	중앙재난안전대책본부	해외재난은 외교통상부 장관	재난 및 안전관리 기본법 ('14. 12. 30. 개정, '14. 12. 30. 시행)	③ 중앙대책본부의 본부장(이하 "중앙대책본부장"이라 한다)은 국민안전처장관이 되며, 중앙대책본부장은 중앙대책본부의 업무를 총괄하고 필요하다고 인정하면 중앙재난안전대책본부회의를 소집할 수 있다. 다만, 해외재난의 경우에는 외교부 장관이, 「원자력시설 등의 방호 및 방사능 방재 대책법」 제2조제1항제8호에 따른 방사능재난의 경우에는 같은 법 제25조에 따른 중앙방사능방재대책본부의 장이 각각 중앙대책본부장의 권한을 행사한다. 〈개정 2012. 2. 22., 2013. 3. 23., 2013. 8. 6., 2014. 11. 19., 2014. 12. 30.〉
		방사능재난은 중앙방사능방재대책본부의 장		
	중앙사고수습본부	재난관리주관 기관의 장		④ 제3항에도 불구하고 재난의 효과적인 수습을 위하여 다음 각 호의 어느 하나에 해당하는 경우에는 국무총리가 중앙대책본부장의 권한을 행사할 수 있다. 이 경우 국민안전처 장관, 외교부 장관(해외재난의 경우에 한정한다) 또는 원자력안전위원회 위원장(방사능 재난의 경우에 한정한다)은 재난의 수습에 필요한 조치를 하는 자가 된다. 〈개정 2014. 12. 30.〉

346

한국 재난의 특성과 재난관리

시기	명칭	본부장	근거 법령	기능
				1. 국무총리가 범정부적 차원의 통합 대응이 필요하다고 인정하는 경우 2. 국민안전처 장관이 국무총리에게 건의하거나 제15조의2제2항에 따른 수습본부장의 요청을 받아 국민안전처 장관이 국무총리에게 건의하는 경우 ⑤ 중앙대책본부장은 대규모재난이 발생하거나 발생할 우려가 있는 경우에는 대통령령으로 정하는 바에 따라 실무반을 편성하고, 중앙재난안전대책본부상황실을 설치하는 등 해당 대규모재난에 대하여 효율적으로 대응하기 위한 체계를 갖추어야 한다. 이 경우 제18조제1항에 따른 중앙재난안전상황실과 인력, 장비, 시설 등을 통합·운영할 수 있다. 〈개정 2014. 12. 30.〉 ⑥ 제1항에 따른 중앙대책본부, 제3항에 따른 중앙재난안전대책본부회의의 구성과 운영에 필요한 사항은 대통령령으로 정한다. 〈개정 2013. 8. 6., 2014. 12. 30.〉[전문개정 2010. 6. 8.] 제2절 중앙재난안전대책본부 등 〈신설 2013. 8. 6.〉 제14조(중앙재난안전대책본부 등) ① 대통령령으로 정하는 대규모 재난(이하 "대규모재난"이라 한다)의 대응·복구(이하 "수습"이라 한다) 등에 관한 사항을 총괄·조정하고 필요한 조치를 하기 위하여 국민안전처에 중앙재난안전대책본부(이하 "중앙대책본부"라 한다)를 둔다. 〈개정 2013. 3. 23., 2013. 8. 6., 2014. 11. 19., 2014. 12. 30.〉 ② 중앙대책본부에 본부장과 차장을 둔다. 〈신설 2014. 12. 30.〉 ③ 중앙대책본부의 본부장(이하 "중앙대책본부장"이라 한다)은 국민안전처 장관이 되며, 중앙대책본부장은 중앙대책본부의 업무를 총괄하고 필요하다고 인정하면 중앙재난안전대책본부회의를 소집할 수 있다. 다만, 해외재난의 경우에는 외교부 장관이, 「원자력시설 등의 방호 및 방사능 방재 대책법」 제2조제1항제8호에 따른 방사능재난의 경우에는 같은 법 제25조에 따른 중앙방사능방재대책본부의 장이 각각 중앙대책본부장의 권한을 행사한다. 〈개정 2012. 2. 22., 2013. 3. 23., 2013. 8. 6., 2014. 11. 19., 2014. 12. 30.〉 ④ 제3항에도 불구하고 재난의 효과적인 수습을 위하여 다음 각 호의 어느 하나에 해당하는 경우에는 국무총리가 중앙대책본부장의 권한을 행사할 수 있다. 이 경우 국민안전처 장관, 외교부 장관(해외재난의 경우에 한정한다) 또는 원자력안전위원회 위원장(방사능 재난의 경우에 한정한다)이 차장이 된다. 〈개정 2014. 12. 30.〉 1. 국무총리가 범정부적 차원의 통합 대응이 필요하다고 인정하는 경우

시기	명칭	본부장	근거 법령	기능
				2. 국민안전처 장관이 국무총리에게 건의하거나 제15조의2제2항에 따른 수습본부장의 요청을 받아 국민안전처 장관이 국무총리에게 건의하는 경우
				⑤ 중앙대책본부장은 대규모재난이 발생하거나 발생할 우려가 있는 경우에는 대통령령으로 정하는 바에 따라 실무반을 편성하고, 중앙재난안전대책본부상황실을 설치하는 등 해당 대규모재난에 대하여 효율적으로 대응하기 위한 체계를 갖추어야 한다. 이 경우 제18조제1항제1호에 따른 중앙재난안전상황실과 인력, 장비, 시설 등을 통합·운영할 수 있다. 〈개정 2014. 12. 30.〉
				⑥ 제1항에 따른 중앙대책본부, 제3항에 따른 중앙재난안전대책본부회의의 구성과 운영에 필요한 사항은 대통령령으로 정한다. 〈개정 2013. 8. 6., 2014. 12. 30.〉 [전문개정 2010. 6. 8.]
2017년	중앙재난안전대책본부	국무총리 (법14조4항)		
		행정안전부 장관		
		해외재난은 외교통상부 장관		
		방사능재난은 중앙방사능방재대책본부의 장	재난안전법 ('17. 7. 26. 개정, '17. 7. 26. 시행)	'국민안전처→'행정안전부'
	중앙사고수습본부	재난관리주관 기관의 장		